人生 노트

권기호 지음

도서출판 카리타스

밀레의 만종

〈노동의 신성 감사의 기도 부부의 사랑〉

　우리는 유일(唯一)한 생명을 가지고 일회성(一回性) 인생을 살고 있다 이 지구상에 70억의 인간이 살고 있지만 나와 같은 사람은 단 한명도 없다. 나라는 존재는 이 지구에 한명도 없는 유일한 존재이다

　21세기는 100세 시대라고 한다. 옛날 사람들은 60세만 지나도 오래 살았다고 축하의 뜻으로 환갑잔치를 했는데 요사이는 환갑잔치를 볼 수 없다 그것은 인간의 수명이 그만큼 길어져서 오래 산다는 얘기이다.

　사람이 이 세상에서 오래 산다는 것이 중요한 것이 아니고 "어떻게 사느냐" 가 중요하고 "무엇을 하느냐" 가 중요하고 귀한 것이다.

　나는 하나님이 선택하여 주심으로 목사가 되어 40년을 목회하고 은퇴하여 원로 목사라는 직함을 가지고 비교적 건강하게 살고 있다. 사람이 세상에 올때는 할아버지가 먼저 오고, 그 다음은 아버지, 그 다음은 손자가 오지만, 떠나 갈 때는 아들이 먼저 갈 수 있고 손자가 먼저 가는 경우도 있다. 올 때는 순서를 따라서 왔지만 갈 때는 그 순서가 뒤 바뀔수도 있다는 사실이다.

　내 나이 85세이지만 이렇게 글을 쓸 수 있고 설교를 할 수 있는 건강을 주신 하나님께 무한한 감사를 드린다.

　졸저(拙著)를 출판해 주신 카리타스 박수정 사장님께 감사를 드리며 원고의 교정을 봐 주신 노재영 목사와 이선영 전도사의 수고에 감사를 드린다.

　가난한 신학생과 결혼하여 개척교회의 목사 사모로서 어려운 환경 가운데서도 4남매를 훌륭하게 키워 준 아내(서계화)에게 심심한 감사를 드린다.

　모든 감사와 영광을 하나님께 올려 드립니다.
Soli Deo Gloria

주후 2004년 11월 11일
금정산 기도처에서 권 기 호

| 목차 |

제 1장

인생은 어디서 왔느냐?

"하나님이 자기 형상 곧 하나님의 형상대로 사람을
창조 하시되 남자와 여자를 창조 하시고"
창세기 1장 27절

신(神)의 존재

　세상에서 가장 어리석은 사람은 하나님이 없다는 사람이라고 성경은 말한다(시편 14편 1절). 박사학위를 가진 사람이라도 하나님이 없다고 한다면 그는 어리석은 사람이요 무식한 사람이라고 한다.

　그러면 그 하나님은 어디 있느냐? 그 "증거를 보여 달라" 라고 한다면 우리는 제일 먼저 성경을 믿고 성경에서 그 증거를 보게 된다. 성경 외에도 여러 가지 증거를 찾을 수 있지만 그 중에 하나로 다음과 같은 논리를 들어 본다.

　그것은 원인과 결과의 원리로 설명한다. 나의 원인은 나의 아버조 원인은 할아버지다. 그 할아버지의 원인은 증조할아버지다. 그 증조할아버지의 원인은 현조 할아버지다. 그 고조할아버지의 원인은 현 할아버지다.

　그조게 해서 족보를 계속 거슬러 올라가면 최고의 원인, 최초의 원인을 찾게 된다. "그 위는 에노소요 그 위는 셋이요 그 위는 아담이요 그 위는 하나님이시니라" (누가복음 3장 38절)

　그렇다면 하나님의 존재를 부인할 수 없다. 왜냐하면 하나님이 없다고 한다면, 그것은 나 자신의 존재를 부인하는 것이 되기 때문이다. 그리고 나의 아버지와 할아버지의 존재를 부인하는 것이기 때문이다. 그것은 아무도 부인 할 수 없는 생생한 족보요 역사이기 때문이다.

　원인이 없는 결과는 있을 수 없고 결과가 없는 원인도 있을 수 없는 것이다. 인간을 창조한 하나님의 존재를 부인한다면 그는 자기 자신의 존재를 부인하는 사람이 되기 때문에 어리석은 사람이 되는 것이다. 그분은 나의 제일 원인자로서 부인할 수 없는 창조주 하나님이시다.

사람들이 인생을 살아가다가, 급하게 어려운 일을 당하게 되면 그의 입에서 저절로 "아이고 엄마" 라는 말이 나온다. 그런데 그 보다 더 어렵고 큰 일을 당하게 되면 자신도 모르게 입에서 "아이고 하나님" 이라는 말이 나오게 된다는 사실을 우리는 얼마든지 경험을 하게 된다.

종교개혁자 마르틴루터가 학교에서 그의 친구와 함께 집으로 오는 도중에 갑자기 하늘에서 벼락이 떨어져서 옆에 같이 가던 그 친구가 죽었을 때 자신도 모르게 "oh ! my God" 라는 말이 나왔다는 일화가 있다.

창조주 하나님이 살아계신다면 그 하나님은 누가 만들었으며. 어떻게 존재하느냐? 라고 질문을 한다면, "나는 스스로 있는 자" (출애굽기 3장 14절)라고 한다.(I am that I am)

그분은 누가 만든 분도 아니고 누가 보낸 분도 아닌 영원자 존자이다. 인간의 좁은 머리로 그 이상을 알 수 있는 지식이 없기 때문에 믿음이 필요하다.

# 생명의 신비

생명이라는 것은 무엇이냐? 그것은 살아있는(生) 목숨(命)이라는 뜻이다. 명은 목숨 명자인 동시에 명령할 명자이다. 그래서 생명이라는 말은 살라는 명령이다. 그것은 인생을 열심히 살라는 하나님의 진지한 명령이요, 엄숙한 명령이다.

우리의 생명과 목숨은 참으로 귀한 것이다. 이 무한한 우주 속에서 하나밖에 없는 고유명사적 존재다.

인생에는 연습이 없고 녹화가 없다. 매일 본 경기요, 매일 생중계다. 그것은 일회전으로 끝나는 엄숙한 시합이다. 그렇기 때문에 내 인생을 남이 대신 살아 줄 수 없다. 나의 의지로 내가 내 인생을 선택하고 그 결과에 대하여 내가 스스로 책임을 져야 한다.

나의 생명은 정자와 난자의 신비한 만남에서부터 시작되었다. 하버드대학 의과대학에서 이 신비한 만남을 생명과학 영화로 다음과 같이 제작했다고 한다.

"그것은 하나의 정자와 하나의 난자가 하나의 생명체로 탄생되는 신비롭고 놀라운 창조의 광경을 찍은 영화다.

약 3억 마리의 정자가 '우' 하고 소리를 내면서 난자를 향하여 생명의 강을 힘차게 달려간다. 많은 정자가 도중에 힘이 없어 탈락한다. 그중의 용감한 정자 한 마리만이 난자의 몸으로 들어가고 나머지 수억 마리는 모두 죽고 만다.

그것은 생명으로 태어나기 위한 3억대 일의 격렬한 싸움이요 경쟁이다. 정자와 난자의 만남의 광경은 말할 수 없는 경이

감(驚異感)과 신비감을 느끼게 한다."

생명은 신비하다. 생명은 존엄하다. 생명은 고귀하다. 생명은 불가사의다. 생명은 위대하다. 3억 마리의 정자 중에서 한 마리의 정자만이 생존하고, 나머지 2억 수천 마리의 정자가 사멸해야 하는 이 무서운 생존경쟁에서 싸워서 이기고 태어난 우리의 생명이다.

이 신비한 정자와 난자는 태초에 천지 창조와 함께 인간의 생명을 창조하신 하나님의 역사와 섭리라는 사실에서 우리는 감탄과 놀라움을 금할 수 없는 것이다.

 # 하나님이 보시기에 좋은 작품

"하나님이 지으신 그 모든 것을 보시니 보시기에 심히 좋았더라. 저녁이 되고 아침이 되니 이는 여섯째 날이니라"(창세기 1장 31절) 이 말씀은 태초에 하나님이 엿새 동안 천지만물을 창조하신 후에 소감으로 하신 말씀이다.

작가는 자신의 작품을 완성했을 때, 쾌감 내지는 보람을 느낀다. 위의 말씀을 보면 우리 하나님은 더욱 그러하신 것 같다. 엿새 동안 천지 만물을 창조하셨는데, 그날 그날 마다 "보시기에 좋았더라" 라고 하시고 창조가 완성된 마지막 날에는 "보시기에 심히 좋았더라" 라고 하셨다.

오늘 이 시간 우리가 이 귀한 말씀을 보고, 중요하게 생각할 것은 태초에 하나님이 심히 보시기에 좋았던 그 작품 안에는 우리 인간도 포함되어 있다는 사실이다. 물론 그 당시에는 아담이었지만 오늘날에 와서는 우리 인간들 모두가 그 작품 안에 포함 되어 있다는 사실이다. 그것은 우리 모두는 그 아담의 후손이기 때문이다.

그렇다면, 나 자신도 그 안에 포함되어 있다는 것이다. 그렇기 때문에 나야말로 하나님이 보시기에 심히 좋은 작품이라는 사실을 깨닫고 감사해야 할 것이다. 동시에 자부심을 가져야 마땅하다. 내가 비록 보잘 것이 없는 존재라 할 지라도 하나님이 만드셨고, 하나님이 나를 이 세상에 필요해서 보내셨다는 사실을 기억해야 할 것이다.

자신에 대하여 지나친 우월감이나 과대평가 하는 것은 자신을 교만하게 하는 것이기 때문에 문제가 된다. 상대적으로 자신을 무시하여 과소평가 하는 것도 바람직한 자세가 아니다. 그것은 자신을 낮추는 겸손과는 차원이 다른 의미의 자아관이다.

사람은 누구나 제각각 특기가 있고 자질이 있다. 성경에는 그것을 은사라고 하고 달란트 라고도 한다. 그것은 하나님이 우리를 세상에 보내실 때 각자에게 사명을 주셨는데, 그 사명을 완수 하는데 필요한 것으로 주신 것이다.

우리는 각각 은사와 달란트가 다르고 사명이 다르다. 그렇기 때문에 남이 가진 것을 부러워 하거나 탐을 낼 필요가 없다. 하나님이 내게 주신 은사를 가지고 내가 해야 할 일에 최선을 다하면 된다.

"이스라엘아 너는 행복한 사람이로다 여호와의 구원을 너 같이 얻은 백성이 누구냐 그는 너를 돕는 방패시요, 네 영광의 칼이로다 네 대적이 네게 복종하리니 네가 그들의 높은 곳을 밟으리로다" (신명기 33장 29절)

"나는 심히 보기 좋게 만드신 하나님의 작품이다" 그 누구와도 비교할 수 없는 존재라는 사실을 믿고 살면, 인생을 보다 더 행복하고 보람되게 살 수 있다.

 # 자연에서 배운다.

　가을이 깊어가고 있다. 계절의 자연으로서 그 변화는 창조주 하나님의 섭리요 역사이다. 자연은 전능하신 하나님의 창조에 의한 작품이다. 자연은 하나님의 작품이기 때문에 허점이나 빈틈이나 차질이 없이 완전무결한 것이다.

　하나님의 피조물인 인간은 하나님이 만들어 놓으신 자연이라는 교과서를 통해서 진리와 원리를 배우게 된다.(철학자 안병욱 교수의 에세이에서)

1. 우리 인간은 자연을 통해서 우주의 질서와 도리를 배우게 된다.

　우주(宇宙)를 의미하는 '코스모스' 라는 말은 질서를 의미한다. 자연은 놀라운 일대 질서(秩序)의 세계이다. 우주의 삼라만상은 저마다 제 자리가 있고 모두 제 법칙대로 움직인다.

　춘하추동의 사 계절의 변화, 밤과 낮의 교차, 일월성신(日月星辰)의 운행, 조수(潮水)의 간만, 파도의 음악, 등은 모두가 놀라운 질서의 법칙과 리듬의 세계이다.

　무한과 영원 속에 존재하는 대 자연과 대 우주는 아름다운 질서와 정연한 법칙의 원리로 움직이고 있다. 이 질서와 법칙이 깨어지면 자연은 붕괴된다. 창조주 하나님은 질서와 법칙의 신이다. 자연은 하나님이 만드신 오묘한 질서의 교향악(交響樂)이다.

2. 자연은 위대한 미(美)와 조화의 세계이다.

　자연은 색채의 미, 음향의 미, 형태의 미, 변화의 미, 운동의

미 등 다채다양한 미로 구성되어 있다. 자연은 미의 천재(天才)로서 우주의 삼라만상은 미(美)가 아닌 것이 없다.

수억만 개의 별들이 찬란하게 반짝이는 밤하늘을 쳐다보라. 형형색색으로 된 백화난만의 봄 동산을 보라. 절벽에서 하얀 포말을 일으키며 떨어지는 폭포수를 보라. 그리고 오색으로 곱게 물든 가을 단풍을 보라.

그것은 장엄미(莊嚴美)의 극치이다. 자연은 미의 궁전이요, 아름다움의 향연(饗宴)이요, 신비의 파노라마요, 조화의 만화경이다. 자연 속에서는 모든 것이 아름다운 조화를 이룬다. 남녀(男女), 주야(晝夜), 일월(日月), 산천(山川), 초목(草木), 음양(陰陽) 등 모든 것이 조화에서 존재한다.

3. 자연은 창조와 생산의 세계이다.

자연은 쉴새없이 창조하고 끊임없이 생산한다. 미생물에서 하늘 높이 솟은 거목에 이르기까지 온갖 생명체가 자연이라는 위대하고 넓은 품속에서 부단히 태어나고 성장하고 있다. 자연은 만물을 생육하는 창조와 생산의 어머니다.

자연에는 질서가 있고, 순리가 있고, 아름다움이 있고, 협동이 있고, 조화가 있고, 창조가 있고, 신비가 있다.

우리 인간은 자연에서 배울 것이 너무나 많다. 산에서 태연자약의 덕을 배우고, 개미에게서 근면의 원리를 배우고, 꿀벌에서 협동의 철학을 배우고, 비둘기에서 온유를 배우고, 사자에서 용기를 배우고, 꽃에서 미를 배우고, 태양에서 정열을 배우고, 새싹에서 신비를 배우게 된다. 하나님이 창조하신 자연은 위대한 지혜의 스승이다.

 # 자연과 더불어 살아야 하는 인간

　태초에 하나님은 에덴동산이라는 자연을 만드시고 아담과 하와라는 인간을 만드셔서 그 동산에 인간을 살게 하셨다.

　그렇기 때문에 우리 인간과 자연은 불가분리의 관계를 가지고 있다. 인간은 누구나 본능적으로 자연과 더불어 살고 싶고 자연 속에서 살기를 원하고 있다.

　이러한 인간인데, 지식과 과학의 발달로 인하여 자연이 훼손되고 파괴되어 삭막한 도시로 변하게 되니, 각종 질병이 발생하게 되는 것이다. 기계와 화학 기술이 발달되니 도시의 공기가 나빠지게 되어 인간의 건강을 해치고 있다.

　TV에 방영되고 있는 "나는 자연인이다" 라는 프로그램을 자주 보는데, 그 주인공들의 사연을 들어보면, 그들이 자연인으로 산골에서 살게 된 이유는 여러 가지들이 있다. 그 중에 어떤 이들은 사업의 실패로 마음에 상처를 입고 속세를 떠나 고요한 산 속에서 살기를 원해서 들어온 사람도 있고, 또 어떤 이들은 몸에 질병으로 사망선고를 받았거나 회복 불능의 판정을 받고 산골에서 살고 있다는 이들도 있다. 그 외에도 여러 가지 이유가 있지만, 대체적으로 몸의 건강을 위해서 산으로 왔다는 사람들을 많이 보게 된다.

　이러한 사연을 보게 되면, 역시 인간은 자연과 더불어 살아야 하고, 자연을 떠나서는 살기가 어렵다는 사실을 깨닫게 된다. 젊은이들이 캠핑을 좋아하는 것은 낭만도 있지만, 역시 자연 속에서 좋은 공기를 마시면 건강에 도움이 되는 면도 있기 때문이다. 그래서 요사이 건강을 위해 전문가들은 유산소 운동을 강조하고 있다.

내가 살고 있는 아파트는 화명동 산골짜기에 위치해 있다. 앞에는 대천천 계곡이 있어서 맑은 물이 흐르고 청동 오리와 백조들이 가끔 날아오기도 한다. 요사이는 아파트 베란다 창문에 산새가 오기 때문에 그릇에 쌀을 담아서 놓아두었더니, 산새가 아침마다 날아와서 주워 먹고 간다. 처음에는 한 마리더니 요사이는 두 마리가 온다. 매일 아침 9시경이 되면, 두 마리 부부가 날아와서 식사를 하는 산새를 보면 반갑고, 길조(吉鳥)라는 신비한 느낌도 가지게 된다. 나는 그 산새들을 우리 집에 찾아온 자연이라고 생각하기도 한다.

"참 아름다워라 주님의 세계는 저 솔로몬의 옷보다 더 고운 백합화 주 찬송 하는 듯 저 맑은 새소리 내 아버지의 지으신 그 솜씨 깊도다" 하나님이 엿새 동안 천지 만물을 창조 하실 때 먼저 만물을 창조하시고 마지막 날에 인간을 만드신 것은 그 만물을 우리 인간을 위해 창조하셨다는 것을 보여 주시는 것이다. 우리 인간을 만물의 영장으로 창조하시고, 살 수 있는 천지 만물을 우리에게 주신 하나님께 감사와 영광을 돌려 드립니다.

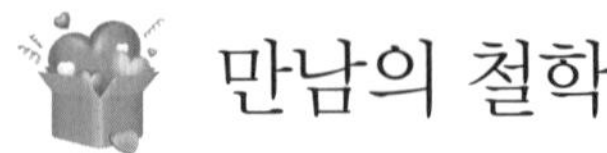 # 만남의 철학

　인생은 너와 나의 만남이다.(Life is encounter) 인간은 만남의 존재이다. 만나는 것을 한문에는 조우(遭遇) 또는 해후(邂逅)라고 한다. 인생에서 만남이란 참으로 중요한 것이다. 그래서 만남의 축복이라고도 말한다.

　어린 아이는 좋은 부모를 만나야 하고, 부모는 훌륭한 자식을 만나야 하고, 스승은 우수한 제자를 만나야 하고, 제자는 뛰어난 스승을 만나야 한다. 남자는 착한 아내를 만나야 하고, 아내는 건실한 남편을 만나야 한다.

　국민은 뛰어난 지도자를 만나야 하고. 지도자는 건전한 국민을 만나야 한다.

　시어머니는 착한 며느리를 만나야 하고, 며느리는 좋은 시어머니를 만나야 한다. 우리는 좋은 친구를 만나야 하고, 선한 이웃을 만나야 한다. 서로 잘 만나면 축복이지만 잘못 만나면 불행해 지기 때문에 만남이 중요한 것이다.

　인생의 만남 중에서 가장 중요한 만남은 배우자와의 만남이다. 선택 중에 가장 중요한 선택은 배우자의 선택이다. 직업의 선택은 잘못하였을 때 다시 선택하는 것이 그렇게 어렵지 않지만 배우자의 선택은 그렇지 않다.

　배우자의 선택을 다시 한다는 것은 여간 어려운 일이 아니다. 부부가 서로 이혼을 하게 되면 마음속에 깊은 상처를 입는다. 부부 사이에 자식이 있을 때에는 더욱 힘들어 지고 불행해진다.

인간의 만남에는 행복한 만남과 불행한 만남이 있고, 깊은 만남과 얕은 만남이 있고, 창조적인 만남과 파괴적인 만남이 있다. 부부의 행복한 만남을 천생연분 또는 천정배필(天定配匹)이라고 한다. 하늘이 정해 준 짝이라는 뜻이다.

영어에서는 배우자를 베터하프(better half)라고 한다. 나보다 더 좋은 반쪽이라는 뜻이다. 좋은 배우자를 만난다는 것은 인생에서 가장 중요하고 행복한 것이다. 서양 격언에 "바다로 갈 때에는 한 번 기도하여라. 전쟁터로 갈 때는 두 번 기도하여라. 그러나 결혼식장으로 갈 때에는 세 번 기도하여라" 라는 명언이 있다. 이 말은 결혼이 그 만큼 중요하고 어렵다는 뜻을 의미한다. 서로 모르는 사람끼리 만나서 행복한 가정을 이룬다는 것은 결코 쉬운 일이 아니다.

결혼은 인생의 이중창(二重唱)이다. 남편의 목소리와 아내의 목소리가 아름다운 조화를 이루어야 하다. 합창에서 가장 중요한 것은 두 목소리가 서로 하모니를 이루는 것이다. 남편의 목소리가 너무 높아도 안 되고, 아내의 목소리가 너무 낮아도 안 된다. 부부가 저마다 제 목소리를 내되, 상대방의 목소리를 방해하지 않고 서로 어울려 아름다운 조화를 이룬다는 것은 아름다운 것이다. "보라 형제가 연합하여 동거함이 어찌 그리 선하고 아름다운고 머리에 있는 보배로운 기름이 수염 곧 아론의 수염에 흘러서 그의 옷깃까지 내림같고" (시편 133편 1절)

 # 타락한 인간의 본성

"하나님이 자기 형상 곧 하나님의 형상대로 사람을 창조하시되 남자와 여자를 창조하시고"(창세기 1장 27절). 이 말씀을 보면 하나님이 원래 창조하신 인간은 가장 거룩한 하나님의 형상대로 만드셨다. 그렇기 때문에 본래의 인간은 하나님의 형상대로 거룩하게 창조하셨고, 선하고 의롭게 만드셨다. 그리고 그 거룩한 모습으로 거룩한 에덴동산에서 살게 하셨다.

그런데, 그 인간인 아담 하와가 하나님의 명령을 불순종하여 범죄하므로 그 거룩한 동산에서 살지 못하고 쫓겨나게 되었다. "여호와 하나님이 에덴동산에서 그를 내보내어 그의 근원이 된 땅을 갈게 하시니라"(창세기 3장 23절)

범죄하고 쫓겨난 사실을 신학적인 용어로 인간의 타락이라고 하고 아담과 하와의 범죄를 원죄라고 한다. 그 타락은 에덴동산에서 쫓겨난 것뿐만 아니고 하나님의 거룩한 형상에서 떠나게 된 것을 말한다. 그래서 그때부터 인간은 죄인이 되었다. 그리고 그 원죄로 말미암아 인간은 누구나 날 때부터 죄인으로 태어난 것이다. "의인은 없나니 하나도 없다"(로마서 3장 10절)라고 했다.

이렇게 타락한 인간이 마침내는 살인하는 죄를 범하게 되었다. 그것은 아담의 아들 가인이 그의 동생 아벨을 죽임으로 인류 최초의 살인죄를 범하게 된 것이다. 가인이 동생을 죽이고도 죄책감을 느끼지 않고 도리어 추궁하시는 하나님에게 "내가 내 아우를 지키는 자니이까" 라고 항의했다(창세기 4장 9절)

가인이 범죄하고도 자신의 죄를 깨닫지 못하고 뉘우치지 않는 것은 타락한 인간의 본성을 그대로 나타내어 보인 것이다.

2차 세계대전 당시 죽음의 수용소에서 수백만의 유대인을 학살하는데 앞장섰던 아돌프 아이히만이라는 나치 전범이 있었다. 그는 1961년 마침내 체포되어서 이스라엘 예루살렘 법정에 서게 되었다. 그는 유대인을 6백만 명이나 죽인 죄에 대하여 죄책감은 전연 보이지 않고 도리어 자신은 맡겨진 임무에 최선을 다 했을 뿐이므로 죄가 없다고 주장했다. 그것은 역시 타락한 인간의 본성을 그대로 나타내어 보인 것이다.

우리는 그 보다 더 가까운 현실에서 생지옥 같은 북한의 독재자 김정은에게서 그와 같이 타락한 인간의 본성을 보게 된다. 그는 집권 이후 고위급 간부 100 명 이상을 숙청하고 처형했다. 특히 그의 고모부인 장성택을 국민이 보는 가운데서 기관총으로 공개 처형을 했다. 그리고 그의 이복형인 김정남을 독살을 하게 했다. 그렇게 잔인한 악행을 했지만 김정은이라는 인간에게는 죄책감이 조금도 없다는 것이다 그것은 역시 타락한 인간의 본성을 보여주는 것이라 할 것이다.

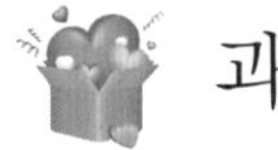 # 과학과 신학

"과학이 없는 종교는 장님(Blind)이며, 종교 없는 과학은 절름발이(Lame)다" 이 말은 과학자 아인슈타인의 말이다. 나는 이 말에서 종교를 신학으로 바꾸어 놓고 생각해 본다. 종교는 인간과 신(神)의 관계를 말하는 것이기 때문에 종교 안에 신학이 있다. 그런 의미에서 종교를 신학으로 바꾸어서 생각하게 되는 것이다.

아인슈타인의 이 말을 분석해 보면, 과학과 신학(종교)은 서로 반대나 배치(背馳)되는 것이 아니고 상호 보완되는 관계라는 것이다. 인간의 지식은 극도로 발달하여 현대는 '과학 만능 시대' 라고 말하기도 한다. 인간의 과학으로 자연과 우주를 지배하고 있다. 인간의 과학이 신의 영역까지 침범한 것이 아니냐 라는 말을 하게 되는 시대이다.

그러나 인간의 지식과 과학은 역시 한계가 있다. 그것은 인간은 역시 하나님이 창조한 피조물이기 때문이다. 인간의 과학을 발달시켜 준 지식은 창조주 하나님이 우리 인간에게 주신 것이다. 그러므로 인간의 지식은 하나님의 것이다.

인간의 과학은 한계가 있어서 그 한계 밖의 것은 알 수 없기 때문에 신학이 필요한 것이다. 예컨대, 태초에 하나님이 말씀으로 천지와 우주만물을 창조하시고 지금까지 다스리시고 역사를 지배하시는 섭리를 인간의 지식과 과학으로는 설명할 수 없다. 그래서 신학을 공부하는 것이다. 신학이 없는 과학은 절름발이로서 올바른 길을 걸어갈 수 없는 것이다.

창조주 하나님의 존재를 부정하는 진화론자들은 만물이 진화로 이루어 가는 자연법칙을 신의 자리에 올려놓고 있다. 그러나 신학은 그들에게 다음과 같이 말한다. "그 자연 법칙은 하나님이 다스리고 있는 것이다" 자연도 하나님이 만든 것이고 그 법칙도 하나님이 정하시고 운행 하시는 것이다.

"죽은 나사로를 살리신 예수님, 십자가에 못 박혀 죽었다가 3일 만에 부활하신 예수님을 인간의 지식으로는 이해 할 수 없고, 과학으로 증명 할 수 없는 것이다. 그것은 과학의 영역이 아닌 초 과학적인 것으로 신학의 영역이다

신학자 안셈(Anselm)은 "나는 알기 위해서 믿는다. 기독교의 진리(성경)는 모순되기 때문에 믿을 가치가 있다" 라고 했다. 하나님의 존재와 그의 말씀인 성경의 진리는 지식으로 아는 것이 아니고 믿음으로 알게 된다는 말이다.

과학은 배움으로 아는 것이고, 신학은 믿음으로 아는 것이다. 과학은 연구하는 것이고 신학은 믿는 것이다. 과학은 육신의 눈에 보이는 것만 말하고 신학은 보이지 않는 영의 세계를 말한다.

"그 능하신 행동을 찬양하며 그의 지극히 위대하심을 따라 찬양할지어다" (시편 150편 2절) 할렐루야 !

 # 영감(靈感)의 힘

영감이란 무엇이냐? "신(神)이나 하늘의 계시(啓示)를 받은 것 같은 느낌이다. 우리의 마음속에 일어나는 신비(神祕)하고 영묘(靈妙)한 생각이다. 그것은 내 마음속 깊은 곳에서 일어나는 생각이지만, 동시에 위에서 오는 천래(天來)의 소리요 하나님의 음성과 같은 것이다" 이상은 철학자들의 설명이다.

한글 사전에는 '신령한 예감' 이라고 했다. 성경에는 하나님의 성령의 감동을 받은 것이라고 한다. 그래서 영감을 받은 사람을 성령의 감동을 받은 사람이라고 한다.

예컨대, 고대 바벨론 나라의 느부갓네살 왕이 이상한 꿈을 꾸었는데 해몽을 하지 못하여 고민을 하고 있는데, 하나님의 사람 다니엘이 영감으로 해석을 해 주었을 때에 왕은 다니엘에게 거룩한 신들의 영이 있는 사람이라고 했다. "나 느부갓네살 왕이 꿈을 꾸었나니 너 벨드사살아 그 해석을 밝히 말하라 내 나라 모든 지혜자가 능히 내게 그 해석을 알게 하지 못하였으나 오직 너는 능히 하리니 이는 거룩한 신들의 영이 네 안에 있음이라" (다니엘 4장 18절)

요셉이 애굽에서 바로왕의 신비한 꿈을 해석하여 주었을 때에 "바로가 그의 신하들에게 이르되 이와 같이 하나님의 영에 감동된 사람을 우리가 어찌 찾을 수 있으리요" (창세기 41장 38절) 라고 말했다.

성경은 영감을 받아서 기록한 하나님의 말씀이요 영감의 말씀이다. 위대한 작품은 영감의 산물이다. 깊은 종교나 탁월한 사상은 영감의 힘이 없이는 불가능하다.

인간은 다차원적 존재(多次元的 存在)이다. 돌이나 흙과 같은 물질의 존재인 동시에 풀이나 새와 같은 생명의 존재요, 동시에 인격과 정신을 갖는 영적인 존재이다. 신령(神靈)한 힘을 갖는 존재를 영물(靈物)이라고 한다. 인간은 영물 중에서도 가장 뛰어난다. 그래서 만물의 영장이라고 한다.

인간에게는 지성이나 머리만으로는 도저히 이해할 수 없는 신비한 세계가 있다. 영묘(靈妙)한 힘을 영력이라고 그러한 성품이나 인격을 영성이라고 한다. 영감은 영어로 인스피레이션(inspiration)이라고 한다. 이 말은 호흡한다는 뜻이다. 생기(生氣: spirit)를 안에(in) 끌어 드린다는 뜻이다. 대 자연과 우주에 있는 영묘한 기운을 내 존재 속으로 흡수한다는 말이다. 에디슨은 "천재(天才)는 99%의 노력과 1%의 영감으로 구성된다고 갈파했다.

영감은 놀라운 힘을 가지고 있다. 무당은 귀신의 영을 모시고 점을 치지마는 하나님의 사람들은 하나님의 영을 모시고 살아야 한다. 옛날 선지자들과 예언자들이 하나님의 영을 받아 예언을 하고 능력으로 역사하였다.

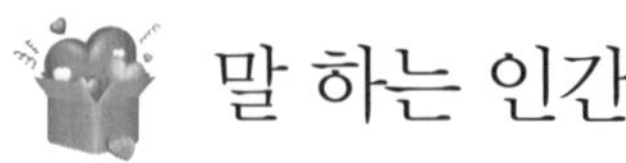# 말 하는 인간

말은 인간만이 가지고 있는 의사소통의 수단이요 도구이다. 동물에게도 서로 의사를 교환하는 도구가 있는 지는 모르지만 인간과 같은 언어는 없는 것 같다.

우리 기독교는 말씀의 종교라고 한다. 창세기 1장에는 태초에 하나님이 이 천지 만물을 창조 하실 때 말씀으로 창조 하셨다고 기록했다. "하나님이 이르시되 빛이 있으라 하시니 빛이 있었고"(창세기 1장 3절)라는 구절은 말씀으로 창조하신 역사를 구체적으로 설명하고 있다.

따라서 예수 그리스도는 말씀(로고스)으로 세상에 오셨다. "태초에 말씀이 계시니라 이 말씀이 하나님과 함께 계셨으니 이 말씀은 곧 하나님이시니라 그가 태초에 하나님과 함께 계셨고 만물이 그로 말미암아 지은 바 되었으니 지은 것이 하나도 그가 없이는 된 것이 없느니라"(요한복음 1장 1절-3절)

우리 인간에게 언어는 필수적인 요소이다. 우리는 언어라는 매개체를 통해 자신의 생각을 전하고 다른 사람의 사상을 받아들이기도 한다. 그래서 우리는 언어를 도구로 사용하여 만들어진 신문이나 방송 등을 '매스 미디어' 라고 한다. 현대에 있어 매스 미디어의 위력은 대단하다. 대중문화가 이에 따라 좌우된다 해도 과언이 아닐 정도로 그 미치는 영향 또한 지대하다. 그래서 현대를 '매스컴의 시대' 라고 한다,

언어는 인간의 운명을 변화시키는 놀라운 힘을 가지고 있다. "누에가 자기가 거할 고치를 그의 입에서 나오는 실로 짓는

것처럼 사람도 그의 입에서 나오는 말로 자기라는 존재를 굴레 씌우게 된다". "못 살겠다" 는 말을 하는 사람에게는 못사는 굴레가, 팔자가 세다고 타령을 하는 사람에게는 팔자가 센 굴레를, 늘 슬픈 이야기를 하는 사람에게는 슬픔이 그의 생애를 굴레 씌우게 된다.

일찍이 솔로몬은 언어의 능력에 대하여 "네 입의 열매로 네가 얽혔으며 네 입의 말로 인하여 잡히게 되었느니라" (잠언 6장 1절)라고 했다. 야고보 선생도 말을 조심해야 한다는 교훈으로 "혀는 곧 불이요 불의의 세계라 혀는 우리 지체 중에서 온 몸을 더럽히고 삶의 수레바퀴를 불사르나니 그 사르는 것이 지옥 불에서 나느니라" (야고보서 3장 6절) "누구든지 스스로 경건하다 생각하며 자기 혀를 재갈 물리지 아니하고 자기 마음을 속이면 이 사람의 경건은 헛것이라" (야고보 1장 26절)고 말했다.

언어는 하나님이 우리 인간생활에 필요하게 주신 귀한 선물이요 은사이다. 그렇기 때문에 언어는 귀하고 소중한 것이다. 이렇게 소중한 언어를 가지고 하나님께 감사하며 영광을 돌려 드려야 한다. 따라서 이웃에게 항상 위로가 되고 기쁨과 즐거움이 되는 말을 해야 할 것이다.

 # 세 종류의 인생

인간 세상에는 세 종류의 사람이 있다고 한다(영국의 경험철학자 Francis Bacon). 그 첫째의 사람은 꼭 있어야 할 사람이다. 그는 꼭 필요한 사람이요 없어서 안 될 사람이다. 그는 남에게 항상 유익을 주는 사람이요 사회에 덕을 끼치는 사람이다. 그의 언어와 행동은 모범이 되고 귀감이 되어서 모든 사람이 존경하며 본 받기를 원하는 사람이다.

그는 꿀벌 같은 사람이다. 꿀벌은 땀을 흘리며 일을 해서 사람들에게 꿀을 제공해 준다. 그러면서도 꿀 값이나 보상을 요구하거나 바라지 않는다. 남의 것을 빼앗거나 남을 해치지도 않는다. 벌은 꽃에 가서 꿀을 따지만 그냥 따지 않는다. 꿀을 따는 동시에 꽃을 암수 수정을 시켜주므로 열매를 맺게 하여 준다.

둘째의 사람은 있으나 마나 한 사람이다. 예수님의 달란트 비유에서 이를 남기지 아니하고 본전 그대로 간직하고 있었던 종과 같은 사람이다.(마태복음 25장 25절-27절). 그야말로 본전 인생이다.

그는 남의 것을 빼앗거나 남을 해롭게 하지 않는다. 동시에 그는 남을 도와 주거나 남에게 아무런 유익도 주지 않는다. 피해도 유익도 주지 않는 사람, 있으나 마나 한 인생이다. 그는 개미 같은 인생이다.

셋째는, 꼭 없어야 할 사람이다. 그는 인간 사회에 필요 없는 사람이요 없어야 할 사람이다. 그것은 남을 해치고 남에게 손해를 끼치는 사람이기 때문이다. 그는 자신이 땀 흘리며 일을 해서 살려고 하지 않고 수고 없이 남의 것을 빼앗아 가지고 살기를 원하는 사람이다. 우리 사회에서 강도와 도둑 같은 인간들이다. 그는 그물을 쳐 놓고 남을 잡아먹고 사는 거미와 같은 인생이다.

예수님의 비유 중, 어떤 사람이 예루살렘에서 여리고로 내려가다가 강도를 만나서 거의 죽게 되었는데, 마침 제사장과 레위 사람이 그 길로 지나갔으나 도와주지 않고 그냥 지나 가버렸다. 그러나 사마리아 사람은 죽어가는 사람을 건져주었다. 이 비유에서 사마리아 사람은 꼭 있어야 할 사람이요 필요한 사람이었다. 그러나 제사장과 레위 사람은 있으나 마나 한 사람이었고, 강도는 꼭 없어야 할 사람이었다.

하나님이 우리 인간을 세상에 보낼 때는 모두가 필요한 사람으로 보내셨는데, 인간들은 이렇게 하나님의 뜻을 어기고 세 종류로 구분되어 살고 있다. 인간 중에 우리 그리스도인들은 하나님으로부터 사명을 받고 태어났다. 그 사명은 인생의 본분이다.

너는 무엇을 하려고 이 세상에 왔느냐? 너의 인생의 목적은 무엇이냐? 너는 무엇을 위해 살고 있느냐? 산다는 것이 무엇이냐? 모든 물건은 만든 목적이 있다. 예컨대, 방망이 하나도 목적이 있어서 빨래 방망이, 야구 방망이로 만들어졌다. 나는 누구냐? 너는 하나님이 목적이 있어서 이 세상에 보내신 존귀한 존재이다. 하나님과 사람에게 꼭 필요한 사람, 없어서 안 될 사람이 되어야 할 것이다.

 # 신념과 신앙

신념과 신앙은 우리가 평소에 잘 사용하는 말로서 그 뜻이 유사한 것 같지만, 실제의 뜻은 차원이 다른 뜻을 가지고 있다. 결론부터 말하면, 신념은 자신을 향한 자신의 것이고 신앙은 하나님을 향한 하나님의 것이다.

옛날 활을 가지고 사냥을 하던 시절에, 한번은 사냥꾼이 멧돼지 한 마리를 발견했다. 멧돼지를 확인한 이 사냥꾼은 전력을 다하여 활을 쏘았는데, 그 화살이 멧돼지의 등에 꽂혔다. 너무 기뻐서 뛰어가서 멧돼지를 잡으려고 보니. 멧돼지가 아니고 멧돼지 같이 생긴 시커먼 바위었다. 그런데 이상한 것은 그 바위에 화살이 꽂혀있다는 것이다.

너무 이상해서 아까 그 자리에 다시 가서 그 바위를 보고 활을 쏘았는데, 와서 보니 화살이 바위에 꽂히지 않았다는 것이다. 똑같이 쏘았는데, 왜 첫 번째는 꽂히고 두 번째는 꽂히지 아니했느냐? 그것은 신념의 문제이다. 첫 번째는 멧돼지라는 확신을 가지고 활을 쏘았기 때문에 꽂히고 두 번째는 바위라고 생각을 하고 쏘았기 때문에 꽂히지 아니한 것이다. 신념이 그만큼 힘이 있고 중요하다는 것이다.

다음으로 신앙을 설명한다. 옛날 어린 다윗이 대장 골리앗과 싸울 때, 블레셋 나라의 대장 골리앗은 칼과 창을 들고 갑옷을 입고 나왔는데, 다윗은 물매돌을 가지고 나왔다. 누가 봐도 상대가 되지 않는 대결이다. 그런데 그 전쟁의 결과는 어린 다윗이 승리했다. 이 전쟁에서 어린 다윗이 승리한 비결은 신앙의 힘이었다. 다윗이 골리앗과 싸워서 이길 힘이 없었지만, 전능하신 하나님의 능력을 전적으로 믿었기 때문이다. "다윗이 블레셋 사람에게 이르되 너는 칼과 창으로 내게 오거니와 나는 만군의 여호와의 이름 곧 네가 모욕하는 이스라엘 군대의 하나님의 이름으로 네게 나아가노라" (사무엘상 17장45절)

우리의 인생살이에서 신념도 필요하고 좋은 것이다. 신념은 정신력의 핵심으로서 놀라운 힘을 가지고 있다. "나는 할 수 있다" 라고 말하는 사람은 신념의 사람이다. 신념은 강한 자기 암시(自己暗示)다. '나는 할 수 있다' 는 강한 자기 암시를 내가 나에게 계속해 주면, 신념이 생긴다. 계속적인 자기 암시가 강한 신념을 만든다. 그래서 강한 힘을 발휘하는 것이다.

그러나 우리 그리스도인들은 이러한 신념을 신앙으로 승화시켜야 한다. 즉, 나의 결심과 강한 의지에 하나님을 의지하고 그 능력을 믿는 신앙을 가져야 한다. "나의 사전 속에 불가능의 세 글자는 없다" 라고 말한 나폴레옹은 신념의 사람이었다. 그는 자신의 힘과 능력을 과시했다.

그러나 "내게 능력 주시는 자 안에서 내가 모든 것을 할 수 있느니라" (빌립보서 4장 13절) 라고 고백한 사도 바울은 신앙의 사람이다. 인간이 강하다고 자기 실력을 과시해도, 역시 인간은 능력의 한계가 있는 피조물이기 때문에 전능하신 조물주 하나님의 능력을 믿고 의지할 수밖에 없다. 그것이 신앙이다.

인간 관계

　'인간은 사회적인 동물' 이라는 말은 인간관계의 중요성을 뜻하는 말이다. 사회적인 동물이기 때문에 혼자서 살 수 없고 서로 모여서 상부상조하며 살고 있다. 서로 모여서 만나야 살 수 있다. 부부가 만나서 살고, 부모와 자식이 만나서 살게 되고, 스승을 만나서 배우며 살게 되고, 친구를 만나고, 이웃을 만나서 살고 있다.

　태초에 하나님이 인간을 창조하신 목적은 우리 인간과 교제하여 영광을 받기 위함이다. 교제하기 위해서 영혼을 주시고 이성을 주신 것이다. 그래서 우리는 기도하고 찬송하고 예배를 드림으로 하나님과 교제하고 영광을 돌리는 것이다.

　우리와 교제하기를 원하시는 하나님은, 동시에 우리 인간끼리 서로 교제하기를 원하신다. 그래서 "너희가 서로 사랑하라. 네 이웃을 네 몸같이 사랑하라" 라는 명령을 하신다. 우리가 서로 사랑하며 교제하는 도구는 말과 언어이다. 그렇기 때문에 우리의 일상생활에서 말은 참으로 중요한 것이다. 말 한마디에 사랑하는 친구가 될 수 있고, 말 한마디에 미워하는 원수도 될 수가 있다.

　그래서 우리 인간 생활에서 필요하고 윤활유 같이 귀한 말을 '좋은 생각' 에서 받아 적어 본다. "수고 했어" 라는 말 한마디가 피곤함을 씻어 주고, "고마워" 라는 말 한마디가 새 힘을 얻게 하며, "괜찮아" 라는 말 한마디가 부담을 덜어주고, '사랑한다' 는 말 한마디에 행복을 느끼게 되고, "고생한다" 는 말

한마디에 힘든 줄 모르게 되고, "잘 한다" 는 말 한마디에 어깨가 으쓱해지고, "행복하다" 는 말 한마디에 자부심이 생깁니다. 이처럼 우리의 세심한 말 한마디가 상처를 없애주고 긴장을 풀어 주고 마음의 문을 열게 하고 하루를 빛나게 합니다.

아름다운 말 한마디는 우리의 사소한 생활을 윤택하게 하고 사람 사이에 막힌 담을 허물어 줍니다. 실의에 빠진 이에게 격려의 말 한 마디, 슬픔에 잠긴 이에게 용기의 말 한마디, 아픈 이에게 사랑의 말 한 마디를 건네 보십시오.

인간은 사회적인 동물이기 때문에, 오늘도 우리는 만나야 되고 대화를 해야 된다. 오늘 내가 '누구를 만나느냐' 도 중요하지만, 만나서 '무슨 말을 하느냐' 도 못지않게 중요하다. 위로가 되는 말, 격려하는 말, 용기를 주는 말, 상처를 싸매어 주는 말을 하는 지혜를 달라고 기도할 수 있어야 할 것이다.

"사람은 그 입의 대답으로 말미암아 기쁨을 얻나니 때에 맞는 말이 얼마나 아름다운고" (잠언 15장 23절)

삶의 가치

'그 청년 바보 의사' 라는 책이 있다. 한국의 젊은이들에게 영향을 끼친 책이다. 2006년 1월에 서른 세살의 나이로 세상을 떠난 군의관에 관한 이야기다. 그가 떠나간 후에 그의 생애를 비로소 발견하기 시작한 사람들에 의해 만들어진 책이다.

그는 서울 영락교회 청년부 출신이었는데, 뇌출혈로 갑자기 세상을 떠나자 장례식장에는 한경직 목사님의 장례식 이후로 가장 많은 조문객들이 찾아온 장례식이었다고 한다.

젊은 의사가 죽었는데, 왜 이렇게 많은 사람들이 찾아 왔을까? 찾아온 사람들끼리도 서로를 모르는데, 그 중에 어떤 할아버지는 청년의사의 영정 사진 앞에서 다음과 같이 말한다.

"나는 이 청년의사가 근무하던 병원 앞에서 구두를 닦던 사람입니다. 이 청년은 구두를 닦을 일이 없으면서도 괜히 와서 구두를 닦고 필요 없이 돈을 더 많이 주고, 내 손을 만지면서 '할아버지 춥지 않으십니까? 식사는 하셨어요?. 할아버지, 외로우시면 하나님을 믿으세요. 하나님이 할아버지를 사랑하시거든요' 그러면서 예수님을 소개하여 주고 나를 붙들고 기도해 주었습니다"

영정 사진 앞에서 오열하던 한 아주머니는 이렇게 말했다.

"나는 이 의사가 근무한 병원의 세탁부입니다. 내가 세탁카트를 끌고 갈 때 아무도 나에게 관심을 가진 사람이 없었지만, 이 청년 의사는 나를 지나치는 법이 없었습니다. 걸음을 멈추고 '아주머니, 천천히 하셔도 돼요. 요즘 얼굴이 안 좋으시네요.

어디 아프지 않습니까?. 그러면서 약도 갖다 주고 나를 위해 기도해주고, 하나님의 사랑을 전해 주었습니다”.

한번은 그가 근무하던 병원에 파업이 일어났는데, 그는 환자의 곁을 떠날 수 없어서 파업에 동참하지 않았다고 다른 의사 동료들에게 따돌림을 당하면서 까지 환자들의 곁을 지키던 바보 의사였다.

그가 쓰는 이메일의 마지막에는 항상 이렇게 쓰여 있었다고 한다. “예수님의 스티그마 안수현”. 그것은 예수님의 흔적이라는 뜻이다. 그 사랑의 흔적을 가지고 살기를 원했던 그 청년은 예수님처럼 서른 세살에 세상을 떠났다. 그러나 그가 떠난 후에 그의 삶의 소식이 지금도 소리 없이 수많은 사람들을 변화시키고 있다.

인생은 떠난 후에 그의 삶의 가치를 평가하게 된다. 그것은 그가 얼마나 오래 살았느냐? 가 아니고 그가 어떻게 살았느냐에 대한 평가이다. 외롭고 불쌍한 이웃에게 주님의 뜨거운 사랑을 실천으로 보여준 희생과 봉사의 생활에서 진정한 삶의 가치를 찾는다.

 # 행복을 추구하는 시대

과거는 권력을 추구하는 시대였다. 옛날 사람들은 권력과 권세와 명예를 최고의 가치로 추구하며 살았다. 조선시대에는 과거에 급제하여 벼슬자리를 얻기 위해서 재산을 팔아서 노자를 마련해 가지고 과거시험을 보기 위하여 몇 날 며칠을 한양까지 걸어서 올라갔다.

재산을 다 팔아서 가난뱅이가 되어도 과거에 급제하여 벼슬을 얻어서, 권세와 명예를 가지는 것을 최고의 가치로 추구하며 살았다. 그때는 양반과 선비는 가난해도 명예를 자랑하며 살았다. 그래서 논밭에 일하러 갈 때에도 두루막을 입고 이관을 쓰고 가서 밭둑에 벗어 놓고 농사일을 했다. 선비는 농사를 잘 못해서 가난하게 살았는데, 선비는 그 가난을 자랑으로 여기며 살았다.

그러나 현대는 경제위주의 시대이다. 돈을 많이 가진 사람이 똑똑한 사람이고, 재산을 많이 가진 사람이 큰 소리를 치는 세상이다. 돈을 가진 사람이 출세하여 권세와 부귀영화를 누리는 시대이다. 돈을 가진 사람이 양반으로 인정을 받게 되는 세상이다. 그래서 현대를 황금만능시대라고 한다.

과거가 권세와 명예를 추구하는 시대였고, 현대는 황금만능을 추구하는 시대라면, 미래는 행복을 추구하는 시대임을 예고하며 보여주고 있다.

과거 보리고개 시절에 절대빈곤을 겪었던 우리 민족이 이제는 국민소득 3만불 시대를 맞게 됨으로 절대빈곤의 시대는 지나갔다. 빈부의 격차는 있지만 밥을 굶어서 죽는 사람은 없는 세상이 되었다.

그래서 국민의 의식수준도 변하게 되고 가치관도 서서히 바뀌고 있다.

과거에는 살고 죽느냐? 라는 문제였지만, 이제부터 앞으로는 잘살고 못사는 것이 문제가 된다. 먹고 사는 것은 문제가 아닌데, 얼마나 행복하게 사느냐? 라는 문제이다. 삶의 가치와 질에 관심을 가지게 된다.

"당신은 행복합니까?" 같은 환경에서 얼마나 행복을 누리며 사느냐? 라는 문제이다. 현재 우리나라는 OECD 국가에서 경제수준이 9위라면 비교적 부자국가에 속한다. 그러나 행복지수는 먹을 것을 제대로 먹지 못하고 있는 방글라데시보다 못하다는 보고는 밥 잘 먹고 사는 우리를 부끄럽게 하고 있다.

밥을 먹어서 배는 부른데, 왜 행복하게는 살지 못하느냐? 먹을 것은 많은데, 왜 행복은 없느냐? 그 이유가 무엇이며 어디서 찾아야 하느냐?

그것은 외부조건에 있는 것이 아니고 우리의 마음속에 있다는 것이다. 돈을 아무리 많이 가지고 권세를 가져도, 마음속에 만족이 없고 감사가 없으면 그는 결코 행복하게 살 수 없다는 것이다.

현재의 생활환경이 어려워도 주 안에서 받은 은혜를 감사하는 사람의 마음속에 참 행복이 있다. 그렇기 때문에 성경은 "범사에 감사하라고 한다" (데살로니가전서 5장 18절)

 # 스펄 전의 감사

스펄전(Spurgeon)은 열아홉 살 때 80 명이 모이는 교회에서 목회를 시작하여 당대 영국의 최대 교회로 성장시킨 목사이다. 그는 특히 설교의 권위자로서 설교의 황태자라는 역사적인 인물로 평을 받고 있다.

그는 설교의 대가(大家)인 동시에 목회자로서 성도들에게 감사를 강조했다. 그가 강조한 감사의 십계를 받아 적어 본다.

1. 생각이 곧 감사이다.

생각(think) 과 감사(thank)는 그 어원이 같다. 깊은 생각이 감사를 불러일으킨다. 참 감사는 마음속에서 나온다. 마음 속 깊은 곳에서 나와 입으로 나타나며 손발로, 생활로 실천하여 이루어지는 것이다.

2. 작은 것부터 감사하라.

바다도 작은 물방울로 부터 시작되었다. 아주 사소하고 작아 보이는 것에 감사하라. 그렇게 하면 큰 감사꺼리를 만나게 된다.

3. 자신에게 감사하라.

성 어거스틴은 다음과 같은 말을 남겼다. "인간은 높은 산과 태양과 별들을 보고 감탄하면서 정작 자신에 대해서는 감탄하지 않는다" 이 세상 만물을 만드신 하나님은 나를 그 만물을 지배하고 관리하는 만물의 영장으로 만드셨다는 사실을 기억하고 감사하라.

4. 일상생활을 감사하라.

숨을 쉬거나 맑은 하늘을 바라봄과 같이 일상에 대한 감사는 관심을 가져야만 할 수 있는 것이다. 매일 맑은 공기를 마시며 산다는 것은 너무나 귀한 것이지만 그 가치를 모르고 살고 있다.

5. 문제를 감사하라.

문제에는 항상 해결책이 있다. 우리는 문제를 만나게 되면 문제 자체에만 생각하고 거기에 얽매여서 고민을 하고 있기 때문에 해결책을 찾지 못하고 있다. 그러나 그 문제의 배후에는 반드시 해결책이 있다는 사실을 알게 되면 오히려 감사가 나오게 된다.

6. 더불어 감사하라.

장작은 여러 개가 함께 쌓여 있을 때 잘 타는 법이다. 가족끼리 감사를 나누면 30배 60배 100배의 결실로 돌아온다.

7. 그럼에도 불구하고 감사하라.

결과를 보고 감사하는 것보다 문제 앞에서 드리는 감사가 더 아름답다.

8. 잠들기 전에 감사하라.

대부분의 사람은 짜증과 걱정을 안고 잠자리에 든다. 잠들기 전에 하는 감사는 우리 영혼을 청소한다.

9. 감사의 능력을 믿고 감사하라.

감사에는 메아리 효과가 있다. 감사하면 감사한 대로 이루어진다.

10. 모든 것에 감사하라.

당신의 삶에서 감사가 아닌 것은 단 한 가지도 없다. 별빛에 감사하는 자에게 달빛을 주시고, 달빛에 감사하는 자에게 햇빛을 주시고, 햇빛에 감사하는 자에게 영원히 지지 않는 주님의 은혜의 빛을 주신다.

 # 삶에 유익한 글을 읽어 본다

　창문을 열면 바람이 들어오고 마음 문을 열면 행복이 들어온다. 아침에는 따뜻한 웃음으로 문을 열고, 낮에는 활기찬 열정으로 일하고 저녁에는 편안한 마음으로 끝낸다. 오늘도 나의 삶은 흐르는 강물처럼, 넓은 바다처럼, 맑은 하늘처럼, 잔잔한 호수 같은 마음으로 살게 하소서.

　어제는 어쩔 수 없는 날이었지만, 오늘은 들어갈 수 있는 날이고 내일은 꿈과 희망이 있는 날이다. 우울한 사람은 과거에 살고, 불안한 사람은 미래에 살고, 편안한 사람은 현재에 산다.

　믿음은 스스로 들이마시는 산소와 같고, 신용은 언제나 지켜야 하는 약속과 같다. 웃음은 평생 먹어야 하는 상비약이고, 사랑은 평생 준비해야 하는 비상약이다. 기분 좋은 웃음은 집안을 환하게 비추는 햇볕과 같고, 햇볕처럼 화사한 미소는 집안을 들여다보는 천사와 같다.

　꽃다운 얼굴은 한철에 불과하나 꽃다운 마음은 평생을 지켜준다. 장미꽃 백송이는 일주일이면 시들지만 마음의 꽃 한 송이는 백년의 향기를 풍긴다.

　건강할 때는 사랑과 행복만 보이고 허약할 때는 걱정과 슬픔만 보인다. 혼자 걷는 길에는 예쁜 그림이 있고 둘이 걷는 길에는 어여쁜 사랑이 있고, 셋이 걷는 길에는 우정이 있고, 우리가 걷는 길에는 손잡는 힘이 있다.

　행복의 모습은 불행한 사람의 눈에만 보이고 죽음의 모습인 병든 사람에게만 보인다. 웃음소리가 나는 집에는 행복이 와서 들여다 보고, 고함소리가 나는 집에는 불행이 와서 들여다 본다.

받는 기쁨은 짧고 주는 기쁨은 길다. 늘 기쁘게 사는 사람은 주는 기쁨을 가진 사람이다. 어떤 이는 가난과 싸우고 어떤 이는 재물과 싸운다. 가난과 싸워서 이긴 자는 많으나 재물과 싸워 이긴 자는 적다.

넘어지지 않고 달리는 자에게는 사람들이 박수를 보내지 않지만, 넘어졌다가 일어서는 사람에게는 사람들이 박수를 보낸다.

느낌이 없는 책은 읽으나 마나, 깨달음이 없는 종교는 믿으나 마나, 진실이 없는 친구는 사귀나 마나, 자기희생이 없는 사랑은 하나 마나이다.

돈으로 결혼한 사람은 낮이 즐겁고, 육체로 결혼한 사람은 밤이 즐겁고, 마음으로 결혼한 사람은 밤낮으로 즐겁다.

남편의 사랑이 클수록 아내의 소망은 작아지고, 아내의 사랑이 클수록 남편의 고민은 작아진다. 남편은 아내의 생일은 기억하되, 나이는 기억하지 말고, 아내는 남편의 용기는 기억하되 실수는 기억하지 말아야 한다.

"사랑은 오래 참고 사랑은 온유하며 시기하지 아니하며 사랑은 자랑하지 아니하며 교만하지 아니하며 무례히 행하지 아니하며 자기의 유익을 구하지 아니하며 성내지 아니하며 악한 것을 생각하지 아니하며 불의를 기뻐하지 아니하고 진리와 함께 기뻐하고 모든 것을 참으며 모든 것을 믿으며 모든 것을 바라며 모든 것을 견디느니라" (고린도 전서 13장 4절-7절)

 # 정비례의 법칙

　읽어도 좋은 글이 있다. "성격은 얼굴에서 나타나고 본심은 태도에서 나타나며 감정은 음성에서 나타난다. 센스는 옷차림에서 나타나고 청결함은 머리카락에서 나타나며 섹시함은 옷맵시에서 나타난다. 그리하여 사랑은 이 모든 것에서 나타난다".(카카오톡)

　1799년 프랑스의 화학자이자 약학자인 조세프 루이 프루스트(Joseph loust proust)는 정비례의 법칙을 발견했는데, 그것은 두 개의 변화하는 양이나 수가 있을 때, 둘이 일정한 비율로 함께 증가하는 관계에 있을 때 그 두 변량은 정비례한다는 이론이다.

　이러한 정비례의 법칙을 우리의 일상생활에 적용을 해 본다. "욕심은 부릴수록 더 부풀고, 미움은 가질수록 더 거슬리며 원망은 할수록 더 분하고, 아픔은 되씹을수록 더 아리며 괴로움은 느낄수록 더 깊어지고 집착은 할수록 더 질겨지는 것이니 부정적인 일들은 모두 지우는 것이 좋다. 지워버리고 나면 번거롭던 마음이 편안해지고 마음이 편안해지면, 사는 게 즐거워지게 된다.

　반면에 칭찬은 할수록 더 잘하게 되고, 정은 나눌수록 더 가까워지게 되고, 사랑은 베풀수록 더 애틋해지고 몸은 낮출수록 더 겸손해지며 마음은 비울수록 더 편안해지게 되고 행복은 더 커지게 된다. "기쁨과 즐거움과 사랑은 나눌수록 더 커지는 법이다."

그렇기 때문에 성경은 우리에게 다음과 같이 권고하고 있다. "즐거워하는 자들과 함께 즐거워하고 우는 자들과 함께 울라. 서로 마음을 같이 하여 높은 데 마음을 두지 말고 도리어 낮은 데 처하며 스스로 지혜 있는 체 하지 말라"(로마서 12장 15절-16절)

어려운 이웃을 도와주고, 겸손한 마음으로 섬기게 되면, 도와주고 섬긴 만큼 내 마음에 기쁨과 즐거움과 보람을 가지게 된다는 원리요 법칙이다. 그렇기 때문에 이 원리를 체험한 사람은 이 일을 계속 하게 된다.

초대교회 성도들은 이 원리를 체험했기 때문에 그들은 지상에서 천국생활을 경험했다. "믿는 사람이 다 함께 있어 모든 물건을 서로 통용하고 또 재산과 소유를 팔아 각 사람의 필요를 따라 나눠 주며 날마다 마음을 같이하여 성전에 모이기를 힘쓰고 집에서 떡을 떼며 기쁨과 순전한 마음으로 음식을 먹고 하나님을 찬미하며 또 온 백성에게 칭송을 받으니 주께서 구원 받는 사람을 날마다 더하게 하시니라"(사도행전 2장 44절-47절)

"인생은 보람을 추구하는 것"이라는 말이 있다. 세상에서 부귀영화를 다 가지고 있다고 할지라도, 그의 삶에 보람이 없다면 인생의 맛을 모르고 사는 것이요, 의미 없이 사는 사람이다. 그런 삶에는 행복이 있을 수 없다.

자유의 의미

　1919년 3월 1일은 우리 민족이 일제의 강점으로 압제를 받고 있을 때에 항의하며 자유와 독립을 부르짖은 날이다. 이른바 삼일 독립운동의 날이다. 그래서 금년은 삼일운동 105주년이 되는 해이다.

　그때 당시 우리 선조들은 일본의 압제 하에 모진 고통과 박해를 받으면서 자유와 독립을 달라고 외쳤다. 잔인한 일본의 경찰과 헌병들의 총칼 앞에서 목숨을 걸고 싸웠다. 오! 자유여, 자유가 아니면 차라리 죽음을 달라고 소리 쳤다

　그러면, 목숨을 걸고 달라고 소리치며 부르짖은 그 자유는 무엇인가? 그것은 창조주 하나님이 우리 인간에게 주신 기본권이요 본능이다. 태초에 하나님이 인간을 창조 하실 때에 기계로 만들지 아니하시고 자유의지를 가진 인격체로 만드셨다. 그렇기 때문에 사람은 누구나 본능적인 자유를 가지고 살고 있다. 자유롭게 생각을 하고, 자유로 활동을 할 수 있고. 독립적으로 활동하는 인격체이다.

　인간에게 주어진 이러한 자유는 둘로 구분할 수 있다. 그것은 육적인 자유와 영적인 자유이다. 육신의 자유는 활동의 자유요, 거주의 자유요, 생활의 자유이다. 이러한 육체의 자유가 제한되거나 속박을 받게 되면 괴로움과 고통을 당하게 된다. 그 대표적인 예를 든다면 지금도 구속 중에 있는 이 나라의 전직 두 대통령, 이명박, 박근혜 대통령이 육신의 자유를 박탈당하고 고통 중에 있다.

　3만 여명의 탈북자들이 북한에서 이러한 육체적인 자유를 얻기 위해서 목숨을 걸고 탈북을 했다. 이 지구상에서 인권과 자유가 없는 유일한 독재 국가는 잔인하고 포악한 김정은이 지배하는 북한이라는 집단이다. 그러한 김일성주의를 따르는 주사파 사람들이 장악한 문재인 정부는 개정하는 대한민국 헌법 조문에 '자유' 라는 말을 삭제 했다니 참으로 이상한 사람들이 아닐 수 없다

　다음으로 영적인 자유는 생각의 자유요, 정신적인 자유요, 신앙의 자유이다. 사도 바울이 빌립보 지방에서 전도 하다가 귀신들린 점쟁이를 고쳐주었다가 그 점쟁이의 주인의 고발로 감옥에 들어가게 되었지만 바울은 그 감옥 안에서 기도하며 찬송을 부를 때 옥문이 열려 버렸다.(사도행전 16잘 26절)

　빌립보의 관리들이 바울의 육신의 자유를 빼앗았으나 영혼의 자유는 빼앗지 못했다. 바울은 영혼의 자유를 누리니 빼앗긴 육신의 자유까지 도로 찾게 된 것이다.

　지금도 자유를 빼앗기고 신앙의 자유를 누리지 못하고 있는 북한의 성도들을 생각하면 불쌍하고 안타깝지만, 우리는 자유 대한민국에서 육체와 영혼과 신앙의 자유를 누리며 살고 있으니 하나님께 감사를 드리지 않을 수 없다

　우리는 죄의 종이요, 마귀의 종이었으나 예수님은 우리를 해방시켜주시고 자유를 주셨다. "그리스도께서 우리를 자유롭게 하려고 자유를 주셨으니 그러므로 굳건하게 서서 다시는 종의 멍에를 메지 말자" (갈라디아서 5장 1절)

희망의 철학

　나는 역사신학을 전공했지만 역사철학에도 흥미를 가지고 있다. 그것은 두 분의 역사철학자의 저서와 강의를 통해 사상적인 영향을 받았기 때문이다. 그 한 분은 연세대학교 명예철학 교수인 김형석 교수이고, 다른 한 분은 고인이 된 숭실대학교의 철학교수였던 안병욱 교수이다.

　김형석 교수는 올해 나이 100세이지만, 지금도 건강하게 강의와 강연을 하며 젊은 사람 못지않게 저술활동을 하고 있다. 내가 학창시절에 읽은 그분의 책 중에 "철학 입문과 고독이라는 병"이라는 책을 읽고 깊은 감명을 받은 기억이 난다.

　한편 안병욱 교수는 세상을 떠났지만, 역시 철학교수로서 생전에 열정적인 강의와 저술로서 인생의 행복과 지혜를 가르치고 일깨워주신 분으로 추앙하며 존경하고 있다. 그 분이 남긴 많은 책 중에 "안병욱 희망론"이라는 책에서 "희망의 철학"을 읽어 본다.

　"세상에는 성공이 있고 실패가 있다. 승리가 있고 패배가 있다. 행복이 있고 불행이 있다. 모든 사람이 인생의 성공자가 되기를 원하고, 세상의 행복자가 되기를 원하고 있다.

　그러나 세상에는 성공하는 사람보다 실패하는 사람이 더 많고, 행복한 인간 보다 불행한 인간이 더 많다. 왜 그럴까? 성공에는 성공의 철학이 있고, 행복에는 행복의 비결이 있다. 행복과 성공은 우연의 산물이 아니고, 요행이 저절로 찾아오는 것이 아니다. 성공과 승리와 행복은 그만한 노력과 지혜와 열정의 자본을 투자하여야 얻을 수 있는 것이기 때문이다.

성공과 승리와 행복을 누리는 비결은 매사에 열정과 용기와 적극성을 가지고 임하는 것이다. "그는 보기만 해도 믿음직스럽다. 그의 옆에 가면 용기가 솟는다. 그는 무슨 일에나 흥미가 있다. 그는 우울한 표정을 짓지 않는다. 그는 낙망의 한숨을 짓지 않으며 권태의 하품을 하지 않는다. 그의 얼굴에는 언제나 생기가 넘친다. 그는 일하는 것을 좋아하고 노는 것을 싫어한다. 활동이 그의 친구요 나태가 그의 적이다. 그는 상록수처럼 항상 싱싱하고 샘물처럼 힘이 솟아난다. 그에게는 절망이 없다. 오직 가능성과 희망이 있을 뿐이다. 인생에서 항상 긍정적인 마인드와 적극적인 태도는 승리와 성공과 행복의 비결이요 희망의 철학이다.

"오직 여호와를 앙망하는 자는 새 힘을 얻으리니 독수리의 날개 치며 올라감 같을 것이요 달음박질 하여도 곤비치 아니 하겠고 걸어가도 피곤하지 아니 하리로다." (이사야 40장 31절)

내일의 희망

"6.25 전쟁 당시 미국국적을 가진 한 여자가 기자로서 한국 전쟁에 참가하여 보도 부문 퓰리처상을 받은 바 있다. 그녀는 '마가렛 라이트히긴스' 라는 종군 기자인데, 어느 날 그녀는 영하 40도에 육박하는 강추위가 몰아치는 가운데 연합군과 중공군 사이에 전투를 취재하던 중 추위와 죽음의 공포에 지친 병사들과 함께 얼어붙은 통조림을 먹고 있었다.

그녀 옆에는 키가 후리후리하게 큰 병사가 극도로 지쳐보이는 표정으로 서 있었다. 마치 괴물같이 보이는 그 병사에게 그녀는 "만일 내가 당신에게 무엇이든지 해줄 수 있는 하나님이라면 제일 먼저 무엇을 요구하겠습니까?" 라고 물었다.

병사는 한동안 아무 말이 없이 부동자세로 있다가 "저에게 내일을 주십시요" 라고 말했다. 이 병사는 자신에게 무엇이 필요한 줄을 알고 있었다. 그에게 필요한 것은 포탄도 따뜻한 옷도 아니었다. 오직 이 전장에서 죽지 않고 살아남을 수 있는 희망, 즉 내일이 필요했던 것이다.

극한 상황에서 죽음 직전에 처한 사람에게, 오직 한 가지 소원이 있다면, 그것은 '내일' 이라는 희망이다. '내일' 이라는 희망을 가지고 있는 사람은 아무리 어려운 일을 만나도, 그 어려움을 참고 견딜 수가 있고 극복해 나갈 수 있다.

2차 대전 당시 수많은 유대인 포로들이 독일에서 수용되어 있었다. 소위 죽음의 수용소라고 불리는 그 수용소(아우슈 비츠)안에 있던 유대인들은 추위와 굶주림으로 거의 다 죽었다.

그런데, 그 죽음의 수용소에서 끝까지 죽지 않고 살아서 고국으로 돌아간 사람이 있다. 그는 프랭클(Victor Frankle)이라는 정신과 의사이다. 그가 고국에 돌아갔을 때 주위 사람들이 그에게 "다른 사람들은 다 죽었는데, 당신은 어떻게 죽지 않고 이렇게 살아올 수 있었느냐?" 라고 물었을 때에 그는 "나는 죽음의 수용소에서도 희망을 가지고 있었다" 라고 대답을 했다는 것이다.

죽음의 수용소에서도 죽지 않는 비결은 희망을 가진 것이다. 실존주의 철학자 키엘케골(Kielkegaard)은 절망이 사람을 죽이는 병이라고 했다. 그렇다면 희망은 사람을 살리는 약이 되는 것이다.

우리 속담에 "하늘이 무너져도 솟아날 구멍이 있고, 물에 빠져서도 정신만 차리면 살 수 있다" 는 말이 있다. 내일에 대한 희망, 장래에 대한 소망은 죽음의 병을 고치는 약이요, 어려운 일을 극복하는 무기이다.

예수님은 "내일 일을 위하여 염려하지 말라" (마태복음 6장 34절) 라고 하셨다. 내일은 오늘보다 더 좋은 날, 행복한 날이 된다는 희망을 가지고 살아야 한다.

 # 가장 귀하고 아름다운 보배

모파상의 '목걸이' 라는 소설이 있다. 주인공인 르와젤은 고관대작들이 모이는 파티에서 멋지게 보이려고 친구에게 아주 값 비싸 보이는 목걸이를 빌렸다. 그런데, 파티를 마치고 돌아오는 길에 그만 그 목걸이를 잃어버렸다.

르와젤은 빌린 목걸이와 가장 비슷한 것을 사려고 전 재산을 다 털었다. 그래도 모자라니까 돈을 빌려서 그 목걸이를 샀다. 그리고 그 빌린 돈을 갚기 위해 10년 가까이 일을 했다. 돈을 갚기 위해 10여 년을 일을 하며 애를 쓰고 나니 그렇게 매력이 있고 예쁘고 곱던 그녀의 얼굴은 어느덧 주름살이 들고 늙고 지쳐서 거친 여인이 되어 버렸다.

그런데, 그 빌렸던 돈을 모두 다 갚은 뒤에야 친구로부터 황당한 사실을 듣게 되었다. 그것은 그렇게 비싼 돈을 주고 산 그 목걸이가 가짜였다는 사실이다. 인간들은 모두가 자신을 고상하게 보이려고 노력을 한다. 아름다운 얼굴과 날씬한 몸매를 보이려고 성형 수술도 하고 에어로빅도 한다. 그리고 학벌, 직업, 결혼, 주택, 자동차에 이르기까지 보다 더 고상하게 보이고 돋보이게 하려고 평생 노력을 한다.

그러나 결과는 만족이 없고 허무한 것이 되고 만다는 사실을 우리 인생의 선배인 솔로몬이 고백하며 탄식을 했다. "전도자가 이르되 헛되고 허되며 헛되고 헛되니 모든 것이 헛되도다. 해 아래서 수고하는 모든 수고가 사람에게 무엇이 유익 한가" (전도서 1장 2절–3절)

"솔로몬"이라면 인류 역사이래 누구보다도 부귀영화를 제일 많이 누리고 화려한 인생을 살았던 사람이다. 그러나 그는 그 모든 것이 허무하고 무익한 것이라고 아래와 같이 고백했다. "은금과 왕들이 소유한 보배와 여러 지방의 보배를 나를 위하여 쌓고 또 노래하는 남녀들과 인생들이 기뻐하는 처첩들을 많이 두었노라... 무엇이든지 내 눈이 원하는 것을 내가 금하지 아니하며 무엇이든지 내 마음이 즐거워하는 것을 내가 막지 아니하였으니 이는 나의 모든 수고를 내 마음이 기뻐하였음이라 이것이 나의 모든 수고로 말미암아 얻은 몫이로다. 그 후에 내가 생각해 본즉 내 손으로 한 모든 일과 내가 수고한 모든 것이 다 헛되어 바람을 잡는 것이며 해 아래서 무익한 것이로다."(전도서 2장 8절-11절)

솔로몬이 이렇게 모든 것이 헛되다고 고백을 했지만, 그는 결코 허무주의자는 아니었다, 그는 헛된 인생에서 참되고 가장 귀한 보배를 말했다. "일의 결국을 다 들었으니 하나님을 경외하고 그의 명령을 지킬지어다 이것이 모든 사람의 본분이니라"(전도서 12장 13절) 헛된 세상에서 가장 귀하고 아름다운 보배는 하나님을 경외하는 것이라고 했다.

사랑의 힘

"하늘에는 별이 있고, 땅 위에는 꽃이 있고, 우리의 가슴속에는 사랑이 있는데, 인간은 이 사랑 때문에 행복하다" 시인 괴에테의 말이다. 사랑은 인간의 가장 위대한 덕(德)이요, 가장 신비로운 향기요, 가장 찬란한 빛이요, 가장 창조적인 힘이다.

사랑은 인간의 주성분(主成分)이다. 우리의 몸의 70퍼센트가 물로 되어 있듯이 우리의 정신은 사랑으로 되어 있다. 인간의 인격과 생활을 구성하는 기본 요소는 사랑이다. 그렇기 때문에 인간이 있는 곳에 사랑이 있고, 사랑이 있는 곳에 행복이 있다.

사랑은 행복을 구성하는 기본 원리이기 때문에, 산다는 것은 사랑하는 것이요, 사랑한다는 것은 사는 것이다. 사랑은 인간의 근본이요 본성이기 때문에 이 세상에서 사랑하지 않는 사람은 아무도 없다. 사랑은 인생의 중심이요 생의 주축을 이룬다. 인간은 누구를 사랑해야 하는 동시에 누군가의 사랑을 받아야 산다. 그래서 인간은 사랑의 주체요 대상이다.

사랑은 인생의 정신적 등뼈요 생활의 근간이다. 사랑은 조물주 하나님이 인간에게 부여한 가장 위대한 빛이요 가장 강한 힘이다. 사랑은 세계를 움직이는 힘이요 역사를 전진 시키는 에너지다.

그러면 그 "사랑은 무엇이냐" 라고 묻는다면, 여러 가지로 말할 수 있지만 나는 "희생" 이라고 말한다. 사랑은 희생하는 것이요 사랑의 힘은 바로 희생하는 힘을 말한다. 부모가 평생을 자식 위해 희생하는 것은 사랑의 힘이다. 사랑하기 때문에 아까운 것이 없고 아무리 힘든 일을 해도 피곤함을 모르고 보람으로 한다.

부모에게는 자식을 위해 어떤 희생도 할 수 있는 사랑의 힘이 있다. 6,25 전쟁 당시 군인들이 후퇴 하다가 어느 길 옆에서 쓰러져 있는 한 여인을 발견했다. 가까이 가서 보니 애기가 어머니의 젖을 빨고 있다, 이 여인이 피란을 가다가 먹을 것이 없어서 며칠을 굶게 되니 젖이 나오지 않는다. 애기가 젖을 먹지 못하여 죽게 되는데, 자식이 굶어죽는 것을 볼 수 없어서 엄마는 자신의 젖 꼭지를 잘라서 애기에게 피를 빨게 했다. 애기는 엄마의 피를 먹어서 죽지 아니했는데, 엄마는 피가 다 빠지니 그 길가에서 죽게 된 것이다.

이것은 어머니의 희생의 피요 사랑이 힘이다. 무서운 힘이요 자신의 생명을 희생시키는 강한 사랑의 힘이다. 자식을 위해 희생하는 이 어머니의 이러한 사랑의 원천은 하나님이다. 하나님이 주신 사랑이다.

"누가 우리를 그리스도의 사랑에서 끊으리요 환난이나 곤고나 박해나 기근이나 적신이나 위험이나 칼이랴" (로마서 8장 35절)

# 사명(使命)의 힘

"사명자는 그 사명을 완수하기 까지는 죽지 않는다" 라는 말이 있다. 사명이라는 말은 심부름을 받은 생명이라는 뜻이다. 내가 그것을 위해 죽을 수 있는 높은 목표나 가치를 사명이라고 한다.

인간은 사명적 존재이다. 사명감에서 위대한 힘이 생긴다. 사람은 자기의 사명을 바로 깨달을 때 눈동자가 달라지고 인생을 살아가는 자세가 달라진다.

인간은 무언가를 위해서 살고 있다. 돈을 위해서 사는 사람, 사랑을 위해서 사는 사람, 부모를 위해서 사는 사람, 자식을 위해서 사는 사람, 향락을 위해서 사는 사람, 학문을 위해서 사는 사람, 국가를 위해서 사는 사람 등 저마다 무엇인가를 위해서 살고 있다.

그러면 너는 "무엇 때문에 살고 있으며, 무엇을 위해 살고 있느냐?" 라고 묻는다면, 저마다 자기의 '때문에' 가 있고, '위(爲)해서' 가 있다. '때문에' 와 '위해서' 의 목표가 되는 것이 인간의 사명이다. 이것이 확립될 때 보다 의미 있고 힘이 있는 삶을 살게 된다. 영어의 'live for 와 die for' 라는 말이 있다. 그것은 '위해서 사는 것이요' '위해서 죽는 것이다' 인생에서 '위해서' (for)라는 말은 참으로 중요한 말이다

사명감은 인간을 성실하게 만들고, 용감하게 만들고, 부지런하게 만들고, 위대하게 만든다. 사명은 인간의 위대한 힘의 원천이다. 사람은 무엇인가를 위해서 살 때, 위대한 삶을 살 수

있고, 무엇인가를 위해 죽을 때 위대한 죽음을 죽을 수 있다.

인간은 위해서 살고 위해서 죽는 존재다. 여기에 삶의 의미가 있고, 보람이 있고, 가치가 있고, 장엄미(莊嚴美)가 있다. 베토벤은 음악을 위해 살고 음악을 위해 죽었기 때문에 위대한 예술가가 되었다. 도스토예프스키는 문학을 위해 살다가 문학을 위해 죽었기 때문에 대 작가가 되었다. 로댕은 조각을 위해 살다가 조각을 위해 죽었기 때문에 대 조각가가 되었다. 손문은 혁명을 위해 살다가 혁명을 위해 죽었기 때문에 대 혁명가가 되었다.

두레수도원의 김진홍 목사는 청춘을 다 바쳐서 진리를 찾아다니다가 마침내 진리이신 예수 그리스도를 만나서 그 분을 위해 살고 그분을 위해 죽을 각오로 동두천 산골에서 기도하며 살고 있다.

교회를 박해하다가 다메섹 도상에서 예수 그리스도로 부터 사명을 받은 바울은 이렇게 고백했다. "우리가 살아도 주를 위해 살고 죽어도 주를 위하여 죽나니 그러므로 사나 죽으나 우리가 주의 것이로다" (로마서 14장 8절) 이 말씀은 "무엇을 위해, 누구를 위해 살고 죽느냐?" 라는 질문에 대한 대답이다

 # 하나님은 누구편이냐?

영국과 독일이 전쟁을 한 역사가 있다. 이때 두 나라에는 다 같은 군목제도가 있었다. 군목들이 평소에도 병사들을 위해 기도를 하지만 전쟁이 나면 더 간절한 기도를 하게 된다.

이때 양국 군목의 기도의 내용은 동일했다. 영국군의 군목은 "하나님이여 이번 전쟁에서 우리 영국군이 이기게 하여 주시옵소서" 라고 기도한다. 동시에 독일군의 군목도 "하나님이여 이 전쟁에서 우리 독일군이 승리하게 해 주소서" 라고 기도한다.

이 때에 하나님은 과연 누구의 편이 되어 주느냐? 서로 죽고 죽이는 긴박한 상황에서 누구의 편이 되어서 그를 이기게 해 주시느냐? 라는 문제이다. 마치 학교 운동장에서 아이들이 서로 패를 지어서 싸움을 할 때 이들을 지켜본 선생님은 어느 편을 들어 주느냐? 라는 문제와 같은 얘기이다.

이러한 질문에서 정답을 찾기란 어렵고 매우 곤란하다. 이 문제에 대한 답변을 역사 신학자들은 미국의 16대 대통령인 링컨에게서 찾는다. 미국이 남북전쟁을 할 당시 링컨 대통령은 하나님께 기도했다. "하나님이 우리 편이 되어서 우리가 이기게 해 주소서" 라고 하지 않고, "우리가 하나님의 편에 서 있게 해 주시옵소서" 라고 기도했다는 것이다.

"하나님이 우리 편이 되어서 이기게 해 주소서" 가 아니고 "우리가 하나님의 편에 서게 해 주소서" 이다. "나를 도와 주시옵소서" 가 아니고 "도움을 받을 수 있는 사람이 되게 하여 주시옵소서” 라는 기도이다.

그러면 하나님은 누구의 편이 되어 그를 도와주시느냐? 라는 질문에 대한 정답은 “하나님은 당신의 편에 있는 사람의 편에서 그를 도와주신다” 는 말씀이다. “하나님은 스스로 돕는 자를 도와주신다” 는 말과 같은 뜻이다.

그래서 당시 영국과 독일의 전쟁에서 영국군이 승리했다는 것이다. 그 이유는 당시 영국 병사들의 혁대에는 “우리는 하나님의 편이다” 라는 문구가 새겨져 있었다는 것이다.

우리는 이러한 역사의 교훈을 보면서 21세기의 초강대국인 미국을 또 한번 생각하게 된다. 링컨의 교훈대로 미국 국민들은 그들의 화폐에 “우리는 하나님을 믿는다”(In God we Tuurst) 라는 글자를 새겨 놓았다. 그들은 이렇게 하나님의 편에서 하나님을 믿기 때문에 하나님이 그들의 편이 되어서 도와주시는 것이다.

“여호와를 자기 하나님으로 삼은 나라 곧 하나님의 기업으로 선택된 백성은 복이 있도다” (시편 33편 12절) 이 말씀은 역대 미국 대통령들이 취임식을 할 때 이 말씀을 펴놓고 선서를 한다는 말씀이다. 그들은 조상 때부터 이렇게 철저하게 하나님 편에서 하나님을 신뢰하며 살아왔다.

 어느 승려(僧侶)의 고백

경북 김천에 해발 1,317m 되는 높은 수도산이 있다. 이 수도산에는 수도암 이라는 법당이 있다. 이 수도암은 신라 도선국사가 창건한 천년고찰이다. 이 수도암에는 원제(41세) 라는 젊은 승려가 있다.

이원제 승려는 삼수를 한 끝에 서강대학 종교학과에 들어갔다. 그는 대학 2학년 때 당시 종교학계 석학으로 꼽히는 길희성 교수의 '불교의 이해' 라는 강의를 듣고 불교를 생전 처음 접하게 된다. 이 강의는 삶의 방향을 어디에 둘지 방황하던 그에게 일종의 북극성이 됐다. 그 다음 대학 3학년 때는 '참선과 삶' 이라는 강의를 듣고 참선을 배웠다. 원래 그의 꿈은 소설가였는데, 참선을 체험 하므로 문학도의 꿈을 포기하고 출가하여 승려의 길을 택하게 되었다.

지난 5월30일 부처님 오신 날 봉축행사를 거행했는데, 이 젊은 승려가 말하는 한국불교의 현실에 대한 진솔한 고백을 들어본다.

"나는 기본적으로 선원수좌다 선원에 속한 입장에서 과감하게 이야기해 보겠다. 지금 한국불교의 선원은 폐쇄적이다. '이 공부를 끝내기 전에는 외부 활동도 하지 않고 수행자로서만 살겠다' 고 생각하는 수행자도 많다. 좋게 말하면 겸손하다고 할 수도 있다. 그런데 저는 달리 본다"

"큰 스님들이 하시는 법문은 가장 높은 수준의 법문으로 일반인들이 이해하고 알아먹기는 힘들다. 게다가 법문 내용의 대부분이 당나라, 송나라 시대 선사들의 선어록이다. 이런 방식이 후학을 배려한 간절한 염원일 수도 있다 그런데 시대가 달라졌다. 요즘은 그런 말로 제도하고 가르치기 힘든 세상이 아닌가”

“나는 아는 만큼, 깨달은 만큼 나누어야 한다고 본다. 이건 너무 당연한 것이 아닌가... 큰 스님들은 법에 대한 이야기는 다 하는데, 자신의 삶은 안 드러 낸다... 자신의 삶을 들어내는 게 왜 중요 한가. 인간들이 서로 소통하려면 각자의 삶이 있어야 한다. 자신의 삶을 그대로 들어 낼 때에 비로소 소통이 가능하다고 본다”

이상의 설명을 보면 불교는 승(僧)과 속(俗)을 구별하는 이분법으로 나누는 폐쇄적인 종교라는 것이다. 그래서 중생들과 소통이 안 된다는 지적이다. 법문 자체가 그러하고 절간도 깊은 산 속에 자리 잡고 있으니 속세와 거리가 멀 수밖에 없다는 것이다.

그리고 그는 세인들과 소통하기 위해서 자신의 모습과 일상 생활을 숨김없이 그대로 공개한다는 것이다. 예컨데, 그는 PC방에 가서 게임도 즐겨한다고 부끄럼 없이 말한다는 것이다. “스님이 게임을 하는 것이 부끄럽지 않느냐” 라고 물으면 그는 서슴없이 부끄럽지 않다고 말한다고 한다.

“부처님은 당신에게 어떤 존재인가?” 라는 질문에 그는 다음과 같이 진솔하게 고백한다. “저는 부처님이 처음부터 사람처럼 느껴졌다” 오늘날 많은 불교 신자들은 절에 가서 부처님 앞에 절을 하며 복을 달라고 빌고 있는데, 원제 승려는 처음부터 불교의 부처(석가모니)는 신이 아니고 인간이라고 고백했다.

 # 자유를 주신 그리스도

　지금도 거제도에 가면 포로수용소를 볼 수 있다. 6.25 전쟁 때 포로로 잡힌 북한의 인민군들이 수용되어 있던 장소이다. 3년간 계속하던 그 전쟁이 휴전으로 중지된 이후에 이승만 대통령은 그 수용소에 갇혀 있던 포로병들을 전부다 석방시켜 주었다.

　그랬더니 유엔에서는 난리가 났다. 우리가 피 흘려 가며 싸워서 잡아 놓았는데, 이승만이 왜 유엔의 승인도 없이 독단으로 자기 마음대로 석방 시키느냐?

　그래서 항의 사절을 보내기로 했다. 당시 항의 사절로 영국의 대사가 이승만을 찾아 왔다. 이때 이승만 대통령은 영국대사가 항의 하러 온다는 말을 듣고 그를 맞이할 준비를 했다. 드디어 영국대사가 이승만이 있는 경무대(지금의 청와대)에 들어왔다. 이때 이승만 대통령은 영국대사를 경무대 안뜰로 안내했다.

　마침 그 안뜰 한쪽 구석에 새 장이 있었는데, 이 대통령은 그 새장의 문을 열어 버렸다. 닫혀 있던 문을 열어 버리니 그 안에 갇혀 있던 새 한 마리가 밖으로 나와서 날아가 버렸다.

　이 장면을 본 영국 대사는 항의를 한마디도 못하고 그냥 돌아갔다는 일화가 있다. "말 못하는 저 새도 자유를 저렇게 좋아하는데, 우리 인간은 자유를 얼마나 좋아 하겠느냐" 라는 뜻으로 보여준 이승만 대통령의 지혜로운 처사에 영국 대사는 할 말을 잃어버리고 돌아간 것이다.

“자유”는 우리 인간에게 너무나 필요하고 소중한 것이다. 예컨대, 1919년 3.1 독립운동 때 우리 민족이 “자유가 아니면 죽음을 달라”고 외친 사실은 자유가 그만큼 귀하다는 것을 말해 주고 있는 것이다.

나는 코로나를 통해 이 자유가 얼마나 귀한 것임을 체험했다. 아직도 코로나는 끝나지 않고 계속 되고 있는데 나는 백신을 5번이나 맞았기 때문에 안심을 하고 있었는데, 지난 번 목이 좀 불편해서 혹시나 하고 보건소에 가서 검진을 받았는데, 다음날 아침에 보건소에서 보내온 ‘양성’이라는 문자를 받았다.

뭐, 별로 아프지 않아서 집에서 약이나 먹고 그냥 있으려고 하니 집 사람에게 전염이 될까봐 걱정이 되어서 병원에 입원을 했다. 입원을 하니 병원 시설이 잘 되어 있어 좋은데, 문제는 자유가 없다는 것이다. 병실에 들어가는 그날부터 일절 문 밖에도 못 나오게 하니 그 병실이 감옥 같았다.

그때 나는 자유가 얼마나 소중하다는 것을 체험했다. 7층 병실에서 창문으로 내려다보니 자유롭게 걸어 다니는 사람들이 그렇게 부럽게 보였다.

“그리스도께서 우리를 자유롭게 하려고 자유를 주셨으니 그러므로 굳게 서서 다시는 종의 멍에를 메지 말라”(갈라디아서 5장 1절)

 # 경청의 능력

경청(敬聽)이라는 말은 "남의 말을 공경하는 태도로 듣는다"는 뜻이다(Listening Closely). 사람들은 대게 말을 많이 하고 주도하는 사람이 말을 잘 하는 사람이라고 생각하는 경향이 있다. 물론 조리 있게 논리적으로 말하고 설득력이 좋은 사람을 말 잘하는 사람이라고 할 수 있다.

그러나 남의 말을 잘 들어주는 사람, 즉 경청하는 사람이야말로 진정으로 말을 잘 하는 사람이다. 그 이유를 아래와 같이 설명을 한다. 사람은 누구나 상대방 보다 말을 더 많이 하고 싶어 하는 욕망을 가지고 있다. 자신이 더 많은 말을 해야 상대방 보다 우위에 있다고 생각하기 때문이다.

하지만 이는 대단히 잘못된 생각이다. 이런 사람은 쓸모 있는 말도 많이 하지만, 반면에 쓸모없는 말 역시 많은 법이다. 이에 비해 말이 적고 남의 말을 잘 들어 주는 사람은 쓸모없는 말을 하지 않는다. 남의 말을 들어 주는 것만으로도 상대방으로부터 좋은 사람, 마음이 넓은 사람, 배려심이 좋은 사람이라는 평판을 듣는다. 남의 말을 잘 들어주는 것이야 말로 고도의 대화 기술이다.

"사람의 입은 하나요 귀는 둘"이다. 라고 한 말이 있다(탈무드). 이것은 말하기보다 듣기를 배로 하라는 뜻이다. 말을 많이 하는 것을 좋아하는 것보다 듣기를 즐거워하라는 말이다. "경청은 가장 훌륭한 대화이다."

20세기의 최고의 물리학자이며 노벨물리학상 수상자인 아인슈타인(Albert Einstein)이 성공할 수 있었던 비결 중의 하나가 남의 말을 잘 들어주는 경청력이 뛰어났다는 것이다. 그는 남의 말을 잘 들어주는 사람으로 정평이 나 있다.

모든 화근의 근본은 '말'에 관계되어 있다. 불필요한 말로 인해 남에게 상처를 주고 자신의 인생을 망친 사람은 많아도, 말을 적게 해서 자신의 인생을 망친 사람은 어디에도 없다. 말이 많으면 쓸 말이 적다는 말이 있다.

남의 말을 잘 들어주는 경청은 귀하고 중요한 것이기 때문에 실천하기 어렵고 힘들다. 우리 북성교회 임송출 권사는 나이 많고 몸이 불편하여 교회에 나오지 못하고 누워있다. 목사가 심방을 가게 되면 자신의 사정을 전부 털어놓는다. 어떤 때는 한 시간 두 시간씩 말을 하는데, 오래 듣기가 힘들어도 참고 끝까지 다 들어 주면 위로를 받고 치유가 되는 경우를 여러 번 보았다.

"말을 배우는 데는 2년이 걸리지만 경청을 배우는 데는 60년이 걸린다"는 말은 남의 말을 잘 들어주는 경청이 그만큼 힘들고 어렵다는 말이다.

"너는 하나님 앞에서 함부로 입을 열지 말며 급한 마음으로 말을 내지 말라 하나님은 하늘에 계시고 너는 땅에 있음이라 그런즉 마땅히 말을 적게 할 것이라" (전도서 5장 2절)

 # "우리" 라는 말의 의미

　우리 한국 사람들은 '나' 라는 단수 보다 '우리' 라는 복수를 더 많이 쓰고 있다. '내 말' 이라 하지 않고 '우리 말' 이라고 한다. '내 나라' 라고 하지 않고 '우리 나라' 라고 한다. '내 집' 이라 하지 않고 '우리 집' 이라고 한다. '내 교회' 라고 하지 않고 '우리 교회' 라고 한다.

　우리 한국 사람들이 나 보다 우리를 더 많이 사용하는 이유를 생각해 본다. '우리' 라는 말에는 겸손과 포용성과 너그럽고 부드러운 느낌을 주고 있다.

　무슨 일에나 나를 앞세우면 교만하게 보인다. 그러나 우리라고 하면 나를 감추기 때문에 겸손하게 보인다

　우리라는 말에는 공동체(Community)의 의식이 있다. 나 혼자 외롭게 사는 것이 아니고 여러 사람이 모여서 상부상조하며 사는 것이다. 그것이 인간 사회다.

　미국사람들은 개인 주택을 선호하고 있다. 물론 그 나라는 땅이 넓으니까 개인 주택을 많이 짖고 있지만 우리 한국은 아파트를 선호하고 있다. 도시가 온통 아파트로 변한 것 같다. 아파트도 소규모 보다 대 단지 아파트에 살기를 원하고 있다.

　여러 사람이 함께 모여서 산다는 것은 좋은 현상이다. 미국 사람들의 개인 주택은 개인주의로 보이지만 우리 한국 사람들의 공동주택은 서로 도와주며 살고 있는 공동체의 삶으로 우리의 자랑이라 할 수 있다

　성경에 보면 하나님도 '우리' 라는 말을 많이 사용하셨다.

"하나님이 이르시되 우리의 형상을 따라 우리의 모양대로 우리가 사람을 만들고 그들로 바다의 물고기와 하늘의 새와 가축과 온 땅과 땅에 기는 모든 것을 다스리게 하자하고"(창세기 1장 26절) 세 번이나 반복하여 사용하셨다.

이 말씀은 하나님은 한 분이시지만 성부 성자 성령의 삼위일체의 하나님을 나타낸 의미로 우리라고 하셨다.

'우리' 라는 말에는 함께(Together)라는 의미도 있다. 서로 몸과 마음을 합하여 함께 사는 것이다. 이것은 초대교회의 현상을 보여주는 것이다 "날마다 마음을 같이 하여 성전에 모이기를 힘쓰고 집에서 떡을 떼며 기쁨과 순전한 마음으로 음식을 먹고(사도행전 2장 46절)

"즐거워하는 자들과 함께 즐거워하고 우는 자들과 함께 울라"(로마서 12장 15절) 기쁨과 슬픔을 함께 나누는 우리의 교회이다.

우리는 주 안에서 한 형제자매가 되어 우리 교회에서 한 하나님을 모시고 예수님을 구주로 믿고 있다. 웃음과 울음도 같이 하며 기쁨과 슬픔도 같이 하는 공동체이다.

 # 너 자신을 알라

　세계에서 가장 가난한 국가 중의 하나였던 우리 한국이 이제는 세계 10위 권에 들어갈 만큼 잘 사는 나라가 되었다. 그리고 우리 한국인은 천성적으로 지능이 우수하고 지혜가 뛰어난 민족으로 자타가 공인하고 있다. 그런데 우리 한국인이 모르고 있는 것이 3가지가 있다고 전 조선일보의 김대중 논설위원이 지적했다. 그것은 한 개인의 지적이지만 우리 국민은 교훈으로 새겨들을 필요가 있다는 생각을 한다.

　첫째, 우리 한국인들은 얼마나 잘 살고 있는 지를 스스로 알지 못하고 있다는 것이다. 지금 한국인들이 누리고 있는 삶의 질은 미국이나 일본보다 더 우수하다는 것이다.

　몇 년 전에 미국에 살고 있는 나의 처남이 위암을 치료받기 위해서 한국에 와서 수술을 받고 회복이 되어 돌아간 적이 있다(부산 메리놀 병원에서 수술 받음). 그가 한국에 와서 치료를 받은 이유는 미국에는 한국과 같은 의료보험제도가 없어서 치료비가 너무 많이 든다는 것이다.

　이렇게 우수한 보험 제도의 혜택을 누리면서도 한국 국민들은 고마움을 모르고 있다는 것이다. 예컨대, 대기업의 노조 간부들의 연봉은 일억 원이 넘지만 그들은 연봉을 올려 달라고 파업을 일삼고 있다. 노조의 파업 때문에 기업들이 한국을 떠나 외국으로 공장을 옮기고 있는 실정이다.

둘째, 현재 우리 한국이 얼마나 위험한 상황인지를 한국인은 모르고 있다는 것이다. 한때 김정은과 문재인이 손을 잡고 판문점 군사분계선을 넘나들면서 남북의 평화를 선포하고 통일이 곧 되는 것처럼 떠들더니 김정은은 언제 그랬느냐? 라는 듯이 미사일을 발사하고 핵무기는 계속 만들고 있다.

북한이 싫어서 탈북한 태영호 의원의 설명을 들으면 대한민국이 북한에 80조의 돈을 갖다 준다 해도 김정은은 절대로 핵무기를 포기하지 않는다고 증언했다. 북한 김정은의 목적은 핵무기를 가지고 남한을 위협해서 남북을 공산주의로 적화통일을 한다는 것이다.

이렇게 위험한 상황을 일본이나 미국은 알고 있는데, 우리 한국인들은 알지 못하고 있다는 것이다. 특히 종북 좌파 세력들이 그러하다는 것이다.

셋째, 우리 한국의 주변 국가들이 얼마나 강한 상대들인 지를 한국 국민들은 모르고 있다는 것이다. 대한민국은 지정학적으로 중국, 일본, 러시아에 둘러 쌓여 있는데, 그들은 모두가 한국에게는 역부족인 상대들이다. 거기다가 북한의 핵무기의 위협이 도사리고 있다. 아덴 시민들에게 "너 자신을 알라" 라고 한 소크라테스의 말은 오늘 우리 한국인들이 정신을 차리고 들어야 할 말이다.

 # 광복절과 유월절

광복절은 우리 민족이 일제의 노예에서 해방된 것을 기념하는 절기요, 유월절은 유대민족이 애굽의 노예에서 해방된 것을 기념하는 절기이다.

오늘은 우리 민족이 36년간 일제의 압박에서 해방이 되어 자유를 얻게 된 광복절이다. 일제의 압박이 심할 때 우리의 선조들은 자유를 달라 "자유가 아니면 죽음을 달라" 라고 외쳤다.

그때 우리 한국교회는 피를 흘리며 자유를 달라고 하나님께 눈물로 기도했다. 순교자 주기철 목사님을 비롯하여 많은 순교자들과 순국열사들의 염원이 드디어 이루어졌다.

그날이 1945년 8월 15일 이었다. 지구촌을 점령하려는 일본의 야망은 미국의 원자폭탄으로 완전히 패하고 우리 한민족은 자유해방을 맞이하게 된 것이다. 그때 나는 초등학교(국민학교) 일학년이었는데, 동네 사람들이 모두가 태극기를 들고 거리에 나가서 대한독립만세를 외치며 춤을 추는 모습을 본 기억이 난다. 억압이 그렇게 괴로운 것이고 자유가 그렇게 기쁘고 좋은 것임을 한 눈으로 보았다.

이러한 우리 민족의 광복절은 유대민족의 유월절과 같은 맥락에서 생각하게 된다. 우리는 출애굽기에 기록된 유월절의 역사를 잘 알고 있다. 요셉의 덕택으로 야곱의 자손 70명이 애굽으로 이주하여 잘 살게 되었으나 한 시대가 지나서 요셉을 알지 못하는 애굽의 바로 왕이 이스라엘 백성을 탄압하기 시작했다. 그 탄압이 갈수록 더 심하게 되니 이스라엘 백성들은 드디어 하나님께 호소하게 되었다.

그때 하나님은 이스라엘 백성들의 호소를 들으시고 그들을 구출하기 위하여 모세를 지도자로 보내 주셨다. 사명을 받은 모세는 애굽의 바로 왕을 찾아가서 이스라엘 민족을 놓아 달라고 요구했으나 완악한 바로왕은 거절했다.

그래서 하나님은 애굽 땅에 10가지 재앙을 내렸는데 그 마지막 재앙이 애굽의 장자를 죽이는 재앙이었다. 이 재앙으로 바로왕은 항복을 하고 이스라엘 백성은 해방된 것을 기념하여 유월절을 지키게 된 것이다.

일본의 항복과 한국의 해방이 동시에 이루어진 역사가 광복절이라면, 애굽의 항복과 이스라엘의 해방이 동시에 이루어진 것이 유월절이다.

오늘은 우리 민족의 해방을 기념하는 76번째 광복절이다. 우리는 이러한 해방을 주신 하나님께 감사하는 동시에, 우리의 영혼을 죄악의 노예에서 해방시켜 주신 은혜를 감사하는 것이다. "이는 그리스도 예수 안에 있는 생명의 성령의 법이 죄와 사망의 법에서 너를 해방하였음이라" (로마서 8장 2절)

 # 전쟁 중의 기적

　북한공산군의 불법 남침으로 시작된 6.25전쟁은 1950년 6월 25일부터 1953년 7월 27일까지 3년 1개월 동안 이어졌다. 이 전쟁으로 인하여 국군과 민간인을 포함하여 80여만 명이 죽게 되었다. 실로 엄청난 민족사의 비극이다.

　이 역사의 비극은 우리 민족이 결코 잊을 수 없고 잊어서도 안 된다. 그것은 비극의 역사를 잊어버리면 그 비극을 반복하게 된다는 역사의 교훈이 있기 때문이다.

　당시 북한군은 소련의 전차를 앞세우고 불법 남침을 했지만, 결국은 그들이 패하고 돌아갔다. 3년 동안 피 흘리는 전쟁을 하여 우리나라가 승리하게 된 것은 그 전쟁 중에 3가지의 기적이 있었기 때문이다.

　첫째는, 유엔군의 도움이 있었기 때문이다. 6.25전쟁이 일어났을 때 유엔 안전보장 이사회가 소집되어 유엔군을 한국에 파병할 것을 결의했다. 만약 그때에 소련대사가 그 회의에 참석을 했다면 파병을 못했을 것이다. 그런데 그날 소련 대사가 회의에 참석하려고 급히 오다가 사고가 나서 참석을 못했다는 것이다.

　둘째는, 인민군이 서울을 점령하고 3일 동안 머물러 있었다는 것이다. 그것은 한국의 농민들이 일어나서 인민군을 도와줄 것이라고 믿고 기다렸다는 것이다. 당시 농민들은 자기 땅이 없이 소작으로 농사를 지었기 때문에 수입이 적어서 모두가 가난했는데, 공산국가가 되면 부자들의 토지를 소작인들에게 분배해 준다는 것을 알고 있었기 때문이다.

그런데, 이승만 대통령은 선견지명이 있었기 때문에 6.25 전쟁이 일어나기 두달 전에 토지 개혁을 하여 부자들의 토지를 가난한 농민들에게 분배하여 주었다는 것이다. 그렇게 해 놓았기 때문에 농민들이 반란을 일으키지 아니한 것이다.

셋째는, 맥아더 장군의 인천 상륙작전이다. 인민군이 이 나라를 거의 점령하고 부산만 남아 있을 때. 유엔군 사령관인 맥아더 장군은 인천상륙작전을 계획했다. 당시 상황으로는 맥아더 장군의 인천상륙작전의 성공률은 5천분의 1이었다는 것이다. 그것은 절대 불가능 하다는 평가이다.

그런데, 맥아더 장군은 모두의 반대에도 불구하고 상륙작전을 감행하여 승리하고 빼앗긴 수도 서울을 회복하여 공산군을 무찌르고 북진을 하게 된 것이다.

우리는 전쟁의 소용돌이 속에서도 이러한 기적이 있었다는 것은 하나님의 섭리와 도우심의 역사임을 믿는다. 하나님이 지켜주시지 아니했으면 이 나라는 공산국가가 되었을 것이고 우리는 한국교회와 함께 망했을 것이다. "내가 산을 향하여 눈을 들리라 나의 도움이 어디서 올까 나의 도움은 천지를 지으신 여호와 에게서로다" (시편 121편 1절-2절)

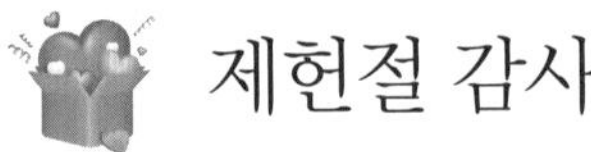 # 제헌절 감사

　7월17일은 제헌절이다. "대한민국 정부가 수립된 이후 우리나라 역사에서 최초로 헌법에 의한 통치라는 자유 민주공화 정치 이념을 부각시키기 위해 제정되었으며, 대한민국 헌법이 1948년 7월 17일에 제정, 공포된 것을 축하하고 이를 기념하며 준법정신을 목적으로 제정된 국경일이다"

　이렇게 제정된 헌법에 의하여 선출된 국회의원 198명으로 제1차 대한민국 독립민주국회가 옛 중앙청 회의실에서 1948년 5월 31일 개최되었다. 임시 의장에 선출되어 단상에 오른 이승만 박사는 특유의 이북 억양이 섞인 카랑카랑한 목소리로 이윤영 의원에게 기도 인도할 것을 요청했다.

　이 기도는 순서에 없었는데, 의장의 집권으로 특별순서로 넣은 것이다. 요즘 같으면 상상도 할 수 없는 일이다. 이승만 박사로부터 기도인도 요청을 받은 이윤영 의원은 감리교 목사로서 국회의원에 당선된 분이다. 이윤영 목사는 북한에서 목회를 하다가 공산당을 피해 남한으로 내려와서 서울 남산감리교회를 세웠다. 그는 서울 종로에서 출마하여 제헌 국회의원이 되었다.

　이때 이윤영 목사의 기도는 대한민국의 역사와 한국교회의 역사에서 기적이라 할 만큼 귀한 역사요, 축복의 역사로서 국회의 속기록에 기록되어 국회도서관에 보존되어 있다. 당시 한국의 기독교인은 인구의 1%에 불과했고, 기독교 국가도 아니었는데, 제헌 국회를 기도로 시작 했다는 사실은 하나님의 은혜와 섭리라고 우리는 믿어 의심치 않는다. 이 놀라운 이윤영 목사의 기도 내용의 일부를 적어본다.

"이 온 우주와 만물을 창조하시고 인간의 역사를 섭리하시는 하나님 아버지시여, 이 민족을 돌아보시고 이 땅에 축복하셔서 감사에 넘치는 오늘이 있게 하심을 감사하나이다... 역사에 첫걸음을 걷는 오늘 우리의 환희와 우리의 감격에 넘치는 이 민족의 기쁨을 다 하나님에게 영광과 감사를 올리나이다. 이 모든 말씀을 주 예수 그리스도 이름 받들어 기도 하나이다. 아멘"

이 기도는 10분 이상 진행되었지만 아무도 눈을 뜨지 않았다. 거룩한 기도가 끝나자 믿지 않는 의원들까지 일제히 기립해 "아멘" 으로 화답했다. 이렇게 기도로 시작한 이 나라의 제헌국회이기 때문에 우리 한국교회는 제헌절에 이 민족과 함께 하나님께 감사하는 것이다.

청교도들이 아메리카 신대륙에 상륙하여 예배당을 짓고 교회를 세운 터전 위에 미국을 세웠다면, 오늘 우리 대한민국은 기도로 시작한 제헌국회 위에 이 나라를 세웠다. 그렇기 때문에 그렇게 어려운 역경 가운데서도 이 나라는 망하지 않고 굳건하게 서 있는 것이다.

이러한 대한민국을 부정하는 종북좌파 사람들은 애국가를 부르기를 싫어하지만 우리는 "하나님이 보우(保佑)하사 우리나라 만세" 라는 애국가를 자랑하며 불러야 한다, 북한의 김정은이 핵무기를 만들어 가지고 대한민국을 위협하고 있지만, 이 나라는 하나님이 보호하여 주실 줄 우리는 확신하고 계속 기도해야 할 것이다.

1월의 감사

　우리는 1월을 정월(正月)이라고 한다. 영어로는 January이라고 하고 유대인들은 아빕월(출애굽기 13장 4절)이라고 한다.

　유대민족에게 이 아빕월은 역사적으로 너무나 귀하고 중요한 의미를 가지고 있다. 그것은 유월절을 지키는 달이기 때문이다. 14일 밤에 유월절을 지키고 그 다음날부터 일주일간 무교절을 지킨다. 이 무교절 기간에는 누룩이 없는 떡을 먹으며 그들의 조상들이 애굽에서 고난을 받으며 유월절 밤에 극적으로 구원을 받은 사실을 생각하며 기념한다.

　이스라엘 백성들이 애굽에서 모진 고난을 당하고 있을 때 하나님은 그들을 구원하기 위하여 애굽 땅에 10가지 재앙을 내렸는데, 그 마지막이 애굽의 장자를 하룻밤 사이에 다 죽이는 재앙이었다.

　그날 밤에 천사들이 내려와서 장자를 다 죽이는데. 문설주에 양의 피를 바른 이스라엘 집은 들어가지 않고 그냥 넘어가서 그 다음 애굽 사람의 집에 들어가서 맏아들을 다 죽인 것이다.

　이때 천사들이 이스라엘 집에는 들어가지 않고 그냥 넘어갔다는 뜻으로 유월이라고 하며 이를 기념하여 유월절을 지킨다. 그래서 이 유월절은 그들이 극적으로 구원을 받은 역사를 기념하여 지키는 것이다.

　이스라엘 민족의 이 유월절은 우리 민족이 일제의 압박에서 해방을 얻은 광복절과 같은 것이다. 이를 영적으로 보면 오늘 우리가 죄와 마귀의 속박에서 구원을 받은 구속의 역사를 생각하게 된다.

우리는 2021년에도 유월절 역사를 믿고 기도한다. "하나님이여, 이 코로나19가 넘어가게 하소서, 모든 질병의 재앙이 넘어가게 하소서, 근심 걱정은 우리집에 들어오지 못하고 넘어가게 하소서"

내 개인에게도 이 1월의 감사가 있다. 그것은 1월 7일이 나의 생일이요 9일은 우리의 결혼기념일이다. 1968년 1월 9일에 결혼식을 했는데 금년이 53년 째 되는 해이다. 돌이켜 보면 지난 53년간 우리의 인생살이에서 역경들도 많았지만 오늘까지 건강으로 살아있다는 사실이 너무 감사하여 하나님께 영광을 돌려 드린다.

1월은 일일부터 감사하고, 2월은 이래저래 감사하고, 3월은 삼배나 더 감사하고, 4월은 사소한 일에도 감사하고, 5월은 오직 감사하고, 6월은 유심히 감사하고, 7월은 칠칠하게 감사하고, 8월은 팔팔하게 감사하고, 9월은 구수하게 감사하고, 10월은 십시일반으로 감사하고, 11월은 십일조를 드림으로 감사하고, 12월은 시비원망 없이 감사하자. "범사에 감사하라"(살전 5장 18절)

도전과 응전

역사학의 대가(大家)요 아버지라고 하는 토인비(Arnold Toynbee)는 역사를 "도전과 응전"이라고 정의했다. 멋이 있는 타이틀로 공감이 되는 정의라는 생각을 하게 된다.

도전과 응전은 역사를 발전시키고 문명을 성장하게 하는 동기요 원동력이 되는 것이다. 발전에는 도전이 있어야 하고 그 도전에 대항하는 응전이 있어야 한다, 양자가 공존해야 발전과 성장이 이루어지게 된다.

예컨대, 민주주의의 발전도 여당과 야당이 있어야 된다. 여당만 있고 야당이 없으면 독재국가로 가게 된다. 야당의 견제(응전)가 있어야 국가가 올바른 민주주의로 가게 되는 것이다.

이러한 도전과 응전을 우리의 신앙생활에 적용하면, 도전은 고난이요 응전은 그 고난을 참고 견디며 극복하고 이기는 것이다. 고난이 힘들고 어려워서 피하는 것이 아니고, 당당하게 대항하여 극복하는 것이다. 그 고난을 연단의 기회로 삼아서 그 고난을 통해서 신앙이 성장하고 더 강하게 되어 승리하고 더 큰 축복을 받게 되는 것이다.

성경에서 요셉이 그런 인생을 살았고 욥이 그런 삶을 체험했다. 그들은 모진 도전에 굴하지 않고 참고 견디며 인내로서 응전하여 승리하고 고난 전보다 배나 더 큰 복을 받았다.

역사와 문명이 도전과 응전으로 발전한다면 우리의 신앙생활에도 같은 원리가 적용된다. 도전이라는 고난과 역경도 필요하고 응전이라는 인내도 필요하다. 고난과 역경을 만나게 되면 하나님을 더 의지하고 기도하게 된다. 그러면 그 결과는 신앙이 강하게 연단되고 성장하게 되는 것이다.

토인비는 도전과 응전의 원리를 설명할 때 '청어'의 교훈을 인용한다. 어부들이 먼 바다에 가서 청어를 잡아서 항구로 돌아오면 청어는 거의 다 죽는다는 것이다, 그래서 그 청어가 죽지 않게 하는 방법을 연구했는데. 그것은 청어가 있는 그 수조에 메기를 몇 마리 같이 넣어 두게 되면 그 청어들이 메기에게 안 잡히려고 애를 쓰기 때문에 죽지 않는다는 것이다.

온실에서 자란 나무는 바람이 불면 넘어지고 추우면 죽게 되지만, 벌판에서 자란 나무는 뿌리를 깊이 박았기 때문에 바람이 불어도 넘어지지 않는다, 혹독한 추위에서 자란 록키산맥의 단풍나무가 명품 바이올린의 재료가 된다고 한다. 잔잔한 바다에서는 유능한 뱃사공이 나오지 않는다. 바위와 돌이 없는 계곡에는 아름다운 물소리가 들리지 않는다. "생각건대 현재의 고난은 장차 우리에게 나타날 영광과 족히 비교할 수 없도다"(로마서 8장 18절)

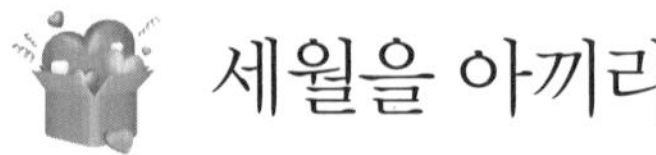 # 세월을 아끼라

한 해를 보내고 새해를 맞이할 때마다 인생의 무상함과 세월의 빠름을 실감하게 된다. 이렇게 빨리 가는 세월을 따라 사는 우리에게 성경은 다음과 같이 말하고 있다.

"세월을 아끼라 때가 악하니라. 그러므로 어리석은 자가 되지 말고 오직 주의 뜻이 무엇인가 이해하라"(에베소서 5장16절-17절) 이렇게 말씀하는 세월은 시간을 말한다. 시간을 아끼라는 말이다. 무엇이든지 귀한 줄 알아야 아끼게 된다. 시간도 먼저 귀한 줄을 알아야 아낄 수 있다. 시간은 돈이다(Time is Money)라는 말이 있다. 그 보다 더 시간은 생명이다(Time is Life)라고도 한다.

예컨대, 물에 빠져서 죽어가는 사람을 건져서 살렸는데, 만약에 그 구조대가 10분을 늦게 현장에 도착했다면 살리지 못했을 것이다. 그 짧은 10분의 시간이 그 사람의 생명을 살린 것이다. 그런 의미에서 시간은 생명이라는 말을 하게 되는 것이다.

세월을 아끼라는 말은 10분의 시간을 아끼라는 말과 같은 뜻이 된다. 그런 의미에서 오늘은 10분의 귀중함과 가치를 "좋은 생각"에서 받아 적어 본다.

첫째, 매일 아침에 10분 먼저 일어나라. 그렇게 하면 하루가 내 손 안에 들어온다. 이왕에 일어날거면 10분을 먼저 일어나는 것은 어려운 일이 아니다. 습관을 들이면 얼마든지 할 수 있는 일이다.

둘째, 음식을 먹을 때 10분을 더 씹어 먹어라. 그만큼 소화가 잘되어서 건강에 도움이 된다. 우리는 급하게 빨리 먹어버리는 것이 습관화되어 있다.

셋째, 10분만 앞당겨 출근을 하라. 그렇게 하면 모범 직원으로 인정을 받게 되고 업무와 인간관계에서 스트레스가 없어지게 된다.

넷째. 약속한 장소에 10분 먼저 도착하라. 그렇게 하면, 주도적 능동적 관계를 맺게 된다.

다섯째, 성급하게 화를 내지 말고 10분만 참고 난 후에 말하라.

그렇게 하면, 다툼이 더 좋은 사귐으로 바뀔 수 있다.

여섯째, 저녁에 잠 들기 전에 10분만 오늘 하루의 지난 일을 생각해 보라.

그렇게 하면 오늘의 기쁨과 보람이 내일로 이어지며, 오늘의 실수가 내일로 이어지지 않게 된다.

일곱째, 10분만 감사와 사랑의 메시지를 보내는데 쓰라.

그렇게 하면, 사랑과 감사의 삶이 펼쳐지게 될 것이다.

여덟째, 10분만 더 걸어라. 걷는 것은 보약과 같은 운동이다.

아홉째, 불필요한 잡담과 인터넷에 허비하는 시간을 10분만 줄어보라.

그리하면 하루의 생활에서 그만큼 여유로움을 경험하게 될 것이다.

열 번째, 지금보다 10분을 더 웃어라. 여러분의 삶이 그만큼 행복해질 것이다. 웃으면 복이 온다.

 # 역지사지(易地思之)

　역지사지라는 말은 입장을 바꿔놓고 생각하는 것이다. 나와 생각이 다른 상대방의 입장에서 생각해 보는 것이다. 그 문제에 대해서 나의 생각으로만 단순하게 생각을 하게 되면 내가 옳고 상대방의 생각이 전적으로 틀린 것 같지만, 입장을 바꿔서 상대방의 입장에서 생각을 하게 되면 틀린 것이 아니고 다만 다른 것뿐이라는 판단을 하게 된다.

　그런 의미에서 '역지사지'라는 사자성어는 우리인간의 사회생활에서 참으로 귀하고 중요한 말이다. 특히 대인관계에서 꼭 필요하고 지혜로운 말이요 서로에게 유익을 주는 발상이다.

　요사이 "내로남불"이라는 신조어가 있다. 이 말은 연애를 해도 "내가 하면 로맨스이고. 네가 하면 불륜"이라는 말이다. 부동산을 사도 "내가 하면 투자이고 네가 하면 투기"라는 말이다. 이 말은 전 국회의장이었던 박희태 씨가 여당 대변인이었을 때 이런 표현을 하여 명 대변이라는 평을 받은 이후 지금까지 계속 활용되어오고 있다.

　인간은 사회적인 동물이다. 혼자 사는 존재가 아니고, 여러 사람이 모여서 함께 사는 공동체(Community) 생활을 하고 있다. 아파트도 대단지를 선호하고 있는 현상은 공동체의 생활을 원하고 있다는 증거이다.

　사회적인 동물로서 공동생활을 하고 있는 우리에게 '역지사지'라는 말은 생활의 지혜로서 서로 화합하고, 화목 하는데 필요한 처세술이기도 하다.

성경은 우리에게 이 역지사지의 뜻을 예수님의 마음이라고 설명하고 있다. "아무 일에든지 다툼이나 허영으로 하지 말고 오직 겸손한 마음으로 각각 자기보다 남을 낫게 여기고 각각 자기 일을 돌볼뿐더러 또한 각각 다른 사람들의 일을 돌보아 나의 기쁨을 충만하게 하라. 너희 안에 이 마음을 품으라 곧 그리스도 예수의 마음이니" (빌립보서 2장 3절-5절)

법정에서 재판관들이 범죄인에 대한 판결을 할 때 '정상참작'이라는 용어를 사용하는 경우를 보게 된다. 그것은 피고인의 범죄행위는 중형을 받아야 마땅하지만, 그 피고인의 당시의 피치 못할 사정을 참작하여 형을 감하여 준다는 것이다.

하나님의 법정에서도 "우리는 죽을 죄인으로서 심판을 받아야 마땅하지만, 하나님이 우리의 처지를 아시고 불쌍히 여기셔서 용서하여 주시고 구원하여 주신 것이다". 예수님은 육신의 몸을 입으시고 인간 세상에 오시어서 우리 인간이 당하는 고난을 당하시되 죽음까지 체험하시어서 역지사지의 본을 행동으로 실천하여 보여 주신 것이다.

노쇠(老衰) 방지

　사람이 늙게 되면 기억력, 창의력, 정신력, 의지력이 약해지는 것을 노쇠현상 이라고 한다. 이런 현상이 오면 사람들은 "나에게도 때가 되어서 올 것이 왔구나" 라고 생각하며 신체의 자연변화로 인정을 하고 그대로 받아드리고 있다. 별 문제로 여기지 않기 때문에 방지하려는 노력도 하지 않는다.

　하지만 최근의 뇌 과학 연구에 따르면 이러한 노쇠현상도 예방을 하게 되면 노화를 방지하여 건강을 더 오래 유지할 수가 있다는 것이다. 그것은 육체와 함께 정신을 녹 쓸지 않게 하는 것이다. 기계도 사용하지 않고 그냥 두면 녹이 슬고 고장이 나고 못 쓰게 되는 것과 같이 인간의 인체와 두뇌도 사용하지 않고 그냥 두게 되면 녹이 슬게 되어서 노쇠현상이 된다는 것이다.

　우리의 뇌에 녹이 슬지 않게 하기 위해서는 그냥 두지 말고 계속사용을 해야 된다. 서유헌 박사(한국 뇌 과학연구원장)는 "개인의 독특한 인생경험, 환경에 따라 새로운 신경세포는 물론이고 신경세포들 사이의 연결회로는 강화되고 발달한다. 아름다운 용기, 기쁨, 영감, 희망의 물결을 붙잡고 노력하는 한 80세라도 인간은 청춘으로 남게 되지만, 20대라도 이상과 정열을 잃어버리고 고뇌, 공포, 실망, 비탄에 휩싸여 뇌를 쓰지 않으면 빨리 늙어 노인이 된다" 고 한다.

　록펠러대학 폴 그린가드 교수는 89세에 '신경세포의 신경전달물질 작용 연구' 로 노벨 생리의학상을 받았다. 얼마 전 98세의 김병기 재미 화가는 자신을 만나러 온 82세의 제자인 화가 정상화에게 "98세인 지금이 제일 행복하며, 제일 힘을 얻는다"고 말했다는 것이다.

세기의 화가 피카소, 작곡가 시벨리우스는 92세 때, 르네상스 시대의 천재 미켈란제로는 89세 때, 인상파 화가 모네는 86세에 후세에 잊지 못할 불후의 명작을 남겼다. 많은 선진국에서는 이런 이유 때문에 대학교수나 과학자들의 정년을 없앴으며, 이력서에 나이 쓰는 것을 폐지했다는 것이다.

기계나 인체나 사용하지 않고 그냥 두게 되면 녹이 슬어 못 쓰게 된다. 계속 움직여야 되고 사용해야 된다. 특히 우리는 두뇌를 녹슬지 않게 해야 된다. 독서(성경읽기)와 많은 사람의 이름을 머리 속에 입력하여 매일 불러가며 기도하는 기도 생활은 치매를 예방할 뿐 아니라 뇌를 녹슬지 않게 하는 방법이다. "오직 여호와를 앙망하는 자는 새 힘을 얻으리니 독수리의 날개 치며 올라감 같을 것이요 달음박질하여도 곤비치 아니하겠고 걸어가도 피곤치 아니하리로다" (이사야 40장 31절) "그러므로 우리가 낙심하지 아니하노니 우리의 겉 사람은 낡아지나 우리의 속사람은 날로 새로워 지도다" (고린도후서 4장 16절)

 # 삶에 유익을 주는 글

　살기에 참 편리하고 좋은 시대에 우리는 살고 있다. 나의 생각과 말을 이웃이나 남에게 편리하고 쉽게 전해줄 수 있는 시대이다. 내가 읽은 책이나 귀하고 귀감이 되는 글을 남에게 전하여 준다는 것은 피차에 유익한 인간사회 생활이 된다. 항상 좋은 글을 카톡으로 보내주는 친구가 있다. 오늘 아침에도 정성으로 보내준 유익한 글을 모두 함께 공유하기 위해서 받아 적어 본다.

　1. 윤택한 사람– 돈을 버는 대로 마구 쓰는 사람은 가난한 자요. 벌어서 쓸 줄 모르는 자는 머리가 어리석은 자요 적당히 필요한 만큼 아껴 쓰는 자만이 삶이 윤택한 사람이다.

　2. 나쁜 일– 돈을 많이 벌어서 쓰는 것은 나쁜 일이 아니다. 진정으로 나쁜 것은 조금 버는 사람이 많이 쓰는 것이다. 자신의 분수를 지키지 않는 사람보다 나쁜 일은 없다.

　3. 기도의 힘– 주먹의 힘보다 기도의 힘이 더 강하다. 주먹의 힘은 모든 것을 파괴하는데 불과하지만 기도의 힘은 모든 불가능한 것을 이루어지게 한다.

　4. 남을 위한 기도– 하나님은 자기 자신만을 위해 기도 하는 자의 소원을 들어 주시지 않는다. 왜냐하면, 다른 사람들을 위해 기도하는 사람들의 소원을 들어 주기에도 바쁘기 때문이다.

　5. 신용 있는 친구– 신용이 없는 친구보다 원수를 가지는 것이 낫다. 원수는 내가 그를 이기기 위해 노력을 하게 하지

만 신용이 없는 친구는 내가 노력하는 것을 방해만 할 뿐이다.

6. 배움- 배움을 게을리하는 것은 자신을 무시하는 행위이다. 조물주가 주신 잠재력을 개발하지 않는 사람만큼 어리석은 사람은 없다.

7. 의욕을 잃을 때는- 삶의 의욕을 잃을 때는 복잡한 시장 길을 걸어보라. 생선장수 아줌마, 배추장사 아저씨의 힘찬 목소리가 너에게 삶의 의욕을 불어 넣어 줄 것이다.

8. 경쟁심과 질투심- 경쟁심은 나를 남만큼 발전시키는 기술이지만, 질투심은 남보다 나를 파괴시키는 기술이다.

9. 두 종류의 사람- 인류를 책임 질 사람은 잡초를 가지고도 먹을 것을 만들어 내고 인류를 망칠 사람은 먹을 것을 가지고도 쓰레기를 만들어낸다

10. 아끼지 말아야 할 것- 행복한 삶을 원한다면, 항상 이 세 가지 말을 아끼지 말라. "사랑합니다. 고맙습니다. 미안합니다"

"모든 지킬 만한 것 중에 더욱 네 마음을 지키라. 생명의 근원이 이에서 남이니라" (잠언 4장 23절). "너희가 은을 받지 말고 나의 훈계를 받으며 정금보다 지식을 얻으라" (잠언 8장 10절)

 # 나눌 때의 행복

군 선교 활동을 같이 하면서 가까이 지나고 있는 C장로가 한 번은 다음과 같은 질문을 했다. "목사님께 퀴즈문제를 하나 드리겠습니다. 교장선생님과 경찰서장과 어느 목사님이 점심시간에 식사하기 위해 어느 식당에 들어가서 식사를 했는데, 그날 식사비를 누가 부담 했을까요?" 라는 질문이었다.

농담으로 한 질문이지만, 갑자기 엉뚱한 질문을 받게 되어 약간은 당황스러웠지만, 내 마음속으로는 '당연히 목사가 식대를 지불했겠지' 라고 생각을 했는데, 질문을 한 C장로는 스스로 대답하기를 '그날 식비는 식당 주인이 부담 했답니다' 라고 했다.

애기는 그것으로 끝나고 집으로 돌아 왔는데, 그날 C장로의 그 질문에 대한 생각을 자꾸 하게 되었다. 가까운 사이니까 농담으로 한 질문이지만, 무슨 뜻으로 그런 질문을 했을까? 라는 생각이다. 생각의 결론은 "목사는 교장선생님과 경찰서장과 같이 항상 대접을 받는 존재로 인식된 증거가 아닌가? 라는 것이다.

교인들의 일반적인 인식은 "목사는 교인들에게 말씀으로 영적인 양식을 공급하고, 교인들은 물질적인 대접으로 보답 한다" 는 생각을 하고 식당에 가면 의례히 우리가 대접을 해야 한다는 것을 상식으로 알고 있다.

그러나 나는 목사의 한 사람으로 아쉬운 감을 가지게 된다. 그것은 목사는 받기만 하는 존재가 아니고, 이웃에게 나누어 주며, 베풀고, 섬기는 존재로 인식이 되었으면 하는 바람이다. 그렇게 되려면 받는 것보다 나누어 주는 삶을 살아야 되지 않겠느냐? 라는 생각을 하게 된다.

인간은 욕심을 가질 때에 남과 경쟁을 하게 되고, 불만과 원망이 생기고, 그로 인하여 스트레스를 받게 되어 고달파지게 된다. 그것이 물질이든 권력이든 명예든, 욕심을 가지게 되면 감사와 기쁨의 행복과는 거리가 멀어지게 된다.

소유의 기쁨보다 나누어 줄 때의 행복이 더 크다. 이 사실은 경험 해 본 사람만 알게 되는 비밀이다. 예컨대, 식당에 들어가서 식사를 같이하고 나오는 세 사람 중에 누가 제일 마음이 기쁘고 행복할까? 라고 묻는다면 당연히 그날 식비를 부담한 사람이라는 사실이다.

미움과 갈등과 원망 불만 등은 많이 소유하려는 욕심에서 시작되는 것이다. 우리가 살다가 떠날 때는 다 두고 간다는 사실을 평생 떠날 때 까지 간직하고 산다면, 베풀고 나누어 주는 행복을 누리게 될 것이다.

"우리가 세상에 아무 것도 가지고 온 것이 없으매 또한 아무 것도 가지고 가지 못하리니"(디모데전서 6장 7절). 욕심을 내려놓고, 나누어 주고, 섬기는 삶을 산다면, 보다 더 행복하고 멋지고 보람된 인생을 살 수 있을 것이다.

말씀의 네비게이션

"요사이는 여자의 말을 잘 들어야 한다는 말이 있다". 그 여자는 네비게이션으로 교통을 안내해 주는 안내양을 말한다. 지난주간에 조카의 결혼식에 참석하기 위해 서울을 다녀왔다. 승용차로 경부선 고속도로를 천천히 다섯 시간을 가는데 네비의 안내양이 얼마나 친절하고 세밀하게 안내를 잘하는지, 그저 고맙다는 생각을 지금도 하고 있다. 참으로 살기에 편리한 세상이다.

기계의 네비게이션이 여행길을 잘 안내 하듯이, 성경말씀은 우리의 인생길을 안내하여 준다.이른바 말씀의 네비게이션의 안내를 따라 인생길을 걸어가 본다.

1. 위험한 길을 갈 때는 시편 91편의 안내를 따르세요.
2. 외롭거나 두려운 길을 갈 때는 시편 23편을 읽으면서 따라 가세요.
3. 신앙생활에 확신이 없을 때는 로마서 8장을 찾아 가세요.
4. 인생길을 가다가 피곤하여 쉬고 싶을 때는 마태복음 11장 28절을 보세요.
5. 실수하여 죄를 범했을 때는 시편 51편을 찾아 가세요.
6. 삶에 근심걱정이 있을 때는 마태복음 6장 19절-34절을 보세요.
7. 괴로움과 위기 안에 있을 때는 여호수아 1장으로 가 보세요.
8. 주위 사람들로부터 따돌림을 당할 때는 로마서 8장 31절-37절을 보세요.

9. 여행을 할 때는 시편 121편 말씀의 안내를 받으세요.

10. 믿음의 발동이 필요할 때는 히브리서 11장을 보세요.

11. 마음이 옹졸하여 좁은 마음으로 기도하게 될 때는 시편 67편을 보세요.

12. 마음이 슬플 때는 요한복음 14장을 찾아 가세요.

13. 누군가 나를 실망시킬 때는 시편 27편으로 가세요.

14. 하나님이 멀리 계시는 것 같이 느껴질 때는 시편139편 보세요.

15. 세상이 넓고 크게 보일 때는 시편 19편을 보세요.

16. 신앙의 열매를 많이 맺고 싶으면 요한복음 15장으로 가세요.

17. 하나님이 위대하게 보이고 그 말씀의 가치를 알려면 시편 19편을 보세요.

18. 생활이 어렵고 궁핍할 때는 시편 37편을 보세요.

19. 주위 사람들이 불친절하게 보일 때는 고린도전서 13장을 찾아 가세요.

20. 내가 한 일에 낙심이 될 때는 시편 136편을 보세요.

21. 아주 좋은 기회가 있으면 이사야 55장을 찾아 가세요.

22. 다른 사람과 잘 지내려면 로마서 12장으로 가 보세요.

"주의 말씀은 내 발에 등이요 내 길에 빛이니이다" (시편 119편 105절)

"나는 갈길 모르니 주여 인도 하소서 어디가야 좋을지 나를 인도 하소서 어찌해야 좋을지 나를 인도하소서" "야긴, 보아스, 에벤에셀, 주여아동행(主與我同行)"

 100세 시대의 건강 비결

우리 인간의 수명은 점점 더 길어지고 있다. 현재 우리 한국인의 평균 수명이 여자는 90세, 남자는 84세 라고 한다. 수명이 길어지게 되니 고령화 시대라는 사회 경제적 문제도 있다. 그것은 장수와 고령화라는 이율배반적인 문제라고 할 수 있다. 그럼에도 불구하고 장수를 긍정적으로 보고 있다.

100 세를 사는 사람이 늘어나게 되니 21세기를 100세 시대라고 한다. 사람이 오래 산다는 것은 좋은 현상이지만, 거기에는 조건이 따른다. 그것은 건강이라는 것이다. 건강으로 오래 사는 것이 장수의 복이다. 건강하지 못하고 오래 산다는 것은 오히려 불행이요 욕이 된다.

이러한 100 세 시대의 건강의 비결을 전문가로부터 들어 본다.(박상철 교수 전남대 석좌교수)

첫째는 꾸준한 운동을 해야 한다.

운동 중에 제일 좋은 운동은 걷기 운동이다. 걸음을 걷게 되면 전신이 움직이기 때문에 혈액 순환이 잘 된다는 것이다. 그리고 비만을 예방하며 지방질을 소모하고 정신적으로 잡생각을 줄이게 되고 안정되고 긍정적인 마인드로 매사에 자신감을 가지고 살게 된다는 것이다.

걷기 운동의 걷는 방법은 발뒤꿈치가 땅에 먼저 닿게 해야 하고 양 팔은 힘껏 흔들어야 한다. 이러한 걷기는 달리기와는 다르다. 달리기는 발가락이 먼저 땅에 닿는 것이지만 걷기는 발꿈치가 먼저이다. 보통 하루 만보 이상 걸어야 한다.

둘째는 음식 관계이다.

우리가 매일 먹는 음식에는 3가지 주의할 점이 있다. 그것은 과식과 속식과 간식이다. 음식은 적당한 양으로 먹어야 하고, 천천히 오래 씹어서 먹어야 한다. 오래 씹게 되면 입 안에서 침이 나와서 소화가 잘 되게 해 준다. 그리고 되도록 간식은 피해야 한다. 왜냐하면, 간식을 먹게 되면 위장이 쉬지 못하고 계속 일을 하게 되어 위의 기능을 약화 시킨다는 것이다.

그리고 모든 음식은 각기 다른 영양소를 가지고 있기 때문에 골고루 섭취해야 하고 식사를 하는 시간을 정하고 규칙적으로 지키는 것이 중요하다. 나 같은 경우에는 아침 식사는 7시 30분, 점심은 12시 30분, 저녁 식사는 5시 30분으로 규정하고 그대로 지키려고 노력을 하여 이제는 습관화가 되어있다.

셋째는 생활 습관이다.

먼저는 잠자는 습관이다. 매일 일정한 시간에 잠을 자기 시작하고 일정한 시간에 일어나는 것을 습관화해야 한다. 이렇게 하게 되면 우리의 뇌는 그렇게 길을 들여져서 불면증을 예방하는 효과도 얻게 되는 것이다. 나는 보통 저녁 9시에 자기 시작하면 새벽 4시에 저절로 잠이 깨이게 된다. 그래서 새벽기도회에 가기가 참 편리하고 부담이 없는 습관을 가지고 있다.

넷째는 마음가짐이요 마음의 자세이다.

노인들은 소외감과 외로움을 잘 느낀다. 그렇기 때문에 친구나 이웃과 잘 어울리려고 노력을 해야 한다. 자신의 정체성을 확립하고 자식들을 의존하지 말고 독립생활을 하려는 노력이 필요하다. 그리고 하고 싶은 취미생활도 필요하다.

노인이 되면 "입은 닫고 주머니는 열라" 말이 있다. 남을 섬기며 봉사하는 것은 자신의 건강에 도움이 된다. "백발은 영화의 면류관이라" (잠언 16장 31절)

# 훈훈한 미담(美談)

　20세기 미국 서부의 한 작은 도시에서 어린 소년과 백만장자 노인 간의 훈훈한 미담이 국제사회에서 화제가 되었다.

　어느 날 10살 정도인 남자아이가 1달러를 손에 쥐고 거리에 있는 상점마다 들어가서 이렇게 물었다. "안녕하세요. 혹시 이 가게에서 하나님을 파시나요?" 가게의 주인들은 이 아이가 장사를 방해한다고 생각해 내쫓기도 했다.

　해가 점점지고 있었지만 아이는 끝까지 포기하지 않았고 69번째 가게에 들어갔다. 이 집에 들어가서도 역시 "안녕하세요? 혹시 이 가게에 하나님을 파시나요?" 라고 물었다. 육십이 넘어 머리가 하얀 노인인 가게 주인은 미소를 지으며 아이에게 물었다. "애야, 하나님은 사서 무엇 하려고 하느냐?

　지금까지 여러 집에서 쫓겨 나왔는데, 노인이 이렇게 친절하게 말을 해 주니 이 아이는 감격하여 눈물을 흘리면서 자신의 사연을 노인에게 털어 놓았는데, 그 내용은 아래 같은 사연이다.

　이 아이의 부모는 오래 전에 세상을 떠났고, 지금은 삼촌이 돌봐주고 있는데, 얼마 전에 그 삼촌마저 건축현장에서 떨어지는 사고를 당하여 현재 혼수상태에 빠져 있다는 것이다. 그런데, 삼촌을 치료하던 의사가 아이에게 "삼촌을 구해줄 것은 하나님 밖에 없다" 라고 말했다. 아이는 의사의 이 말을 듣고 하나님이라는 것이 정말 신기한 물건이라는 생각을 했다.

　그래서 이 아이는 의사에게 "제가 하나님을 사 가지고 와서 삼촌에게 먹일께요. 그러면 삼촌의 상처는 꼭 나을 거예요" 라고 했다. 이러한 아이의 말을 들은 노인은 눈시울이 붉어지면서 아이에게 물어 보았다.

"돈은 얼마를 갖고 있느냐?" 아이는 1달러를 가지고 있다고 했다. 노인은 말하기를 "마침 잘 됐구나. 하나님은 딱 1달러거든" 라고 말한 뒤에 노인은 아이의 돈을 받고 선반 위에 있는 '하나님의 키스' 라는 음료수를 건네주었다. 그리고는 이 아이에게 "여기 있단다. 얘야" 이 하나님을 마시면 삼촌이 금방 나을 거야" 라고 말했다.

아이는 기뻐하며 음료수를 품에 안고 손살같이 병원으로 뛰어갔다. 병실에 뛰어 들어가자마자 아이는 자랑스럽게 소리쳤다. "삼촌, 제가 하나님을 사왔어요. 이제 곧 나을 거예요" 라고 했다. 다음날 세계 최고의 전문 의사들이 전용기를 타고 이 작은 도시에 몰려왔다. 그리고 아이의 삼촌이 있는 병원으로 와서 삼촌의 상태를 진찰했다. 아이의 삼촌은 정말로 병이 금방 낫게 되었다.

삼촌은 퇴원할 때 천문학적인 병원 고지서를 보고 깜짝 놀라 쓰러질 뻔했다. 하지만, 병원 측은 "어떤 억만장자 노인이 이미 비용을 전부 지불했다"고 말했다. 사실은 삼촌을 진찰한 의료진도 이 노인이 고용한 사람들이었다.

삼촌은 나중에야 이 아이가 마지막으로 들른 가게의 주인이 억만장자 노인이었다는 사실을 알게 되었다. 감격한 삼촌은 아이와 함께 가게로 찾아갔다. 하지만 노인은 편지 한 장을 써두고 여행을 떠난 상태였다.

그 편지의 내용은 "젊은이, 내게 고마워할 필요가 없네. 사실 모든 비용은 자네의 조카가 다 낸 것이니 말일세. 자네에게 이런 기특한 조카가 있다는 것이 정말로 행운이라는 걸 말해 주고 싶네, 자네를 위해서 1 달러를 쥐고, 온 거리를 누비며 하나님을 찾아 다녔으니 말일세. 하나님께 감사하게, 자네를 살린 것은 그 분이니 말일세".

 # 가시 면류관

지난 4월 15일(현지시간) 프랑스 파리에 있는 노트르담 대성당이 화재로 불탔다. 많은 프랑스인들은 파리가 불탔다고 말하며 눈물을 흘렸다. 그리고 온전하게 재건할 수 있기를 기도하고 있다.

1163년 루이 7세가 건축을 시작한 이후 100년에 걸쳐 완성된 유산, 나폴레옹 대관식 등 유럽의 역사를 간직한 대성당, 프랑스 대 혁명 때도 일부만 부서졌고, 2차대전 때도 살아남았던 것인데 참으로 안타까운 문화유산의 손실이다.

전 문화부 장관인 이어령 명예 교수는 "파리 노트르담 대성당 화재에도 불구하고 예수의 가시 면류관과 장미창은 남았다"며 "물질은 불에 타도 '고통과 영광' 이라는 종교적인 메시지는 불태울 수 없다는 것을 보여준다" 라고 말했다

가시 면류관은 로마의 군병들이 만들어서 예수님의 머리에 씌운 것이다(마태복음 27장 29절). 그들은 조롱과 멸시의 뜻으로 가시를 엮어서 주님의 머리에 씌웠지만, 그것이 고통과 함께 영광의 면류관이 된 것이다.

가시는 괴로운 것이고 고통을 주는 것이다. 그러나 면류관은 승리의 영광을 의미하는 것이다. 그렇다면 주님이 쓰신 가시 면류관은 고통과 영광을 만 천하에 보여주는 메시지로서 빛나는 것이다.

주님이 쓰신 가시 면류관은 고난과 영광을 함께 보여 주는 것이지만 그 순서는 가시와 고난이 먼저이고, 승리와 영광이

뒤를 따르는 것이다. 가시 후에 영광이요, 고난 후에 영광을 말한다. 우리 주님은 고난의 십자가를 지신 후에 부활의 영광을 얻게 된 것이다.

가시와 면류관, 십자가와 부활은 우리 기독교의 최대의 진리요, 쌍벽을 이루는 최고의 복음이다. 십자가 없이 부활이 있을 수 없고, 부활이 없는 십자가는 무의미한 것이다. 예수 그리스도의 십자가와 부활의 복음은 세상 끝 날까지. 그리고 땅끝까지 전파해야 할 주님의 지상명령이다.

기독교는 십자가의 고난의 종교요, 부활의 영광의 종교이다. 그것은 우리 주님이 겪으신 것이요 걸어가신 길이기 때문에 우리도 마땅히 가야 할 길이다. "이에 예수께서 제자들에게 이르시되 누구든지 나를 따라 오려거든 자기를 부인하고 자기 십자가를 지고 나를 따를 것이니라" (마태복음 16장 24절) 십자가의 가시관을 쓴 후에 부활의 면류관을 쓰게 되는 것이다. 그것은 고난 후에 축복이요, 연단을 받은 후에 승리의 영광을 얻게 되는 것이다.

"생각건대 현재의 고난은 장차 우리에게 나타날 영광과 족히 비교할 수 없도다" (로마서 8장18절) 우리는 오늘도 부활의 승리와 영광을 바라보며 십자가를 지고 주님이 가신 길을 묵묵히 따라가야 할 것이다.

# 부서진 것을 사용하시는 하나님

"천 번은 흔들려야 어른이 된다." "아프니까 인생이다." 라는 책이 있다. 김난도 교수가 젊은이들에게 고난의 가치를 가르쳐 주기 위하여 쓴 책이다.

"하나님은 부서진 것들을 사용하신다." 라는 히브리 격언이 있다. 단단한 곡식이 부서져야 빵이 되고, 포도가 부서져야 포도주가 된다. 단단하고 질긴 음식도 우리의 입 안에서 잘게 부서져야 소화가 되어서 건강에 필요한 영양분을 공급하게 된다.

사람도 부서지는(고난) 과정을 겪어야 원숙한 인격을 형성할 수가 있고, 우리의 신앙도 고난을 통하여 성장하게 되고 강하게 연단이 된다. 나는 농촌 시골에서 자랐기 때문에 농부들이 가을 추수를 하여 곡식을 마당에 갖다 놓고 도리개로 타작을 하는 것을 많이 보았다. 거두어들인 곡식을 도리개로 사정없이 후려친다. 그렇게 치는 것은 곡식이 필요 없어서 쳐서 버리는 것이 아니고, 쭉정이는 버리고 알곡을 골라서 곳간에 들이기 위함이다.

우리의 농부되신 하나님도 우리에게 도리개질을 하실 때가 있다. 그때마다 우리는 "왜 나만 때리느냐"고 불평과 원망을 많이 한다. "이렇게 힘들고 어려워서야 누가 예수를 믿겠느냐" 라고 투덜대기도 한다. 그래도 하나님의 도리개는 멈추지 않는다. 더 많이 깨어지고 부서지라고 하신다. 그것은 부서져야 사용하고 부서진 만큼 사용하시기 때문이다.

기독교는 십자가와 부활의 종교로서 죽음을 통하여 살고, 부서짐을 통하여 알곡이 되고 깨어짐을 통하여 쓰임을 받게 되는 것이다. 고 이중표 목사는 생전에 별세 신앙을 강조하여 "내가 죽어야 교회가 산다" 라는 목회 철학으로 작은 교회를 대 교회로 성장 시켰다.

신앙생활을 하면서도 가끔 분노하고 혈기가 나고 원망을 하게 되는 것은 아직도 덜 부서져서 그렇다는 사실을 깨달아야 한다. 부서지게 하심은 쓰시기 위함이며, 깨어지게 하심은 성숙하게 하기 위함이며, 죽으라 하심은 살리기 위함이며, 비참하고 초라하게 하심은 그만큼 "내가 너를 사랑한다." 는 증거이기 때문이다.

어떤 때는 '너무 하신다' 는 생각이 들 때가 있다. 이제는 그만 부수고 그만 때리셔도 되지 않겠느냐? 라고 저항할 때도 있다. 그러나 그만하심의 때는 내가 정하는 것이 아니고 하나님이 정하시는 것임을 알아야 한다. 하나님이 우리를 때리고 부수시는 것은 "똑바로 믿고 똑바로 살게" 하시기 위함이다.

"무릇 징계가 당시에는 즐거워 보이지 않고 슬퍼 보이나 후에 그로 말미암아 연단을 받은 자들은 의와 평강의 열매를 맺느니라" (히브리서 12장 11절)

# 믿음의 눈으로 하늘을 쳐다보라

인생을 살아가는 길목에서 시선은 참으로 중요하다. "무엇을 보느냐? 어디를 보느냐?" 에 따라서 그의 인생길의 방향이 달라지기 때문이다. 행복한 길로도 갈 수 있고, 불행한 길로도 갈 수 있다. 성공의 길로도 갈 수 있고 실패의 길로도 갈 수 있다. 시선은 인생길의 방향을 지시하기 때문에 운명을 좌우하게 된다.

"어느 조류학자가 독수리 새끼를 병아리들과 함께 길러 보았다. 그런데 이 독수리는 마치 병아리처럼 행동을 했다. 시간이 흘러 몸이 커져도 마찬가지였다. 그러던 어느 날 이 조류학자는 독수리 새끼에게 야성이 얼마나 남아 있는지 실험하기 위해 높이 던져 날려보았다. 그러나 이 독수리는 날갯짓만 할 뿐 전혀 날지 못했다. 날려는 시도조차 하지 않았다 다시 높은 산에서 날려보아도 마찬가지였다. 그런데 하루는 이 독수리 새끼의 시선이 바람을 헤치고 힘차게 창공을 날아 올라가는 독수리 몇 마리를 보게 되더니 놀라운 일이 일어났다. 그것은 갑자기 날개를 펼치더니 하늘을 향해 날기 시작하는 것이다." (장학일 목사 제공)

우리 인생길에서 시선이 그만큼 중요하다는 독수리의 교훈이다. "무엇을 보느냐, 누구를 보느냐, 어디를 보느냐" 에 따라서 인생의 방향이 좌우된다. 독수리 새끼가 창공으로 날아 올라가는 다른 독수리를 본 것처럼, 우리는 믿음으로 하늘을 쳐다본 선진들을 보아야 한다고 성경은 말하고 있다. "그들이 이제는 더 나은 본향을 사모하니 곧 하늘에 있는 것이라 이러므로 하나님이 그들의 하나님이라 일컬음을 받으심을 부끄러워하지 아니하시고 그들을 위하여 한 성을 예비 하셨느니라”(히브리서 11장 16절)

부동산이 탐이 나서 땅만 내려다보고 사는 사람, 권력이 욕심나서 대통령만 보고 산 최순실 같은 인생, 명예가 탐나서 허영에 날뛰고 있는 사람들이 있다. 그런 사람들은 가치 있고 보람이 있는 삶을 살 수 없다. 그들에게는 만족이나 감사가 있을 수 없다. 불만과 불행이 따를 뿐이다.

시선의 방향을 하늘로 향해야 한다. 독수리처럼 보다 높은 창공을 향하여 하늘을 쳐다보아야 한다. 하늘을 향하여 여호와를 앙망하면 새 힘을 얻게 된다. “오직 여호와를 앙망하는 자는 새 힘을 얻으리니 독수리가 날개치며 올라감 같을 것이요 달음박질 하여도 곤비치 아니하겠고 걸어가도 피곤하지 아니하리로다”(이사야 40장 31절)

정유년은 우리의 삶의 시선이 여호와를 앙모하여 하늘을 쳐다보고 올라가는 독수리처럼 힘차게 비상하는 한 해가 되기를 소망한다.

제 2장

인생을 어떻게 사느냐?

오래 사는 것이 중요한 것이 아니고 무엇을 하며
어떻게 사느냐?가 중요하고 귀한 것이다.

인생론 시리즈(1)

인생(人生)이라는 말은 살아 있는 존재란 뜻이다. 존재한다는 것은 활동한다는 것이다. 활동이 없는 존재는 죽은 것이다. 살아 있다는 것은 움직인다는 것이요, 움직인다는 것은 살아 있다는 증거다.

오늘부터 인생론을 시리즈로 적어 보려고 한다. "인생이 무엇인가?" 산다는 것은 무엇이냐? 오늘은 그 첫 번째로 "산다는 것은 일하는 것이다"라는 주제로 생각해 보고자 한다.

인간이 세상에 태어나서 움직이며 일을 한다는 것은 참으로 중요하다. 할 일이 없이 노는 인생은 죽은 인생이다. 업(業)이 없는 생은 고목처럼 고갈된 생이다. 산다는 것은 자기의 할 일과 자기의 구실을 다 하는 것이다. 그렇게 할 때 삶의 의미와 존재의 가치를 가지게 되는 것이다.

사람은 자기의 구실을 다 할 때에 긍지가 있고 기쁨이 있고 보람을 느끼게 된다. 일과 직업은 인생에서 중요한 의미를 가지고 있다. 그것은 생명적 의미요, 경제적 의미요, 사회적 의미요, 정신적인 의미를 가진다.

인간이 세상에 태어나서 일을 한다는 것은 생계를 위한 단순한 수단만은 아니다. 그것은 하나님이 우리에게 맡겨주신 천직(天職)이요 사명(使命)이다. 천직은 하나님이 내게 맡겨주신 직분이라는 뜻이다. 영어에서 천직을 표시할 때에는 Calling 이라는 말을 쓴다. '콜링'이라는 말은 부른다는 뜻으로 직역은 하나님의 부르심이라는 말이다. 하나님이 나를 불러서 나에게 맡기는 신성한 일이요, 그 신성한 일을 사명을 가지고 열심히 하겠다는 양심의 진지한 결심과 엄숙한 맹서이다. 그것이 콜링이요 천직이다.

똑같은 일이라도 의무감으로 한다면 힘든 고역으로 느껴지지만, 사명감을 가지고 하면 즐거움과 보람을 가지게 된다. 일은 마음가짐이 중요하다. 산다는 것은 일하는 것이다. 그 일이 인간을 위대하게 만든다. 우리에게 할 일이 있다는 것은 감사하고 고마운 것이다. 내가 애정과 정열과 보람을 느낄 수 있는 일을 가진다는 것은 축복이다.

일에는 세 가지 축복이 있다. 첫째 일을 하면 쓸데없는 잡념과 망상이 없어진다. 둘째 일은 우리에게 물질적인 보수와 정신적인 보수를 준다. 일은 생계의 수단을 보장하는 동시에 정신적 안정감을 준다. 셋째 일은 우리에게 성장과 성취욕의 기쁨을 준다. 일에 몰두 할 때에 우리는 생의 충실감을 느끼며, 흐뭇한 성취의 희열을 느끼게 된다.

사도 바울은 "누구든지 일하기 싫어하거든 먹지도 말게 하라"(살전 3장 10절)라고 했다. 장자크 루소는 "철학자처럼 사색하고 농부처럼 일하라"라고 했다.

 # 인생론 시리즈(2)

인생론 시리즈에서 오늘은 그 두 번째로 "인생은 배우는 것이다"라는 주제로 생각하며 적어 본다. 동물의 세계에는 학교가 없고 책이 없고 선생이 없다. 동물들에게는 배우는 교육이 없다는 말이다. 동물들은 본능의 지혜로 살아가기 때문에 배우고 가르치는 교육이 필요 없다.

조물주 하나님은 동물에게 배우지 않고도 살아갈 수 있는 자연의 예지와 기술을 주셨다. 예컨대, 거미는 가르치지 않아도 그 정교하고 섬세한 솜씨로 거미줄을 친다. 까치는 가르치지 아니해도 나뭇가지를 물어다 자기의 집을 짓는다. 병아리는 낳자마자 걸어 다니면서 필요한 먹이를 주워 먹는다. 그것들은 모두가 놀라운 본능의 지혜다.

그러나 우리 인간은 그렇지 않다. 우리는 세상에 태어났을 때 말 하는 능력도 없었고 옷을 만드는 기술도 없었다. 그래서 말을 배우고 걸음마를 배우고 글 쓰는 것을 배우고 지식과 기술을 배우고 도덕과 교양을 배운다. 그렇게 배워야만 살아갈 수 있는 인간이다. 하나님은 동물보다 본능적으로 무능한 존재인 우리 인간에게 배우고 가르치는 놀라운 학습 능력을 주신 것이다.

서양과 동양은 옛날부터 학문관(學問觀)의 차이가 있었다. 서양인의 학문하는 목적은 사물의 객관적 지식과 전문 기술을 배우는데 있었다. 그러나 동양인은 인간답게 사는 지혜와 덕성과 슬기를 배우기 위하여 학문을 했다.

　서양인은 지식에 역점을 두었고 동양인은 지혜에 역점을 두었다. 지혜와 지식은 차원과 가치가 다르다. 지식이 많은 사람을 우리는 학자라고 하고 지혜가 뛰어난 사람을 현인(賢人)이라고 칭한다. 세상에 학자는 많아도 현인은 드물다. 학자가 되기는 쉬워도 현인이 되기는 어렵다.

　인생은 배우는 것이다. "가장 유능한 자는 부단히 배우는 자다" 시인 괴에테의 명언이다. 사람은 누구에게나 장점이 있고 배울 점이 있다. 부지런한 사람에게는 부지런을 배우고, 겸손한 사람에게는 겸손을 배우고, 성실한 사람에게는 덕을 배워야 한다.

　"만나는 사람마다 교육의 기회로 삼아라" 이 말은 미국역사의 위대한 링컨의 좌우명이다. 그는 누구한테서나 배웠다. 농부를 만나면 농부한테 배우고, 상인을 만나면 상인에게서 배웠다. 그는 만나는 사람마다 무엇인가 배웠다. 이러한 정신과 노력이 링컨으로 하여금 세계적 위인으로 만들었다.

　"여호와를 경외하는 것이 지식의 근본이거늘 미련한 자는 지혜와 훈계를 멸시 하느니라" (잠언 1장 7절)지식과 지혜를 강조한 말씀이다. 우리는 이 말씀을 잘 배워서 지식을 얻고 인생의 지혜를 얻어야 할 것이다.

# 인생론 시리즈(3)

"산다는 것은 무엇이냐?" 그것은 사랑하는 것이다. 인생론 시리즈 세 번째의 주제이다. 요한1서 4장 7절에 "사랑은 하나님께 속한 것" 이라고 했다. 하나님은 사랑의 원천이요 근본이요 본체이시다. 우리 인간은 그 하나님의 사랑을 본능적으로 받았기 때문에 인간의 모든 사랑은 하나님께로부터 내려온 것이다.

그렇기 때문에 사랑은 하나님이 주신 인간의 본능이요 법칙이다. 폭력은 짐승의 법칙이다. 동물의 세계는 약육강식(弱肉強食)의 법칙이 지배한다. 인간은 평화의 존재요 사랑의 동물이다.

인간에게는 두 가지의 양식이 필요하다. 그 하나는 빵이라는 육체적 양식이요, 다른 하나는 사랑이라는 정신적 양식이다. 인간은 빵만으로만 행복할 수 없다. 그 행복에는 하나님이 주신 사랑이 있어야 한다. 사랑은 인생의 종합비타민이다. 그 사랑은 인생의 활력소요, 원동력이요, 생명소(生命素)이다.

그렇기 때문에 사랑을 주고받는 것은 우리 인생살이에서 가장 중요한 것 중의 하나이다. 내가 사랑의 주체(主體)가 되어 남을 사랑하는 동시에 내가 사랑의 객체(客體)가 되어 남의 사랑을 받아야 한다.

산다는 것은 사랑을 주고받는 것이다. 이 세상에서 나를 사랑해 주는 사람도 없고, 내가 사랑하는 사람도 없을 때 극심한 고독감과 허무감과 소외감과 좌절감을 느끼게 된다. 그럴 때,

나는 이 세상에서 버림받은 존재로구나 하는 무의미감에 사로 잡히게 된다. 사랑을 상실하게 되면 허무주의에 빠지게 된다.

사랑은 인생의 가장 강한 열정이다. 그 열정에 인간은 미치기도 하고 죽기도 하고 행복하게 살기도 한다. 사랑은 인생의 광기(狂氣)라고 철학자 플라톤은 말했다. 사랑은 인생의 황홀한 도취요, 뜨거운 기쁨이요, 한없는 희열이요, 최고의 행복이다.

"사랑하는 자들아 우리가 서로 사랑하자 사랑은 하나님께 속한 것이니 사랑하는 자마다 하나님으로부터 나서 하나님을 알고 사랑하지 아니하는 자는 하나님을 알지 못하나니 이는 하나님은 사랑이심이라"(요한1서 4장 7절–8절) 하나님은 사랑의 본체이시기 때문에 사랑하지 않는 자는 하나님을 알 수 없다고 했다.

여기에서 말하는 사랑은 최고의 사랑으로서 헬라어로는 아가페라고 한다. 이 사랑은 생명을 주는 사랑이다. "하나님이 세상을 이처럼 사랑하사 독생자를 주셨으니"(요한복음 3장 16절) 하나님은 우리를 사랑하시기 때문에 예수 그리스도를 우리 대신에 죽게 하신 사랑이다.

산다는 것은 사랑하는 것이다. 사랑은 인생의 의미요 목적이다.

# 인생론 시리즈(4)

"산다는 것은 싸우는 것이다" 인생론 시리즈 네 번째의 테마이다. 모든 사물에는 그림자가 따르듯이 인생에는 여러 가지 형태의 싸움이 언제나 수반 된다. 싸운다는 것은 괴로운 일이요, 힘든 일이요, 슬픈 일이다. 그러나 싸우지 않고는 살아갈 수 없는 것이 인생이다.

여름에는 더위와 싸워야 하고 겨울에는 추위와 싸워야 한다. 개인끼리 생존경쟁을 하고, 집단끼리 분쟁을 일으키고, 나라와 나라끼리 전쟁을 한다. 이러한 싸움은 피할 수 없고 벗어날 수 없는 필연적이요 절대적 상황이다. 그것은 출구가 없는 막다른 벽과 같다. 고뇌가 없는 인생이 없고, 죄가 없는 인간이 없고, 죽음이 없는 인생이 없듯이 투쟁이 없는 인생은 없다.

그렇기 때문에 성경은 인간은 고난을 위하여 태어났다고 했다. "사람은 고생을 위하여 났으니 불꽃이 위로 날아가는 것 같으니라" (욥기 5장 7절)

인류의 역사는 평화라는 역사라기보다도 전쟁의 역사라고 보아야 할 것이다. 인류의 역사는 평화의 아름다운 합창곡이 아니고 전쟁의 끔찍한 광란(狂亂)곡이었다. 싸움은 존재의 속성이요, 우주의 리듬이요, 역사의 법칙이다.

이러한 싸움과 전쟁은 비극과 불행이지만, 그것을 통해 역사가 발전한다는 긍정적인 측면도 있다. 협동은 발전을 낳고, 경쟁은 진보를 촉진한다. 경쟁이 없는 곳이 진보가 없고, 대립이 없는 곳에는 성장이 없다. 산다는 것은 싸우는 것이다.

　우리 인간에게는 세 가지의 싸움이 있다. 첫째는 자연과의 싸움이다. 추위와 싸우고, 더위와 싸우고, 가뭄과 홍수와 싸우고, 지진과 태풍과 싸우고 있다. 지난 주에도 태풍과 홍수로 인하여 수많은 피해를 입었다

　이러한 자연의 위험 속에서 안전을 추구하고 고난 속에서 행복을 추구하는 것이 인생이다. 인간은 자연과의 싸움에서 과학이 발달되고 그것으로 창조적 지성을 발휘한다.

　둘째는 인간과의 싸움이다. 개인 간의 생존경쟁에서 국가 간의 전쟁에 이르기까지 인간의 생존에는 항상 치열한 싸움이 수반 된다. 지금도 지구의 한 모퉁이인 우크라이나에서는 러시아의 침공으로 인하여 피를 흘리는 전쟁이 계속 되고 있다.

　셋째는 자기 자신과의 싸움이다. 우리 인간은 날 때부터 죄인이요 불완전한 존재이기 때문에 마음속에는 항상 선과 악이 싸우고 있다. 사도 바울은 이것을 "선한 싸움" 이라고 했다.(디모데후서 4장 7절) 그리고 이 싸움 때문에 고뇌하며(로마서 7장 19절) 탄식을 했다(로마서 7장 25절)자신을 이기는 것이 최대의 승리다.

 # 인생론 시리즈(5)

"산다는 것은 대화하는 것이다" 인생론 시리즈 다섯 번째의 주제이다. 대화는 인간과 인간이 서로 말을 주고받는 것이다. 말이라는 것은 창조주 하나님이 우리 인간에게 주신 고귀한 은사요 선물 중의 하나이다.

이 말은 하나님의 거룩한 속성으로 우리에게 주신 것이다. "태초에 말씀이 계시니라 이 말씀은 하나님과 함께 계셨으니 곧 하나님이 시니라" (요한복음 1장 1절) 하나님 자신이 말씀 (Logos)라고 했다. 그 로고스를 우리 인간에게 주셨으니 우리 인간은 로고스(말)를 가진 존재이다.

이 로고스는 인간의 본질의 하나이다. 산다는 것은 말을 하는 것이요, 말하는 것은 산다는 것이다. 동물에게는 말과 대화가 없다. 어느 정도 그것들의 나름대로 의사소통이 있을 지는 몰라도 인간과 같은 수준의 대화는 없다.

인간에게 언어가 없다면 대화도 없고 이론도 없고 사상도 없고 예술도 없고 종교도 없고 철학도 문명도 없을 것이다. 인간이 서로 말로서 대화를 한다는 것은 살아 있다는 것이다. "나는 살아있다, 고로 나는 말한다, 나는 말한다, 고로 나는 살아 있다"

말은 생명의 가장 구체적인 표현이다. 악기는 저마다 제 소리를 낸다. 인간도 마찬가지다. 성실한 인격에서는 성실한 언어가 나오고 불성실한 사람에게서는 불성실한 말이 나오게 되어 있다. 말은 속일 수가 없다.

인간의 말이 소중한 까닭은 소리 때문이 아니고, 뜻 때문이요 생각 때문이다. 그렇기 때문에 생각이 담긴 말을 해야 하고 의미 있는 말을 해야 한다. 그것이 가치 있고 유일한 대화이다.

하나님이 우리 인간에게 언어를 주신 것은 대화를 하라고 주신 것이다. 그렇기 때문에 우리는 서로 대화를 잘 해야 한다. 진실한 마음 자세로 서로에게 유익을 주는 대화를 해야 한다.

이러한 인간의 대화에서 중요한 것 중의 하나는 상대방의 말을 경청한다는 것이다. 남의 말에 귀를 기울이고 듣는다는 경청은 인간의 뛰어난 미덕이요 대화의 기본자세이다.

말하는 입보다 먼저 듣는 귀가 중요하다. 말하기 전에 잘 들을 수 있어야 한다. 역사의 소리, 양심의 소리, 진리의 소리, 하나님의 소리를 들어야 한다. 무엇보다 우리는 하나님의 소리를 들어야 한다. 우리의 기도는 하나님과 대화를 하는 것이다. 인간의 대화도 그렇지만 하나님과의 대화는 더욱 그러하다. 오늘 우리의 기도는 달라고 하는 데만 집중되어 있다. 하나님께 무엇을 달라하기 전에 하나님의 음성을 먼저 잘 들어야 한다. 그것이 중요한 대화기도이다.

 # 인생론 시리즈(6)

"인생은 보람을 추구하는 것이다" 인생론 시리즈 여섯 번째의 주제이다.

보람이라는 것은 의미가 있는 일이나, 가치 있는 일, 좋은 일을 했을 때 마음 속으로 느끼는 흐뭇한 정신적 만족감을 말한다.

이러한 보람이라는 것은 하늘에서 비처럼 떨어지거나 땅에서 샘물처럼 솟아나는 것이 아니고 자신의 노력으로 만들어야 하는 것이다. 지혜와 정성과 노력으로 이루어지는 것이다. 때로는 피와 눈물과 땀을 흘리며 최선을 다하여 추구하는 것이다.

생명이 세상에 태어나서 산다는 것은 귀한 것이다. 그것을 생존이라고 한다. 생존으로 산다는 것이 귀한 것이지만 그보다 더 귀한 것은 '어떻게 사느냐' (how do you Life)라는 것이다.

이 세상에는 살고 있는 인간의 삶은 천태만상이다. 모든 인간이 제각기 자신의 인생을 살고 있지만. 참으로 자신의 인생을 만족하게 살고 있는 사람이 얼마나 될까 하는 생각을 하게 된다.

생존만으로 만족할 수 없는 인생이다. 사는 보람이 있어야 한다. 보람 있게 살아야 한다. 생존의 명제보다 보람의 명제가 더 중요하다.

이 땅에 백년을 살아도 아무 보람이 없이 산다면 생의 의미가 없다. 그렇기 때문에 보람을 추구하며 사는 삶 을 살아야 한다. 고생하는 보람이 있고 노력하는 보람이 있고 땀을 흘리는 보람이 있어야 한다.

보람은 인간에게 행복을 안겨 준다. 인간의 행복한 생활은 보람을 느끼는 생활이다. 보람은 인생의 흐뭇한 만족이요, 비할 때 없는 가치다. 무위도식(無爲徒食)의 인간에게는 보람이 없다. 게으른 사람은 보람과 거리가 먼 인생이다. 자기 일에 사명감을 가지고 땀을 흘리며 부지런히 일하는 사람에게 찾아오는 것이 보람이다. 보람을 느끼려면 무언가 가치 있는 일을 해야 한다. 창조의 땀을 흘려야한다. 목표달성의 수고를 아끼지 아니해야 한다. 의미 있는 일을 추구해야 한다. 보람은 노력의 나무에 피는 향기로운 꽃이다. 보람은 정성과 땀으로 쌓아 올리는 인생의 공든 탑이다.

인생을 어떻게 살아야 하느냐? 사는 목적이 무엇이냐? 왜 동분서주하며 사느냐? 보람을 추구하기 위해서이다. 부와 권세를 아무리 많이 쌓아도 보람을 못 느낀다면 그것은 무의미한 삶이요 허망한 인생이다. 그런 인생은 헛되고 무익한 것이라고 솔로몬은 갈파했다.(전도서 2장 11절)

"일의 결국을 다 들었으니 하나님을 경외하고 그의 명령들을 지킬지어다. 이것이 사람의 본분이니라" (전도서 12장 13절)

 # 인생론 시리즈(7)

"산다는 것은 생각하는 것이다" 인생론 시리즈 일곱 번째 주제다. 어느 대학교 철학과에서 학기말 시험을 치는데, 한 여학생이 백지의 답안지를 제출했다. 담당교수가 '너는 왜 답을 쓰지 않고 백지를 내었느냐' 라고 물으니 이 여학생은 "철학은 쓰는 것이 아니고 생각하는 것입니다" 라고 말했다는 것이다.

하나의 에피소드 같은 일화이지만 일리가 있는 말이다. 철학의 근본이 생각하는 것이라면, 인생도 생각하는 것이다. 인간은 생각하는 존재다. 호흡이 인간의 가장 중요한 생리적 리듬이라면 생각은 기본적인 정신적 리듬이다.

"나는 생각 한다 고로 나는 존재 한다" 라고 한, 철학자 데카르트의 말은 생각의 귀중 성을 말해주고 있다. 파스칼은 그의 팡세에서 "인간은 생각하는 갈대" 라고 했다. 인간은 갈대같이 약하고 무가치하게 보인다. 꺾으면 쉽게 꺾인다. 그러나 생각을 하는 갈대이기 때문에 무시할 수 없는 고귀한 존재다. 생각하는 능력을 가지고 있는 존재다.

우주는 시간과 공간이 무한하지만 생각하는 힘이 없다. 그러나 인간은 생각하는 능력을 가지고 있다. 그것으로 우주를 정복한다. 그렇기 때문에 인간은 우주보다 위대하고 강하다. 인간의 존엄은 생각하는데 있다.

인간의 모든 위대한 업적은 생각의 산물이다. 생각이 행동을 결정한다. 생각은 행동의 원천이요 행동은 생각의 결론이다. 생각은 창조의 원동력이다. 생각의 나무에 지혜의 꽃이 피고 진리의 열매가 열리고 사상의 잎이 나오고 학문의 가지가 생기고 발명의 결실이 이루어진다.

생각은 인간의 인격을 좌우한다. 선한 사람은 선한 생각을 하고 악한 사람은 악한 생각을 하게 된다. 인격은 생각의 결정이요 생각은 인격의 표현이다. 선한 생각, 적극적인 생각, 낙관적인 생각, 희망적인 생각을 가져야 한다.

생각은 행복과 불행을 좌우하고 운명을 좌우한다. 두 젊은이가 한 방에서 정원을 바라본다. 한 젊은이는 아름다운 장미를 바라보면서, "아 세계는 아름다워라" 하고 기쁨의 노래를 부른다. 그러나 다른 한 젊은이는 '쓰레기 통'을 바라보면서 세상은 더럽다고 불평의 소리를 지른다. 사물을 밝게 보는 낙관적 생각을 가져야 한다.

나라의 근본은 사람이요, 사람의 근본은 정신이요, 정신의 근본은 생각이다. 철학자처럼 사색하고 사색인처럼 행동 하라 이것이 충실한 인생이요 깊이 있는 삶이다.

인간은 생각하는 존재인데, 성경은 차원 높은 생각을 가르치며 명령하고 있다 "위의 것을 생각하고 땅의 것을 생각하지 말라" (골로새서 3장 2절)

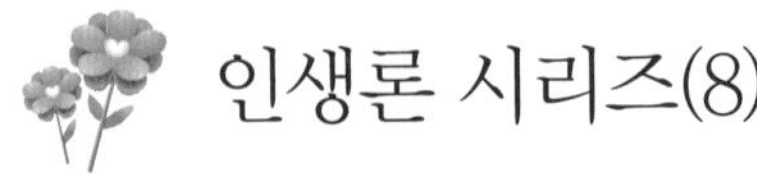 인생론 시리즈(8)

"산다는 것은 봉사하는 것이다" 인생론 시리즈 8번째 주제다. 봉사는 보수를 바라지 않고 즐거운 마음으로 남을 도와주는 것이다. 봉사는 이웃이나 남에게 대하여 가질 수 있는 태도 중에서 가장 높고 아름답고, 가장 훌륭한 태도이다.

인생에는 주고받는 원리가 있다. 그것은 기브 앤드 테이크(give and take)의 법칙이다. 한문으로 표현하면 수수(授受)의 원리이다. 수(授)는 주는 것이고, 수(受)는 받는 것이다. 이렇게 인간은 주고받는 관계 속에서 살고 있다.

주기만 하고 받지 못하거나 받기만 하고 주지 못할 때 섭섭한 감을 가지게 된다. 주는 만큼 받아야 하고 받는 만큼 주어야 하는 것이 우리네 삶이다. 예컨대, 결혼식에 축의금이나, 장례식에 조의금에서 우리는 그런 경험을 하게 된다. 나는 예의를 다 했는데, 상대방은 그렇지 못할 때 그런 경험을 한다.

주고받는 것이 서로 균형(均衡)을 이룰 때 인간관계는 원만해 지는 것이다. 우리 인간의 주고받는 사회생활에서 네 가지 경우를 생각할 수 있다. 첫째는 받기만 하고 주지 않는 경우, 둘째는 받지도 주지도 않는 경우, 셋째는 서로 주고받는 경우, 넷째는 받을 생각은 아니하고 주고 또 주는 경우이다. 위의 네 가지 경우 중에서 봉사는 네 번째 경우에 속하는 것이다.

봉사는 스스로 원해서 즐거운 마음으로 내가 가지고 있는 시간이나 정성이나 노력이나 물질이나 친절을 남에게 베푸는 것이다. 봉사는 대가를 바라지 않고 기쁜 마음으로 주는 것이다.

여기에 봉사의 높은 차원의 가치가 있다.

그것은 너그러운 마음의 표현이요, 순수한 심정의 산물이다. 봉사에 있어서는 봉사 그 자체가 하나의 보수이다. 남을 도울 때 우리 마음속에 기쁨과 보람으로 만족감을 느낀다. 이 기쁨과 만족감이 곧 봉사의 보수이다.

예수님은 주는 자가 받는 자보다 더 복이 있다고 말씀하셨다. (사도행전 20장 35절). 주는 자는 축복을 받은 자다. 남에게 무엇을 줄 수 있다는 것은 복이 있는 사람이다. 거지는 주고 싶어도 줄 수 없다. 가난한 자는 줄 것이 없다. 힘이 없는 자는 남을 도와 줄 수 없다. 남을 도와주기 위하여 노력하고 준비하는 것은 복을 받을 봉사의 지혜이다. 오늘은 누구에게 무엇을 줄까 하는 봉사의 정신으로 하루의 생활을 시작하는 사람은 누구보다도 행복한 사람이다.

누구나 봉사의 인생을 살아갈 수 있다. 이웃에게 따뜻한 말을 하고 부드러운 미소를 보이고 아름다운 정성을 쏟을 때 우리의 삶이 더욱 행복해 질 것이다.

"인자가 온 것은 섬김을 받으려 함이 아니라 도리어 섬기려 하고 자기 목숨을 많은 사람의 대속물로 주려 함이니라" (마태복음 20장 28절)

 # 인생론 시리즈(9)

　"산다는 것은 남기는 것이다" 인생론 시리즈 아홉 번째의 주제이다. 호랑이는 죽어서 가죽을 남기고 사람은 죽어서 이름을 남긴다는 말이 있다.

　사람이 이 세상에 올 때는 빈손으로 왔지만, 떠나 갈 때는 무엇인가 남겨놓고 가야 한다. 산다는 것은 남기는 것이요, 남기는 것이 인생이기 때문이다.

　역사의 한 모퉁이에 내 존재의 흔적을 남겨놓고 가야 한다. 나도 한 인간으로 이 지구촌에서 살았다는 내 생명의 기념비를 세워놓고 가야 한다. 이것이 생의 의미요 의미 있는 삶이다.

　"죽음의 신이 당신의 문을 두드릴 때 당신은 생명의 광주리 속에 무엇을 담아서 죽음의 신 앞에 내어 놓겠습니까?" 그를 빈손으로 돌려보낼 수는 없는 일입니다(인도의 문호 타고르가 남긴 시).

　사람은 저마다 무엇을 남기고 간다. 덕을 남기고 가는 것이 유덕(遺德)이요, 공을 남기는 유공이요, 사업을 남기는 것이 유업이요, 가르침을 남기는 것이 유훈(遺訓)이요, 뜻을 남기는 것이 유지(遺志)요, 교훈을 남기는 것이 유교(遺敎)요, 재산을 남기는 것이 유산(遺産)이요, 말씀을 남기는 것을 유언(遺言)이라고 한다.

　삶의 가치는 "그가 무엇을 얼마나 남겨 놓았느냐" 에 의하여 평가된다. 우리가 죽을 때 역사가 우리에게 던지는 엄숙한 질문이 있다. 그것은 "당신은 무엇을 후대에 남겨놓고 가느냐?”라는 말이다.

죽음의 차가운 손이 내 생명의 문을 노크할 때에 나는 생명의 광주리 속에 나의 노력의 열매, 내 피땀의 결정, 내 수고의 산물을 가득 담아 가지고 “나는 이것을 당신 앞에 내어 놓습니다. 이 생명의 광주리에는 내가 일평생 동안 땀흘려 만든 정성의 작품이 담겨 있습니다.”라는 말을 할 수 있어야 할 것이다.

우리는 마태복음 25장에 기록된 예수님의 달란트 비유에서 이 엄숙한 질문을 실감하게 된다. 집 주인이 종들에게 달란트를 맡기고 먼 곳 타국으로 떠났다. 각각 재능대로 어떤 종에게는 한 달란트를 맡기고, 어떤 종은 두 달란트를, 어떤 종에게는 다섯 달란트를 맡겼다.

얼마 후에 주인은 돌아와서 결산을 했다. 두 달란트를 받은 종과 다섯 달란트를 받은 종은 이를 배나 남겨서 칭찬을 듣고 더 많은 상을 받았는데, 한 달란트를 받은 종은 이를 하나도 남기지 못하고 본전 그대로 가지고 왔을 때 주인은 책망을 했다. “그 주인이 대답하여 이르되 악하고 게으른 종아 나는 심지 않는데서 거두고 헤치지 않는데서 모으는 줄로 네가 알았느냐… 그에게서 그 한 달란트를 빼앗아 열 달란트 가진 자에게 주라”(마태복음 25장 26절-28절)

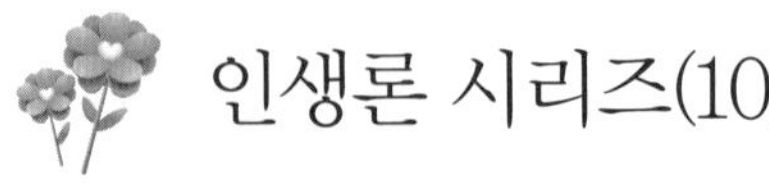

인생론 시리즈(10)

"산다는 것은 길을 가는 것이다" 인생론 시리즈 열 번째 주제이다. 성경은 인생은 나그네와 같다고 했다. "사랑하는 자들아 거류민과 나그네 같은 너희를 권하노니 영혼을 거슬러 싸우는 육체의 정욕을 제어하라" (베드로전서 2장 11절)

우리가 살고 있는 이 지구촌에는 70억이 넘는 인간이 살고 있는데. 그들은 모두가 제각기 자기의 길을 가고 있다. 나는 나의 길을 가고, 너는 너의 길을 가고, 우리는 우리의 길을 가고, 그들의 길을 가고 있다.

이 지구촌은 인생의 여관이요 인간은 그 여관에서 하룻밤을 자고 다음날 또 자기의 갈 길을 가야 한다. 쉬거나 머물러 있을 수 없이 계속 가야 하는 것이 인생길이다.

이렇게 쉬지 않고 계속 가야만 하는 그 길이란 무엇인가? 이 세상의 모든 사물에는 다 길이 있다. 사람이 가는 길은 인도요, 자동차가 가는 길은 차도요, 기차가 가는 길은 철도요, 배가 가는 길은 해도요, 비행기가 가는 길을 항로라고 한다.

모든 존재에는 다 길이 있다. 우리의 몸에도 길이 있다. 손에는 손길이 있고, 발에는 발길이 있고, 눈에는 눈길이 있고, 말에는 말길이 있고, 숨에는 숨길이 있고, 마음에는 마음길이 있다. 길이 끊어지면 불행이 생긴다.

형제지간에 발길이 끊어지고 친구 간에 발길이 두절되면 서로의 사이가 멀어져서 불행이 생기게 된다. 부모의 따뜻한 손길이 자식에게 미치지 않으면 혈육간에 애정이 단절되어 비극을 초래하게 된다. 부부간에 미소의 눈길이 오고 가지 않으면 사랑이 고갈 된다. 인간 상호간에 말길이 막히면 이해의 통로가 단절된다.

길을 간다는 것은 쉬운 일이 아니다. 인생길을 가다가 길이 막힌다면 그것은 불행이요 비극이 시작되는 것이다. 우리의 인생길은 탄탄대로(坦坦大路)의 순조로운 길이 아니다. 앞길에는 험난한 고개가 있고 깊은 골짜기가 있다.

인생의 길에는 미로(迷路)가 있고 기로(岐路)가 있고 험로(險路)가 있다. 미로는 출구와 입구를 알 수 없는 복잡한 혼미의 길이다. 인생의 기로에는 이정표(里程標)가 없고 방향 표시도 없다. 그렇기 때문에 길을 선택하는 것은 행복과 불행을 좌우하고, 생사를 좌우하게 되는 것이다. 예수님은 올바른 길을 알지 못하는 인간들에게 "내가 곧 길이요, 진리요, 생명"이라고 말씀하셨다(요한복음 14장6절) 예수님은 우리에게 진리의 길, 사랑의 길, 사명의 길, 평화의 길, 정의의 길, 자유의 길, 승리의 길, 행복의 길, 영광의 길, 천국으로 가는 영생의 길을 보여주셨다. 할렐루야!

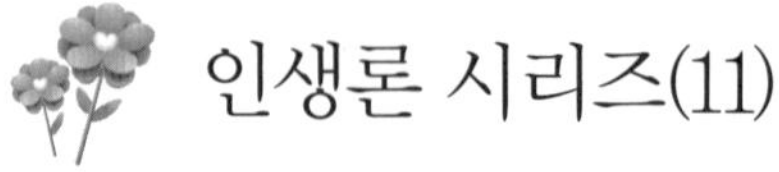

인생론 시리즈(11)

　사람이 세상에 태어나서 한평생을 산다는 것이 무엇이냐? 지금까지 말한 인생론 시리즈 내용을 정리하면, 산다는 것은? 1) 일하는 것이다. 2) 배우는 것이다. 3) 사랑하는 것이다. 4) 싸우는 것이다. 5) 대화하는 것이다. 6) 보람을 추구하는 것이다. 7) 생각하는 것이다. 8) 봉사하는 것이다. 9) 남기는 것이다. 10) 길을 가는 것이다.

　오늘은 인생론 시리즈 마지막으로 "산다는 것은 감사하는 것이다" 라는 주제로 적어 본다. 우리가 항상 감사가 귀한 줄 알고 감사를 말하고 있지만 이 감사를 몸으로 피부로 실감하지 않고 그냥 살고 있는지도 모른다.

　결혼을 하고 행복하게 살고있는 신혼부부에게 뜻밖의 불행이 찾아 왔다. 그것은 남편이 중병으로 정밀 진단을 받았는데, 담당의사로부터 사망선고를 받은 것이다. "당신의 병명은 임파선 결핵입니다. 당신의 생명은 길어야 석 달 정도입니다". 아주 젊은 나이에 청천병력 같은 선고를 받았다. 신혼의 행복한 삶이 하루아침에 물거품으로 사라진 것이다.

　그런데. 절망에 빠져서 신음하고 있는 남편에게 그의 아내가 위로하며 아래와 같이 말했다. "여보 3개월 밖에 못 산다고 생각하지 말고 하나님이 우리에게 3개월을 선물로 주셨다고 생각하고 감사하며 삽시다. 아무도 원망하지 맙시다. 3개월이 얼마나 소중합니까? 천금 같은 시간을 가장 아름답게 만들어 봅시다. 3개월이나 더 살게 하여 주신 하나님께 감사합시다"

아내의 이 말을 듣게 된 그는 아내의 말대로 남은 3개월을 오직 감사하며 살겠다고 다짐을 했다. 불평과 원망은 다 버리고 오직 감사한 마음으로 살았다.

그런데, 놀라운 기적이 일어났다. 그 시한부 3개월이 지났는데도 죽지 아니했다. 몸이 약해지는 게 아니라 오히려 더 건강해졌다. 병원에 가서 다시 진단을 받아 보았더니 임파선 결핵이 깨끗하게 사라졌다는 것이다.

주치의사는 너무나 놀라서 말했다. "도대체 3개월 동안 무슨 약을 먹었기에 이렇게 깨끗하게 나았나요?" 라고 묻는 담당 의사에게 그는 아래와 같이 말했다. "다른 약은 먹은 게 없고 굳이 약이라고 한다면 아내가 주는 감사하는 약을 먹었을 뿐입니다" 그러자 그 주치의는 손뼉을 치면서 "바로 그 명약입니다. 감사는 최고의 항암제요, 감사는 최고의 해독제요, 감사는 최고의 치료제다" 라고 말했다는 것이다.

오늘은 추수감사 주일이다. 오곡백과를 거두어들이는 추수감사의 가을이 깊어가고 있다. 수확의 계절, 감사의 계절에 우리의 신앙생활에도 알찬 열매가 풍성하여 기쁨으로 거두어들이는 감사 주일이 되기를 기원한다.

한 권의 책을 쓰는 인생

나는 목회 은퇴 이후 오늘까지 칼럼을 7백여 편을 써 왔다. 은퇴 전 목회 할 때에 쓴 것과 합하게 되면 천편이 넘는다. 그 여러 편의 칼럼을 모아서 두 권의 책을 만들었다. 그전에 펴내었던 설교집과 합하면 나는 3권의 책을 남긴 셈이다.

문자로 쓰는 책은 이렇게 여러 권을 쓸 수 있지만 인생이라는 책은 한 사람이 여러 권을 쓸 수 없다. 오직 한 사람이 한 권밖에 더 쓰지 못한다. 두 권은 쓸 수가 없다. 그것은 누구에게나 인생은 한 번 밖에 없기 때문이다.

인생은 복습도, 예습도, 후진도 없다. 과거는 이미 지나가 버렸고 미래는 아직 오지 아니했다. 오로지 현실만 있을 뿐이다. 예행연습이나 녹화도 없다. 오직 생중계만 있을 뿐이다. 매일 하루하루는 생중계이기 때문에 돌이키거나 고칠 수 없다.

우리는 빈손으로 이 세상에 태어났다. 우리는 아무 것도 지니지 않고 알몸으로 이 세상에 태어났다. 그렇기 때문에 인간은 무(無)에서 출발한다. 무에서 시작하여 유(有)를 건설하는 것이 인생이다. 나는 나의 자유를 가지고 나의 인생을 선택하고 건설하고 창조한다. 내 인생은 내가 만들어 나아가는 것이다.

인간은 누구나 이 세상에 태어나게 되면 한 권의 노트가 주어진다. 이 노트에는 아무 것도 쓰여 지지 아니했다. 빈 책이요 공책이다. 우리 인간은 이러한 공책에 매일 한 페이지씩 글을 쓰고 있다. "이 빈 책에 무슨 글을 쓰느냐" 라는 것은 전적으로 모두가 자신의 몫이다.

"감사의 글을 쓰느냐, 원망의 글을 쓰느냐, 행복의 장(章)을 만드느냐, 불행의 장을 만드느냐, 성실의 글이냐, 불성실의 글이냐, 기쁨의 문장이냐, 슬픔의 문장이냐. 제각기 자기의 책을 쓰고 있다."

인생이라는 책은 다시 쓸 수 없고 정정(訂正)할 수도 없다. 인생이라는 책은 두 번 쓸 수 없는 책이다. 언제 이 책의 지면이 끝날 지는 아무도 모른다.

명작을 쓰는 이도 있고, 평작을 쓰는 이도 있고, 졸작(拙作)을 쓰는 이도 있고 실패작을 쓰는 이도 있을 것이다. 우리는 저마다 정성을 다하여 좋은 책을 써서 자녀들에게 훌륭한 유산으로 남겨주고, 후대에 본보기로 남겨야 할 것이다. 오늘 하루도 나의 인생의 책은 쓰여지고 있다는 사실을 기억해야 할 것이다

그렇기 때문에 오늘 하루의 생활이 중요하고 현재가 중요한 것이다. 우리는 오늘도 우리의 역사의 한 페이지를 쓰고 있다는 사실을 기억한다면 아무렇게나 되는 데로 살 수 없는 소중한 인생이다.

오늘이 소중하다. 오늘은 어제도 아니고 내일도 아니다, 오늘은 오늘이다.

# 외로움과 고독

우리 인생살이에서 외로움과 고독이라는 것은 거의 같은 뜻으로 생각이 되지만, 비교해서 구분한다면 외로움은 많은 사람 가운데서 소외를 당하는 경우를 표현하는 것이고, 고독이라는 것은 많은 사람을 피하여 스스로 혼자 있는 경우를 말하는 것이 아닌가 하는 생각을 해 본다.

전자는 원치 않는 환경에서 자신의 의지와는 관계없이 당하는 경우이고, 후자는 자신의 의지로 스스로 택하는 경우이다. 전자는 수동적이고 후자는 능동적이라고 할 수 있다.

"은퇴한 고령자들의 고민 중 하나가 '혼자 지내는 방법을 터득하는 것' 이다. 100세 시대를 사는 이들은 경제적 문제와 별개로 80세 이후의 삶에 대해 구체적 계획을 세우지 못한 것을 후회하게 된다.

보통 60세 전후에 정년퇴직을 한다면 50대는 서서히 '퇴직 이후의 삶' 을 준비해야 하는 시기이다 50대 접어 들어서 가사나 자녀양육의 부담을 벗는 전업 주부 역시 마찬가지다. 이때 시간관리, 자산관리 모두가 중요하지만 무엇보다 필요한 것은 마음 준비이다."

사람은 누구나 어느 시기가 되면 홀로 보내는 시간이 오기 마련이다. 항상 누군가와 같이 지내야 하는 의존적인 생활 습관을 가지고 있다면 길고 긴 노후의 삶이 힘겨울 것이다. 그렇기 때문에 그런 시간이 오기 전에 연습과 훈련이 필요한 것이다.

"외로움에는 두 가지 종류가 있다. 첫 번째는 '사회적 외로움'이다. 공동체 안에서 소속감, 연대감, 친밀감을 주는 친구나 지인이 폭넓게 존재하지 않을 때 나타나는 감정이다. 두 번째는 '정서적 외로움'이다. 의지할 수 있는 가까운 사람이 아무도 없다고 느낄 때 나타나는 감정이다. 사회적 외로움은 독신보다 오히려 가정을 꾸렸던 기혼자들에게 나타난다는 것이다"

외로움을 극복하려면 고독해지는 연습이 필요하다. 고독은 나를 이해하게 하는 동시에 외로운 누군가를 이해하는 시간이 될 수도 있다. 고독은 내 속의 아픈 누군가(자아)의 소리를 듣는 시간일 수도 있다.

혼자 사는 힘을 가지는 것은 고독의 근육을 단련하는 것이다. "일본의 정신과 의사이자 은퇴문제 전문가인 호사카 다카시는 '혼자 지내는 힘'이야 말로 은퇴후 충실한 노후를 지켜주는 힘이라고 했다"

부부가 함께 살고 있더라도 혼자 사는 고독의 근육을 길러야 한다. 우리 인생살이에서 외로움과 고독은 누구에게나 오는 법이다. 그러나 그것은 우리가 하나님과 더 가까워지고 하나님을 더 의지하게 되는 기회가 되는 것이다.

정복하고 다스리라

"하나님이 그들에게 복을 주시며 하나님이 그들에게 이르시되 생육하고 번성하여 땅에 충만하라, 땅을 정복하라, 바다의 물고기와 하늘의 새와 땅에 움직이는 모든 생물을 다스리라 하시니라"(창세기 1장 28절)

이 말씀은 하나님이 천지 만물을 창조하신 다음에 아담하와에게 주신 복이요 명령이다. 즉 하나님이 오늘 우리 인간에게 명령하신 말씀이다. 이 말씀에는 다섯 가지의 명령이 기록되어 있다. "생육하라, 번성하라, 충만하라, 정복하라, 다스리라"라는 명령이다.

우리 인간에게 이러한 명령을 주신 하나님은 이 명령을 수행할 수 있는 능력과 권세를 주신 것이다. 이 천지만물의 주인되시는 하나님은 그것을 다스리는 권세를 주신 것이다. 그렇기 때문에 우리 인간에게는 이 천지 만물을 정복하고 다스리는 권세를 가지고 있다.

오늘날 우리 인간이 가지고 있는 지식과 과학 기술은 하나님이 주신 것으로서 인간은 그것을 가지고 만물을 정복하고 있다. 땅에 움직이는 모든 생물과 바다의 물고기와 공중의 새들을 점령했다. 그리고 무한한 우주까지 점령을 하고 있다.

우리는 이번에 누리호가 발사되는 장면을 보았다. "대한민국 기술로 누리호가 지난 6월 21일 오후 4시 전남 고흥 나로우주센타에서 지축을 박차고 하늘로 솟아올랐다. 섭씨 3,300도의 초고온 화염과 굉음을 뒤로 하고 질주하듯 고도 700km를 향해 솟구친 누리호는 마침내 목표 궤도 안착에 성공했다”

“우주센터 현장에서 터져 나온 연구자들의 뜨거운 눈물과 함성은 지난 30년간 이어온 집념의 한국형 발사체 개발이 성공했음을 확인해 주었다. 발사 42분 후 발사체에 실려 있던 성능검증위성과의 교신이 정상적으로 이뤄졌다. 우리 땅에서 우리가 스스로 만든 발사체로서 쏘아 올린 우리의 자랑스러운 위성이 끝내 우주에 안착한 것이다. 5,200만 국민이 염원했던 감동의 순간이었다 이로써 대한민국 우주 하늘이 활짝 열렸다”

이번 성공으로 우리 한국은 우주 주권확보에 한 걸음 다가섰다. 지금까지는 위성을 쌓아 올리기 위해 다른 나라의 발사체를 빌려야 했지만, 이제는 우리 기술로 1톤이 넘는 위성을 궤도에 올릴 수 있게 되었다 이 정도 수준의 발사체 기술을 갖춘 나라는 세계 여섯 나라 뿐이고, 우리 대한민국이 세계 일곱 번째가 된 것이다.

이제는 우리 대한민국도 하나님의 명령을 따라 우주를 정복하고 세계를 다스릴 수 있는 강대국 대열에 서게 된 것을 감사하며 하나님께 영광을 돌려 드린다.

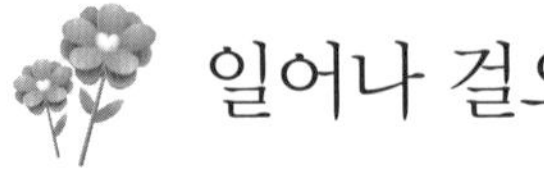 일어나 걸으라

지난 2년간 '코로나19'라는 불청객으로 인하여 이 지구촌에 살고있는 우리 인간들은 어둠 속에서 살았다. 앞이 보이지 아니했다.

이제 코로나 방역 통제가 완화되니 한숨을 돌리게 되고 정신을 차리게 된다. 2년이라는 어두운 긴 밤은 그야말로 괴롭고 고통스러운 밤이었다. 마치 우리 민족이 8.15 같은 해방을 맞이한 그때의 기분이다. "어둡고 괴로워라 밤도 길더니"라는 해방의 노래를 부른 기억이 추억으로 떠오른다.

기업체의 공장들이 축소 운영을 하게 되고 식당이나 가게는 문을 닫게 되고 학교의 수업은 온라인 수업으로 반쪽이 되고 우리 교회는 성전에 자유롭게 모여서 예배를 제대로 드리지 못했다.

"하나님이여 이 어두운 코로나가 언제 끝나게 됩니까? 우리 인간들과 한국 교회의 죄를 용서하여 주시고 다시 정상으로 회복시켜 주옵소서"라고 그렇게 울부짖으며 얼마나 기도했던가?

자비하시고 긍휼이 많으신 하나님은 우리 죄인들의 기도를 들으시고 우리에게 자유로 성전에 모여서 예배드릴 수 있도록 해 주심을 믿고 우리는 그 하나님께 감사와 영광을 돌려드린다.

이제 우리는 한국 교회와 더불어 일어나서 활동을 해야 한다. 잠자는 자는 깨어나야 하고 앉아 있는 자는 일어나서 걸어야 한다. 그리고 마음껏 뛰면서 일을 해야 한다.

기도하고 전도하고 선교하며 봉사하는 일에 불타는 교회로 일어나야 한다. 그러기 위해서는 초대교회처럼 먼저 모이기를 힘써야 된다. 교회는 건물이 아니고 성도들의 모임을 말한다. 모이면 교회가 있고 모이지 아니하면 교회는 존재하지 않는 것이다. 성도들이 모이지 않는다면 그것은 건물이지 교회라고는 할 수 없는 것이다.

"날마다 마음을 같이 하여 성전에 모이기를 힘쓰고 집에서 떡을 떼며 기쁨과 순전한 마음으로 음식을 먹고 하나님을 찬미하며 또 온 백성에게 칭송을 받으니 주께서 구원받는 사람을 날마다 더하게 하시니라"(사도행전 2장 46절-47절)

베드로와 요한이 기도 시간에 성전에 올라가다가 앉은뱅이를 만났을 때, "일어나 걸으라"고 명하니 그 앉은뱅이는 즉시 일어나서 걸으며 성전으로 들어가면서 걷기도 하며 뛰기도 하며 하나님을 찬송했다(사도행전 3장 3절-8절)

"일어나 걸으라"라는 말씀은 코로나에 사로 잡혀서 활동하지 못하고 앉아있는 우리 한국 교회와 북성교회에 주신 주님의 명령이다. 왜, 여기서 앉은뱅이처럼 앉아 있느냐? 일어나서 걸으라. 그리고 열심히 일하라는 명령이다.

 # 자녀의 의미

"보라 자식들은 여호와의 기업이요 태의 열매는 그의 상급이로다"(시편 127편 3절). 자녀는 하나님이 우리에게 맡겨주신 기업이요 상급이라고 했다. 기업이라는 것은 가옥이나 토지 같은 재산을 말하는데, 자녀는 그보다 더 귀중하고 소중한 기업이요 상급이라고 한다.

토지나 가옥은 하나님이 우리에게 맡겨주신 것으로서 내 것이 아니듯이 자녀도 내 것이 아니다. 다만 하나님이 우리에게 양육하라고 위탁하여 주신 선물이다. 그렇기 때문에 그 위탁을 받은 우리 부모들에게는 자녀를 올바로 양육해야 할 책임이 있는 것이다.

그러나 우리 부모들에게서 자녀 양육이라는 것은 결코 쉬운 일이 아니라는 사실을 우리는 자녀 양육을 통해서 경험을 했고 지금도 하고 있는 현실이다.

"자식을 이기는 부모가 없다" 는 속된 말이 그 증거가 되고 있다. 자녀 양육을 농사일에 비교하여 자식 농사라고도 한다. 농부가 땀을 흘리며 하는 농사일이 힘이 드는 것처럼 자녀양육이 그만큼 힘들다는 것이다.

우리는 성경에서 자식농사를 실패한 부모들을 볼 수 있다. 예컨대, 인류의 조상 아담과 하와의 경우에서 볼 수 있다. 아담 하와는 부모로서 나은 자녀들을 훌륭하게 양육하기를 원했겠지만, 형 가인이 그의 동생 아벨을 죽인 비극으로 아담의 가정은 자식 농사를 실패한 것이다.

그리고 우리는 구약 성경에서 히스기야 왕을 잘 알고 있다. 그는 남쪽 유다나라의 13대 왕으로서 역대 왕 중에 가장 하나님을 잘 섬기고 백성을 잘 다스린 선한 왕이었다. 그런데 그의 아들 므낫세는 아버지와는 대조적으로 역대 왕 중에 가장 악한 왕이 되었다.

역대하 33장 2절-3절을 보면 "여호와 보시기에 악을 행하여 여호와께서 이스라엘 자손 앞에서 쫓아내신 이방 사람들의 가증한 일을 본 받아 그의 아버지 히스기야가 헐어버린 산당을 다시 세우며 바알들을 위하여 제단을 쌓으며 아세라 목상들을 만들며 하늘의 모든 일월성신을 경배하여 섬기며"라고 한 말씀을 보면 히스기야도 자식 농사는 실패한 부모라는 사실을 알게 된다.

반면에 자식 농사를 성공한 부모들을 우리는 많이 볼 수 있는데, 그 대표적인 예는 아브라함의 가정에서 볼 수 있다. 백세에 낳은 아들 이삭을 죽여서 제물로 드리라는 하나님의 명령에 아브라함은 절대 순종했다. 그런가 하면 그의 아들 이삭도 아버지와 같이 항거하지 않고 그대로 순종했다는 사실이다. 그야말로 그 아버지의 그 아들이었다. "젊은 자의 자식은 장사의 수중의 화살 같으니 이것이 그의 화살통에 가득한 자는 복되도다"(시편 127편 4절-5절상)

# 부부(夫婦)의 의미

부부란 남편과 아내를 말한다. 내외(內外)라고도 하고 부처(夫妻)라고도 한다. 부부는 혈육도 아니고 촌수도 없다. 완전히 남과 남의 만남이기 때문에 돌아 누우면 남이라는 말도 있다.

성경은 부부는 한 몸이라고 한다. "그러므로 사람이 부모를 떠나 그의 아내와 합하여 그 둘이 한 육체가 될지니 이 비밀이 크도다 나는 그리스도와 교회에 대하여 말 하노라"(에베소서 5장 31절-32절)

부부가 한 몸이 된 것은 비밀이라고 한다. 부부의 관계에 신비성을 부여하고 있다. 한 남자와 한 여자가 만나서 부부가 된 것은 신비한 결합이라는 말씀이다. 서로 전연 알지 못한 사이었는데 만나게 된 것은 전적으로 하나님의 계획이요 섭리였다는 것이다.

이 신비한 결합을 그리스도와 교회와의 관계로 설명했다. 부부의 관계를 그리스도와 교회와의 영적 관계로 비교하여 그 신비성을 말하고 있는 것이다. 교회와 그리스도의 만남이 신비한 것처럼 남녀가 서로 만나서 부부로 결합하는 것도 신비하다는 것이다.

신비한 결합으로 한 몸이 된 부부의 관계를 톱니바퀴에 비유해 본다. 두 바퀴는 톱니에 의하여 돌아간다. 톱니가 없으면 그 바퀴는 돌아갈 수 없다. 두 바퀴가 서로 반대의 톱니를 가졌기 때문에 결합이 되어서 돌아가는 것이다.

예컨대, 나는 성격이 좀 급한 편이고, 우리 집사람은 느긋한

편이다. 만약에 두 사람이 다 급하다면 다툼이 생기고 문제가 될 것이지만 톱니가 다르기 때문에 그때마다 별문제가 없이 돌아가는 것이다.

그리고 두 사람의 자라난 가정환경을 보면 조금 대조적이다. 나는 가난한 환경에서 자랐고 집사람은 비교적 넉넉한 환경에서 자라났다. 그래서 그런지 무슨 물건을 사려고 할 때 집사람은 돈을 더 많이 주더라도 하나를 사도 좋은 것을 사려고 하고, 나는 값이 싼 것을 두 개를 사려고 하는 습관을 가지고 있다. 어떤 때는 각각 다른 사고방식으로 마찰이 생기기도 하지만, 그 때문에 물건을 비싼 것도 사보고 싼 것도 사보는 경험을 하게 된다.

부부의 관계를 동반자라고도 하고 반려자라고도 한다. 이 세상에서 100% 완전한 사람은 아무도 없다. 누구에게나 장점이 있고 단점이 있기 마련이다. 부부도 마찬 가지이다. 장단점을 가지고 있는 사람끼리 만났기 때문에 서로의 단점을 보완해 주고 메꾸어 주는 것이 부부의 관계이다 "보라 형제가 연합하여 동거함이 어찌 그리 선하고 아름다운고" (시편 133편 1절)

"네 샘으로 복되게 하라 네가 젊어서 취한 아내를 즐거워 하라" (잠언 5장 18절)

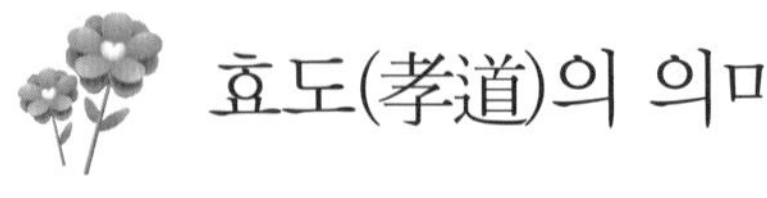# 효도(孝道)의 의미

효도는 자식이 부모를 섬기는 것을 말한다. 효(孝)자는 자식(子)이 늙은이(老)를 업고 있는 상형문자이다.

옛날 사람들은 수명이 짧아서 환갑만 지나면 오래 살았다고 축하의 뜻으로 회갑 잔치를 했다. 그러나 요사이는 인간의 평균 수명이 팔십이 넘고 백수를 하는 100세 시대가 되었다.

그래서 효도의 패턴도 변화되고 있는 현상이다. 예컨대, 부모가 100세가 되고 자식은 80세가 되면 같이 노인으로 늙어가는 현상이 된다. 그래서 노인이 노인을 모시고 섬기는 것이다.

옛날 사람들은 효도하는 뜻으로 자식이 부모를 업고 다니며 외출을 시키며 구경을 시켜 드리기도 했다. 그때는 자식이 젊으니까 가능했지만 현대는 팔순 노인의 몸으로 늙은 부모를 업고 다니기는 힘들 것이다.

그렇다면 21세기의 현대판으로 하는 바람직한 효도는 어떤 방법으로 하는 것이냐? 라는 의문에 대한 방법을 생각해 본다. 물론 요사이도 효도의 뜻으로 때때로 용돈을 드리고 맛있는 음식을 해 드리고 여행도 시켜드리는 효자들이 많이 있다.

하지만, 그런 물리적인 효도보다 마음의 효도가 먼저라고 생각한다. 예컨대, 어느 팔순 어머니가 자녀들과 함께 여행을 갔는데, 여행 중에 어머니가 설사가 나서 바지를 벗어야 하는 어려움을 당했다. 그때 딸이 어머니의 바지를 벗겨 드리고 그 바지를 빨아 드렸다. 이때 어머니는 부끄럽기도 하고 미안해서 딸에게 고개를 들 수 없었다.

이때 딸은 그 어머니에게 다음과 같은 지혜로운 말을 했다는 것이다. "제가 어릴 때 똥 싸고 오줌을 싸고 할 때 엄마가 기저귀를 갈아주고 다 씻어 주셨잖아요?" 이렇게 지혜로운 딸의 말을 듣게 된 어머니의 마음은 부끄러운 마음은 없어지고 자식을 키운 보람을 느끼게 되었다는 것이다.

이런 현상이 현대판 효도의 패턴이 아닌가 하는 생각을 한다. 그의 딸은 부모님께 그 어떤 것보다 가장 귀한 효도를 했다고 보는 것이다. 그래서 현대판 효도는 물질보다 지혜로운 마음과 정성이 먼저라는 말을 하는 것이다

우리는 창세기 9장에서 홍수 심판 후에 노아의 실수 에 대한 이야기를 잘 알고 있다. 노아가 술을 많이 먹고 취하여 벌거벗은 몸으로 잠자는 것을 본 함은 형제들에게 보고를 했으나 그의 동생 야벳은 옷을 가지고 뒷걸음으로 가서 아버지의 벗은 몸을 덮어 주었다.(창세기 9장 23절)아버지의 벗은 몸을 고발한 함은 저주를 받았지만 덮어준 야벳은 복을 받았다. 야벳의 태도를 효도로 본 것이다.

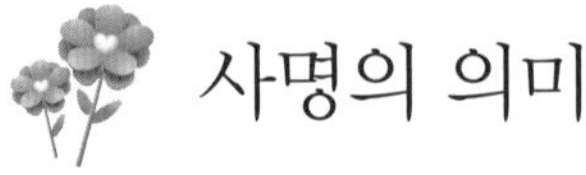 # 사명의 의미

　오늘은 조금 철학적인 얘기를 해 보려고 한다. 사명의 사(使) 자는 심부름 할 사자(字)다. 조그마한 심부름꾼을 소사라고 하고, 나라의 큰 심부름꾼을 대사라고 하고, 특별한 심부름꾼을 특사라고 하고 몰래 보낸 심부름꾼을 밀사라고 하고, 하나님의 심부름꾼을 천사라고 한다.

　심부름을 하는 제자를 사도(使徒)라고 하고, 심부름을 하는 사람을 사자(使者)라고 한다. 사명의 명자는 목숨 명자다. 그래서 사명이라는 말은 심부름 받은 목숨, 심부름 받은 생명이라는 뜻이 된다.

　"나는 왜 이 세상에 태어났는가?" 나는 아무 목적도 의미도 없이 공연히 태어난 존재가 아니다. 나는 우연이나 요행의 산물이 아니다. 나는 창조주 하나님으로부터 심부름을 받고 태어난 존재이다. 그렇게 느끼는 것을 사명감이라고 하고, 그렇게 깨닫는 사람을 사명적 인간이라고 하고, 그렇게 자각하는 존재를 사명적 존재라고 하고, 그런 인생관을 사명적 인생관이라고 한다.

　사람은 저마다 자기에게 주어진 사명이 있다. 그 사명을 자각하고 그 사명을 위해 살고 그 사명을 위해 죽는다는 인생관이 가장 높은 차원의 인생관이다.

　덴마크의 고독한 실존주의 철학자인 '키에르케고오르'는 대학시절 자신의 일기장에 다음과 같은 글을 써 놓았다. "온 천하가 다 무너진다 하더라도 내가 이것만은 꼭 붙들고 놓을 수 가 없다. 내가 그것을 위해 살고(Life for) 그것을 위해 죽을(die for)수 있는 내 인생의 사명을 발견해야 한다"

인간은 사명적 존재이다. 사명감이 인간을 성실하게 만들고, 진지하게 만들고, 엄숙하게 만들고, 용감하게 만들고, 위대하게 만든다. 역사상에 커다란 업적을 남긴 인물들은 모두가 자신의 사명을 자각한 사람들이다.

영국인으로서 아프라카에 가서 자신의 사명을 완수한 리빙스턴은 "사명을 가진 사람은 그것을 달성할 때까지는 절대로 죽지 않는다" 라고 했다. 사명감을 지닌 사람은 그 사명을 완수할 때까지는 절대로 죽을 수 없고, 또 죽어서도 안 된다는 확고부동한 신념이 있기 때문에 고난을 이겨내고 시련을 극복하고 역경을 헤치고 나아가는 것이다.

우리는 사명에 불타는 위대한 사명자 사도 바울을 잘 알고 있다. 다메섹 도상에서 예수님을 만나서 복음을 전하라는 사명을 받은 이후 생명이 다하는 그날까지 사명을 다했다. "내가 달려갈 길과 주 예수께 받은 사명 곧 하나님의 은혜의 복음을 증언하는 일을 마치려 함에는 나의 생명조차도 귀한 것으로 여기지 아니하노라" (사도행전 20장24절) 라고 고백하며 결심했다.

"사명자는 그 사명을 완수 할 때까지는 죽지 않는다"

# 감사의 의미

"감사는 행복의 문을 여는 열쇠다. 고마운 마음을 가질 때 우리는 행복한 인생을 살 수 있다. 불평 불만으로 가득 찰 때 행복의 여신은 사라지고 불행의 여신이 찾아온다. 행복은 감사의 나무에 피는 꽃이요, 불행은 불평 불만의 나무에 돋는 독버섯이다"

감사는 배우고 훈련을 하고 연습을 해야 한다. 모든 일에 고마워하는 마음을 가지도록 힘써야 한다. 편하고 쉬운 일에만 아니고 힘들고 어려운 일에도 감사하는 마음을 가지도록 연습을 하고 훈련을 해야 한다. 그래서 사도바울은 "범사에 감사하라" 라고 가르쳤다.(데살로니가전서 5장 18절)

너무 풍족한 생활을 하게 되면 감사하는 마음을 잊어버리기 쉽다. 무슨 일이나 쉽게 이루어지면 감사하는 마음이 잘 생기지 않게 된다. 그런 의미에서 고난과 고생은 필요한 악이라고 한다. 고생을 겪은 후에 목적을 달성해야 감사하는 마음을 가지게 되고, 고마운 마음을 느낄 수 있다.

추위에 떨어 본 사람이 태양의 고마움을 느끼게 되고, 굶주림을 겪어 본 사람이 밥 한 그릇에 고마움을 알게 되고, 갈증의 고통을 겪은 사람이 시원한 물 한 그릇에 감사하는 마음을 가지게 되고, 인정에 굶주림을 당해 본 사람이 사랑의 고마움을 뼈저리게 느끼게 된다.

감사는 하나님이 우리 인간에게만 주신 특혜요 특권이다. 짐승에게는 고마움이나 감사하는 마음이 없다. 그것은 하나님이 주시지 아니했기 때문이다. 그렇기 때문에 감사할 줄 모르는 사람은 하나님이 주신 특혜를 누리지 못하는 사람으로서 만물의 영장의 자격이 없는 사람이라고 해야 할 것이다.

인생은 결코 외로운 것도 아니요, 불행한 것도 아니다. 감사하는 마음을 마음속에 지닌다면 인생은 언제나 즐거운 것이요 살 의미와 보람이 있는 것이다. 모든 일을 감사의 눈으로 보게 되면, 인생은 기쁨의 샘터요, 행복의 화원이 될 수 있다. 감사하는 마음으로 살게 되면 인생은 살만한 가치가 있는 것이다.

"해가 지평선 저쪽으로 넘어 가고 어둠이 조용히 땅을 덮기 시작한다. 넓은 들에는 두 젊은 부부가 온 종일 열심히 일을 하고 있다 사방은 조용하고 땅에서는 흙냄새가 풍겨온다.

어디선가 소가 우는 소리가 들려온다. 넓은 벌판의 저쪽에 조그마한 예배당이 하나 있다. 저녁을 알리는 교회의 종소리가 은은하게 저녁 하늘에 울려 퍼진다. 일하던 두 젊은 부부는 일손을 멈추고 조용히 고개를 숙인다. '하나님, 오늘도 하루 종일 건강한 몸으로 일을 할 수 있었던 것을 감사합니다' 라고 기도를 드리고 있다." 이것은 그 유명한 '밀레의 만종' 이다. 거기에는 감사가 있다.

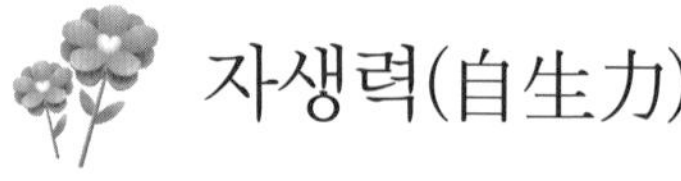# 자생력(自生力)

　자생력이라는 것은 글자 그대로 스스로 살아나는 힘을 말한다. 예컨대, 누에의 경우를 보면 누에가 고치를 만들면 그 고치에서 나비가 나오는데 그 나비가 고치에서 나올 때 스스로의 힘으로 구멍을 뚫고 나와야 된다는 것이다. 그렇지 않고 나비가 구멍을 뚫고 나오기 전에 사람이 미리 구멍을 뚫어 주게 되면 그 나비는 죽게 된다는 것이다.

　달걀의 경우도 마찬가지이다. 어미 닭이 알을 품고 있으면 약 15일쯤 지나면 그 계란 속에서 병아리가 알을 깨고 나오게 되는데, 병아리가 스스로의 힘으로 알을 깨고 나오기 전에 사람이 그 알을 먼저 까주게 되면 그 병아리는 잘 살지 못한다는 것이다. 병아리가 스스로의 힘으로 나올 때까지 그냥 두어야 된다는 것이다.

　위의 두 경우에서 나비와 병아리의 자생력을 말한다. 자신의 힘으로 구멍을 뚫고 나와야 하고, 자기의 힘으로 알을 깨고 나와야 한다는 것이 자생력이다.

　사람도 마찬가지이다. 부모가 자식을 키울 때에 지나치게 과잉보호를 하게 되면 그 아이는 자생력을 잃게 된다는 것이다. 스스로 자신의 힘으로 자랄 수 있게 해야 된다는 것이다. 소위 말하는 마마보이로 자란 아이는 커서도 독립심이 약해지고 자신의 정체성이나 의지가 약해진다는 것이다.

　최근에 우리는 ‘조민’이라는 젊은 의사를 보았다. 그는 의사가 되었지만 불행하게도 의사 면허가 취소 내지는 박탈을 당했

다. 그 뿐만 아니라 그가 졸업한 고려대학과 부산대학 의학전
문대학 입학까지 취소되었다는 것이다.

그 이유는 부정 입학이라는 것이다. 그것은 그의 부모들이
부정으로 표창장 같은 스펙을 만들어 가지고 대학에 우수한 성
적으로 입학을 시켰다는 것이다.

그의 부모가 누구냐 하면, 서울대학 교수요 전 법무부 장관
인 조국이요. 동양대학교의 교수인 정경심이다.

다른 아이들은 수능시험과 입학시험을 위해 밤잠을 자지 못
하고 공부를 해서 대학에 들어갔는데, 조민은 너무 쉽게 입학
을 하고 학교를 다닌 것이다. 그 결과로 조민은 자생력을 잃게
되고 자신의 앞길을 망치게 된 것이다.

부모들이 자식의 앞길을 망치게 한 셈이다. 그런 과잉보호를
하지 말고 그냥 자기 노력으로 공부하도록 두었으면 조민도 얼
마든지 자신의 힘으로 공부하여 떳떳하게 사회활동을 할 터인
데, 부모들의 잘못된 사고방식으로 인하여 자식의 앞길을 망치
게 된 것이다. "자식에게 돈을 주지 말고 돈을 버는 방법을 가
르쳐 주라" 는 말이 있다. "보라 자식들은 여호와의 기업이요
태의 열매는 그의 상급이로다" (시편 127편 3절). 오늘은 5월
가정의 달 어린이 주일이다.

 # 하나님이 보우하사 우리나라 만세

오늘 우리가 살고 있는 21세기의 지구촌을 지배하고 있는 국가는 단연 미국이라는 현실은 아무도 부인하지 못하고 있다. 오늘날 미국이라는 나라는 초강대국으로서 확실하게 축복을 받은 나라임에는 틀림이 없다.

미국이 저렇게 복을 받게 된 이유는 여러 가지를 들 수 있겠지만, 그중에서 제일 먼저 떠오르는 것은, 미국은 하나님 제일주의 나라라는 사실이다. 우선 그들은 하나님을 제일 잘 섬기는 조상 청교도들의 신앙을 물려받은 민족이다.

그들의 이러한 하나님 제일주의 사상은 그들의 화폐에 새겨져 있다. 그들의 화폐인 달라에는 "In God we Trust"(우리는 하나님을 믿는다) 라는 문자를 새겨 놓았다는 사실이다. 이것은 세계 어느 나라에도 찾아볼 수 없는 사실로써 오직 미국만이 가지고 있는 보배이다. 그렇게 하나님을 제일주의로 믿는 미국이기 때문에 세계를 지배하는 강대국의 복을 받은 것이다.

그러면 우리 대한민국은 어떤 나라냐? 역사를 거슬러 올라가면 고대 삼국시대는 불교가 지배했고 중세 조선 시대는 유교가 이 나라의 정신문화를 지배했다. 그러나 현대에 와서는 기독교가 이 민족을 지도 했다. 일제 강점기의 3.1운동이나 해방 이후 6.25전쟁 때의 반공운동은 기독교가 앞장서서 싸웠다.

이러한 역사를 보면, 우리 대한민국도 하나님을 잘 섬기는 민족으로서 하나님의 도움과 보호를 받고 있는 민족이다. 예컨대, "하느님이 보우하사 우리나라 만세" 라는 애국가는 세계 어느 국가에도 없는 자랑스러운 애국가이다.

이렇게 하나님을 섬기는 대한민국인데. 북한의 무신론 공산주의자들이 지금도 핵무기를 만들고 미사일을 쏘며 적화통일을 노리고 있다는 사실이다. 그런데 더 큰 문제는 현재 대한민국의 정부는 북한 공산주의를 따르는 종북 좌파 세력들이 정권을 잡고 이 나라를 사회주의 공산주의 로 이끌어 가고있는 것이다. 다행히도 이번 대선에서 자유민주주의를 신봉하고 철저한 반공주의 지도자인 윤석열 후보가 제20대 대통령으로 당선된 것은 천만 번 다행이 아닐 수 없다.

이 역사는 하나님이 우리 대한민국을 지켜주시고 올바른 길로 인도하여 주심인 줄 우리는 믿고 감사를 드리는 것이다. 만약에 이번 대선에서 북한을 따르는 사회주의 공산주의를 신봉하는 자들이 승리했다면 이 나라는 통째로 넘어갈 뻔 했다. 실로 아찔한 역사였다.

우리 한국교회는 이 나라의 앞날을 위해 계속 기도해야 한다. 윤석열 당선자는 어릴 때 유년주일 학교에서 성경을 배웠기 때문에 신앙의 뿌리가 있다. 앞으로 5년간 이 나라를 잘 이끌어 갈 수 있도록 우리는 기도해야 할 것이다.

 # 황금만능 시대

현대는 황금만능 시대라고 한다. 돈만 있으면 무엇이나 다 할 수 있고 돈이 있으면 못할 것이 없다는 사고방식을 가지고 살고 있는 세상이다. 이처럼 황금의 위력과 돈의 세력이 지배하는 21세기의 시대에 우리는 살고 있다.

그러나 현실은 그렇지 못하다. 역설적으로 돈으로 살 수 없는 것이 있고 돈으로도 못하는 일이 있다.황금과 돈이 맥을 추지 못하는 것들도 있다는 사실이다

예컨대, "돈으로 집은 살 수 있어도 행복한 가정은 살 수 없다. 돈으로 시계는 살 수 있어도 시간은 살 수 없다. 돈으로 침대는 살 수 있어도 단잠은 살 수 없다. 돈으로 책은 살 수 있어도 지식은 살 수 없다. 돈으로 학교는 다닐 수 있어도 지혜는 살 수 없다. 돈으로 의사는 살 수 있어도 건강은 살 수 없다. 돈으로 직위는 살 수 있어도 존경은 살 수 없다. 돈으로 피는 살 수 있어도 생명은 살 수 없다. 돈으로 관계는 살 수 있어도 사랑은 살 수 없다. 돈으로 사람은 살 수 있어도 참 친구는 살 수 없다. 돈으로 음식은 살 수 있어도 식욕은 살 수 없다. 돈으로 부귀영화는 살 수 있어도 행복은 살 수 없다"

이처럼 돈으로 살 수 없는 것들이 많이 있지만, 이것들 보다 더 중요하고 귀한 것은 돈으로 믿음과 구원을 살 수 없다는 사실이다. 믿음으로 구원을 받게 되는데, 그 믿음을 살 수 없으니 구원도 못 받게 되는 것이다.

한 부자 청년이 예수님께 나아와서 "선생님이여 내가 무슨

선한 일을 해야 영생을 얻으리이까” 라고 질문을 했다. 이에 예수님은 “네가 생명에 들어가려면 계명을 지키라” 라고 말씀 하셨다. 이때 청년은 “어느 계명입니까” 라고 다시 물었다. 예수님은 질문하는 이 청년에게 십계명을 차례대로 설명해 주시면서 이것을 지키라고 하셨다. 이때 이 청년은 “저는 이 모든 계명을 다 지켰는데, 아직 무엇이 부족합니까?” 라고 질문했다.

이때 예수님은 이 청년에게 “가서 네 소유를 팔아 가난한 자들에게 주라 그리고 와서 나를 따르라 하시니 그 청년이 재물이 많으므로 이 말씀을 듣고 근심하며 가니라” 라고 했다. (마태복음 19장 21절-22절)

이 부자 청년이 돌아간 후에 예수님은 다음과 같이 말씀하셨다. “예수께서 제자들에게 이르시되 내가 진실로 너희에게 이르노니 부자는 천국에 들어가기가 어려우니라. 다시 너희에게 말하노니 낙타가 바늘귀로 들어가는 것이 부자가 하늘나라에 들어가는 것 보다 쉬우니라” (마태복음 19장 23절-24절)

이 부자 청년은 돈과 재산이 제일이라는 황금만능주의자였는데. 그 재산을 가난한 사람들에게 나누어 주라고 하니 실망하고 돌아갔다. 예수님은 그런 인간을 두고 부자는 천국에 들어가기 어렵다고 하셨다. 돈으로 천국을 살 수 없다는 말씀이다.

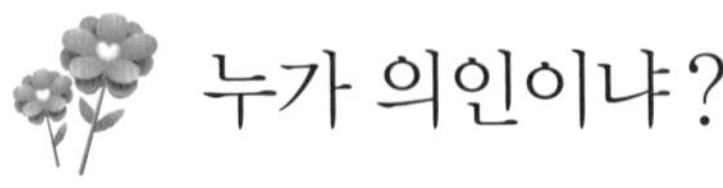

누가 의인이냐?

이탈리아의 오수나 총독이 한번은 바르셀로나의 죄수 선을 순시할 때 있었던 일화가 있다. 총독이 죄수들 한 사람 한 사람에게 "너는 어떻게 하여 이 죄수 선을 타게 되었느냐" 라고 묻자 죄수들은 하나 같이 '때는 이때다' 하고는 모두 눈물을 흘리며 자신들의 억울함과 무죄를 호소했다.

그런데 유독 한 사람만은 그저 묵묵히 아래만 바라보고 고개를 숙이고 있을 뿐 그 어떤 변명도 억울함도 자신의 무죄를 주장도 하지 않고 있다. 이를 보게 된 총독은 "너는 왜 이 배를 탔느냐?" 라고 물으니 이 죄수는 아래와 같이 대답을 했다.

"저는 실제로 죄를 범했기 때문에 이 죄수 선을 타고 벌을 받는 것이 당연합니다. 실은 작년 봄에 불의의 재난을 당해 저희 온 식구가 끼니도 때우지 못할 지경에 이르고 말았습니다. 저는 그럭저럭 참아낼 수 있다 해도 처자식이 굶주리고 있는 모습은 차마 볼 수가 없었습니다. 결국 참다 못해 생전 안하던 도둑질까지 하였답니다. 처음에는 숨어 지낼 수 있었으나 결국 하나님의 진노하심을 받아 도둑질 한 일이 탄로가 나서 붙잡히게 되었고 죄수의 신분으로 이 배에 오르게 되었습니다. 그러니 벌을 받아야 마땅하지요"

이 사람의 말을 다 듣고 난 총독은 지팡이로 그 죄수의 등을 후려치면서 "이 괘씸한 놈 같으니! 듣자 하니 이 배 안에는 모두가 죄 없는 사람뿐인데 유독 너만 죄인이로구나! 이 놈아! 하나님이 두렵지 않느냐? 너 같은 죄인은 이 무죄한 사람들과 같이 둔다면 하나님께서 더 진노하실 터이니 당장 이 배에서 내리거라”라고 호통을 치며 하선을 시켰다. 총독의 권한으로 자신의 죄를 진심으로 깨닫고 인정하고 있는 그 사람을 석방시켜 주었다는 것이다.

이 일화가 우리에게 주는 교훈은 “누가 의인이냐?”라는 질문이다. 모두가 다 똑같은 죄인이지만, 한 가지 다른 점은 자신의 죄를 모르는 사람과 아는 사람의 차이라는 것이다. 그래서 자신의 죄를 깨닫고 인정을 하는 사람을 의인으로 석방을 시켜 준 것이다

인간들은 모두가 자신의 잘못을 보지 못하고 죄가 없다고 하지만, 하나님의 말씀은 “의인은 없나니 하나도 없으며 깨닫는 자도 없고 다 치우쳐 함께 무익한 자가 되고 선을 행하는 자는 없나니 하나도 없도다”(로마서 3장 10절-12절) 라고 말씀하고 있다.

옛날 다윗은 남의 아내를 취하고 그의 남편을 죽게 한 죄를 범했다. 그는 십계명의 6계명, 7계명, 8계명, 9계명, 10계명을 다 범한 죄인이었지만, 하나님 앞에서 자신의 죄를 인정하고 통회할 때에 하나님은 용서하시고 성군으로 세워주셨다.

 # 시계, 거울, 창문

　지금은 국민의 거주 분포가 도시에 몰려서 살고 있고 상대적으로 농촌에는 텅텅 비어 있고 노인들만 남아 있는 상태이지만, 옛날에는 현재와의 반대의 현상으로 거의 칠팔십 프로의 국민들이 농촌에서 농사일을 하며 살았다.

　그래서 현재의 60대 이상의 사람들은 거의가 다 농촌에서 태어나서 자란 농촌 출신들이다. 나도 그중의 한 사람으로 고향이 시골 농촌이다.

　어릴 적 농촌 사람들의 생활을 보면 봄부터 가을까지는 땀을 흘리며 농사일을 하지만, 겨울이 되면 농한기로서 할 일이 별로 없으니 따뜻한 온돌방에 모여 앉아서 화투를 치면서 시간을 보내는데, 나중에는 서로 돈을 따먹기를 하게 되고 더 나아가서는 도박으로 변하여 재산을 날려버리는 경우를 본 기억도 난다.

　미국의 '라스베거스' 라는 도시에는 정부에서 인정하여 운영하는 합법적인 도박장이 있다. 너무 유명한 곳이기 때문에 관광객들의 관광코스로 국제적인 도박장이 되어 있어서 나도 그곳을 지나가면서 구경을 해 본 적이 있다.

　이러한 도박장에는 3가지가 없다는 말이 있다. 그것은 시계와 거울과 창문이라는 것이다. 그 이유는 도박자들이 도박을 중단하지 않고 계속 할 수 있도록 해 주기 위함이라고 한다.

　도박을 하다가 시계를 보니 밤 12시가 넘었다. 그러면 도박을 그만하고 집으로 가게 된다는 것이다. 그리고 도박을 하다가 자신들의 얼굴을 보게 되면 꼴이 말이 아니라는 것이다. 그래서 도박을 중단하게 된다. 그리고 도박을 하고 있는 방의 창문을 열어 놓게 되면 밖에서 남들이 들어다 보면 마음 놓고 도박을 할 수 없게 되기 때문에 그 창문을 막아 버린다는 것이다.

나쁜 일을 하기 위해서 이 3가지를 없애 버렸다면, 우리는 좋은 일을 하고 올바른 인생을 살기 위해서 이 3가지를 가지고 있어야 한다는 교훈이다.

첫째는 시계이다. 시계를 보게 되면 시간이 귀한 줄 알게 되고 세월을 아끼게 되어서 허송세월을 보내지 않고 보람되고 귀한 삶을 살게 된다.

둘째는 거울이다. 거울을 통해 내 자신의 얼굴을 보게 되어서 잘못된 것을 고치게 된다. 특히 우리 성도들에게는 성경이라는 좋은 거울을 통해 우리의 죄를 보고 회개하게 된다.

셋째는 창문이다. 창문이 없으면 우물 안에 있는 개구리처럼 밖의 세상을 보지 못하게 된다. 마음의 창문을 열고 이웃과 소통을 하며 상부상조하며 살아야 한다. 2022년 새해에는 우리 모두가 시간을 아끼며, 항상 자신을 돌아보며, 마음의 창문을 활짝 열고 이웃과 소통하며 상부상조하는 삶을 살기를 소망한다.

별을 쳐다보며 살자

어린 시절 시골의 마당에 멍석을 깔아놓고 저녁에 식구들이 둘러앉아서 하늘에 총총 빛나는 별을 쳐다보면서 할머니와 할아버지의 옛날이야기를 들은 기억이 난다.

아련한 추억이지만 오늘의 어린 세대는 그런 밤에 텔레비전을 보고 있고 그런 별을 볼 수 없으니 아쉬운 마음과 함께 세상과 시대의 변화를 실감하게 된다. "하늘을 쳐다보며 삽시다" 고독했던 여류 시인 노천명(盧天命)의 말이다.

땅위에 사는 인간이 저 높은 하늘에 있는 별을 쳐다보게 되면, 귀한 교훈을 얻고 배우게 된다. 이 시간 우리는 마음을 가다듬고 하늘의 별을 쳐다보며 귀한 교훈을 배우며 생각해 보는 시간을 가지기를 원한다.

1. 별은 높은 곳에서 빛난다.

별은 우리가 쳐다보는 존재다. 별처럼 높이 쳐다보는 탁월한 인물을 우리는 '스타' 라고 한다. 그런 스타를 바라보게 되면 우리의 마음도 닮아가게 되고 고상해지게 된다. 그런 의미에서 별을 쳐다보며 살아야 한다.

2. 별은 영원의 심벌(상징)이다.

세상은 변하고 인생은 무상하지만, 하늘의 저 별은 변치 않고 무한의 공간과 무한의 시간 속에서 불멸의 빛을 발하고 있다. 우리는 유한한 인생이지만 저 하늘의 별을 통하여 하늘의 영원을 보게 된다.

　3. 별은 이상과 희망의 심벌이다.

　별은 어두운 밤에 빛을 발한다. 별이 없는 밤은 캄캄하다. 우리의 마음속에 이상의 별이 사라질 때에 희망을 잃게 되고 방황하게 되고 삶의 의미를 잃게 된다.

　암흑의 밤에 찬란한 별빛은 우리에게 희망의 광명을 비추어 주는 것이다. 인간은 희망을 먹고 사는 동물이기 때문에 희망의 별이 필요하다.

　4. 별은 순수(純粹)의 심벌이다.

　별의 세계에는 오염이 없고 혼탁이 없다. 별은 한없이 맑고 깨끗하다. 별은 그 자체가 순수하고 청정하다. 별은 영원의 옷을 입고 정결한 얼굴에 희망의 표정을 지으며 우리에게 순수의 미소를 보여주고 있다.

　5. 별은 예수 그리스도를 상징한다.

　동방의 박사들이 별을 보고 아기 예수님을 찾아간 사실은 예수님은 별로서 이 어두운 세상에 빛을 비추어 주신 것을 의미한다. 우리 북성교회는 북쪽의 별(North Star)로서 부산의 북쪽에서 예수 그리스도의 복음의 빛을 발하고 있다.

　밤하늘의 별을 쳐다보면 우리의 일생이 영원 속의 한 순간임을 깨닫게 된다. 우리는 땅에 살면서도 항상 하늘의 별을 쳐다보며 별같이 살아야 할 것이다.

 ## 감사에서 찾은 행복

　다시 한 번 행복을 말해 본다. 그 행복은 무엇이며 어디 있는 것이냐? 라는 질문은 쉽게 대답하기 어려운 문제이다. 행복은 당장 손으로 만질 수 있고 가지고 다닐 수 있는 물건이 아니기 때문이다.

　그것은 정신적인 것이기 때문에 생각에 달려 있고 마음속에 있는 것이다. "행복은 현재의 환경과 현실을 감사하며 사는 것이다" 라는 사실을 실례로 들어본다.

　세 자녀의 신발도 제대로 사 줄 수 없을 만큼 경제적으로 어려움을 겪고 있는 한 남자가 있습니다. 그는 중고 세탁기를 판다는 어느 광고를 보고 그 집을 찾아갔습니다. 그 집은 크고 좋은 집이었는데, 집안에 있는 최고급 가구와 주방시설을 돌아보면서 그는 마음이 무척 울적했습니다.

　그 중고 세탁기를 사기 위해서 주인 부부와 얘기를 주고받게 되었습니다. 경제적인 여유가 없어서 이렇게 중고 세탁기를 구입하게 되었으며, 두 아들이 얼마나 개구쟁이인지 신발이 남아나지 않고 금방 닳아 걱정이라는 이야기를 하게 되었습니다.

　그러자 집주인의 부인이 고개를 숙이면서 방안으로 들어 가버렸습니다. 그 순간 그는 자신이 무슨 잘못을 하지 않았나 생각하면서 몹시 당황하고 있는데, 그 부인의 남편이 다음과 같이 말했습니다. "우리에게는 딸 하나가 있지요 그런데 이 딸은 세상에 태어나서 12년이나 지난 지금 것 단 한 발자국도 걸어 본 적이 없답니다. 그러다 보니 당신의 아들에 대한 이야기를 들다가 제 아내가 저렇게 슬픔에 못 이겨 울고 있네요”

그날 집으로 돌아온 그는 현관에 놓여있는 아이들의 낡은 운동화를 물끄러미 한참 동안 보았습니다. 그리고 나서 그는 그 자리에 주저앉아 무릎을 꿇고 자신이 불평했던 것에 대하여 회개하고 아이들의 건강에 대하여 감사기도를 드렸습니다.

“달팽이는 빨리 달리는 노루를 부러워하지 않고, 바다에서 느긋하게 유영하는 해파리는 하늘에서 빠르게 비상하는 종달새의 날개짓에 신경을 쓰지 않습니다” 행복은 먼 곳에 있지 않고, 미래에 있지도 않고, 돈으로 살 수 있는 것도 아니고, 훔쳐 올 수 있는 것도 아니며, 다만 내 마음속에 있습니다.

“걸을 수만 있다면, 설수만 있다면, 더 큰 복을 바라지 않습니다” 누군가는 지금 그렇게 기도합니다. 부자가 되지 못해도, 빼어난 외모가 아니어도, 내 삶에 날마다 감사하겠습니다. 날마다 기적이 일어나는 나의 하루를, 감사하며 살겠습니다. 세상에서 내가 얼마나 행복한 사람인지 이제야 알겠습니다.

# 야인(野人)정신

　야인(野人) 이라는 말은 글자 그대로 들 사람이라는 뜻이다. 자연인이라는 말도 된다. "나는 자연인이다" 라는 TV 프로그램을 보면 깊은 산속에서 움막 같은 집을 지어 놓고 혼자 살고 있는 사람들을 보게 된다.

　그들의 사정을 들어 보면, 자신의 건강을 위하여, 사업의 실패로 현실을 도피하기 위해, 마음이 괴로워서 산 속에서 혼자 조용히 살고 싶어서 등의 이유들이 있다. 제각기 가지고 있는 그들의 삶의 방식에 대하여 찬성하거나 비판할 수는 없다. 제각기 자신의 인생일 뿐이기 때문이다.

　인생은 어디서 사느냐? 보다 어떻게 사느냐가 중요한 것이다. 도시에서 살든 산골짜기에서 살든, 그 정신이 중요하고 그의 인생관이 문제이다. 산골짜기에서 산다고 해서 야인이 되는 것은 아니다. 도시에 살아도 야인정신으로 살 수 있는 것이다. 야인보다 야인정신이 중요하다는 의미에서 야인정신에 대해서 말하고자 한다.

　첫째, 야인정신은 도전 정신이다.

　성경에서 야인정신을 가진 그 대표적인 사람은 세례요한으로서 우리는 세례요한에게서 야인정신을 볼 수 있다. 세례요한은 주의 길을 예비하는 선구자로서 광야에서 전파하며 외쳤다고 했다.(마태복음 3장 1절-3절)

　그리고 그의 생활은 그야말로 전형적인 야인생활이었다 "이 요한은 낙타털옷을 입고 허리에 가죽 띠를 띠고 음식은 메뚜기와 석청이었더라" (마태복음 3장 4절)

　이러한 야인 세례요한은 도전정신을 과감하게 나타내 보인다. 당시 교권을 잡고 있는 바리새인들을 날카롭게 비판하며 독사의 자식들이라고 책망했다(마태복음 3장7 절) 그리고 동생의 아내를 취한 헤롯왕의 악행을 지적하며 공격으로 권력에 도전했다. "이는 요한이 헤롯에게 말하되 당신이 그 여자를 차지한 것이 옳지 않다 하였음이라" (마태복은 14장 4절)

둘째, 개척정신이다.
무슨 일이나 개척이라면 힘이 들고 어려운 일이라는 것은 나는 교회 개척을 통해 경험했다. 황무지에서 일을 시작하는 모험이요 용기이다. 이런 개척은 야인정신이 없이는 할 수 없는 일이다.

셋째, 독립정신이다.
남의 도움을 바라지 않고 내 힘으로 일어서고 내 힘으로 하겠다는 자립정신이다. 우리 한국의 젊은이 들은 야인정신이 부족하다는 평을 받고 있다. 그 대표적인 예로 국민의힘 당의 대표인 이준석을 보게 되면 야당 행세를 제대로 못하고 있는 것 같다. 야당은 정부와 여당을 견제하고 비판을 해야 하는데, 청년대표 이준석은 그런 야성이 부족한 것 같다. 한때 우리 한국 사회에서 기러기 아빠, '마마보이' 라는 말이 있었다. 엄마가 아이를 키울 때 과잉보호로 키웠기 때문에 그 아이들이 커서도 독립심이 약해진다는 것이다.

오늘은 종교개혁주일이다. 지금으로부터 507년 전 (1517년), 마르틴 루터가 종교개혁을 했다. 그 당시 상황은 로마교황의 절대권력 시대였다. 그런 교황에게 젊은 신학자 마르틴 루터가 도전했다는 것은 믿음의 용기요, 야인정신이었다. 오늘 우리 한국교회는 루터의 그런 정신을 배워야 할 것이다.

칭찬의 유익

사람은 누구나 칭찬 받기를 좋아 한다. 사람 뿐 아니라 짐승도 칭찬을 좋아한다는 의미로 "고래도 칭찬하면 춤을 춘다"라는 말이 있다. 누구나 칭찬을 받기는 좋아하지만, 칭찬을 하는 데는 인색하고 쉽지 않는 것 같다. 그것은 칭찬하는 것이 습관이 안 되어서 잘 할 줄 모르기 때문이 아닌 가 싶다.

차재에 칭찬의 유익에 대한 귀한 설명을 좋은 생각에서 받아 적어 본다.

1. 칭찬은 바보를 천재로 만든다. 말도 못하고 듣지도 보지도 못하던 헬렌 켈러에게 기적을 만들어 주었다.

2. 칭찬을 하면 꼭 칭찬을 들을 일을 한다. 칭찬하고 칭찬하라.

3. 한 마디의 칭찬이 건강을 심어 준다. 몸에서 엔돌핀이 생성되기 때문이다

4. 칭찬을 받으면 발걸음이 가벼워지고 입에서 노래가 나오는 법이다.

5. 칭찬은 상대방에게 기쁨을 준다. 돈은 순간의 기쁨을 주지만 칭찬은 평생의 기쁨을 주는 것이다.

6. 본인도 모르고 있는 부분을 칭찬하라. 그 기쁨은 10배 100배로 증폭된다.

7. 자기 자신을 칭찬할 줄 아는 사람이라야 남을 칭찬할 수가 있다.

8. 아무리 나쁜 사람이라도 칭찬거리를 찾다 보면 무수한 칭찬거리가 나타난다

9. 칭찬은 자신을 기쁘게 하고 상대방을 행복하게 하는 공동

승리를 안겨준다.

10. 누구를 만나든 칭찬으로 시작하여 칭찬으로 끝내라. 행복한 세상이 된다.

11. 운동선수는 응원소리에서 힘을 얻고 칭찬을 들으면 자신감을 얻는다.

12. 미운 사람일수록 칭찬을 해 주어라. 언젠가는 나를 위해 큰일을 해줄 것이다

13. 칭찬하는 데는 비용이 들지 않는다.

14. 칭찬은 어떤 훈장과도 비교할 수 없을 정도의 큰 훈장이다.

15. 칭찬은 보물찾기와 같다. 보물은 많이 찾을수록 좋은 것이다.

16. 칭찬은 사랑하는 마음의 결정체이고 비난은 원망하는 마음의 결정체이다

17. 칭찬은 적군을 아군으로 만들고 원수도 은인으로 만든다.

18. 칭찬은 고객만족 고객감동을 만족시키고 남는다.

19. 칭찬으로 변화시키지 못하는 것은 어떤 것으로도 변화시키지 못한다.

20. 칭찬을 듣게 되면 50점을 받던 학생이 100점을 받을 수 있게 된다.

21. 칭찬은 나약한 자에게 힘과 용기를 불어 넣어 주게 된다.

22. 칭찬을 통해 행복한 가정, 신나는 세상이 펼쳐진다.

23. 칭찬은 웃음을 피우게 하는 마술사이다.

24. 칭찬을 받게 되면 더 잘 하려는 노력을 하게 된다.

25. 칭찬을 주고받는 세상이 지상천국이다.

 사랑과 자랑

"사랑은 오래 참고 사랑은 온유하며 시기하지 아니하며 사랑은 자랑하지 아니하며 교만하지 아니하며 무례히 행하지 아니하며 자기의 유익을 구하지 아니하며 성내지 아니하며 악한 것을 생각하지 아니하며"(고린도전서 13장 4절-5절) 이 말씀은 사랑을 소개하며 설명한 말씀이다.

이 말씀에서 사랑을 설명하면서 자랑을 말한다. 얼른 보기에는 사랑과 자랑이 비슷한 것 같은데, 실제로는 거리가 멀고 반대라는 것이다. "사랑은 자랑하지 아니하며"라는 말은 강한 부정을 의미하고 있다.

사랑과 자랑의 관계를 설명한 내용을 받아 적어 본다. "자랑은 남에게 없는 것이 내게 있다고 으스대는 것이다. 그러나 사랑은 이웃에게 필요한 것이 내게 있다는 것을 기뻐하는 것이다. 자랑은 나를 바라보게 만들고 싶은 것이고, 사랑은 이웃을 세워주고 싶은 것이다.

자랑은 천둥소리만 크게 내는 구름 같고, 사랑은 소리 없이 비를 내려 주는 구름 같다. 자랑하면 사람이 떠나고 사랑하면 사람이 모인다. 험담과 비판은 자기 자랑의 또 다른 모습이다. 자랑하면 내가 크게 보이고 사랑하면 하나님이 크게 보인다.

사랑은 자신을 자랑하지 않으므로 오래 간다. 자기 자랑을 치료하는 방법은 주님을 자랑하는 것이다. 마음껏 자랑을 해도 되는 것은 예수님과 십자가이다." 주님을 사랑하는 사도 바울은 주님의 십자가를 자랑한다는 고백을 다음과 같이했다. "그러나 내게는 우리 주 예수 그리스도의 십자가 외에 결코 자랑할 것이 없으니 그리스도로 말미암아 세상이 나를 대하여 십자가에 못 박히고 내가 또한 세상을 대하여 그러하니라”(갈라디아서 6장 14절)

당시 사도바울에게는 육신적으로 자랑할 수 있는 조건들이 많이 있었다.

“나는 팔일 만에 할례를 받고 이스라엘 족속이요 베냐민 지파요 히브리인 중의 히브리인이요 율법으로는 바리새인이요 열심으로는 교회를 박해하고 율법으로는 흠이 없는 자라”(빌립보서 3장 5절–6절) 그러나 그리스도를 발견한 이후는 이 모든 자랑거리를 분토같이 버린다고 했다.

“세상 부귀 영화와 즐겨하던 모든 것 주를 믿는 내게는 분토만도 못하다. 나의 모든 보배는 저 천국에 쌓였네 나의 평생 자랑은 주의 십자가로다”

“나 같은 죄인 살리신 주 은혜 놀라워 잃었던 생명 찾았고 광명을 얻었네. 큰 죄악에서 건지신 주 은혜 고마워 나 처음 믿은 그 시간 귀하고 귀하다. 이제 것 내가 산 것도 주님의 은혜라 또 나를 장차 본향에 이도해 주시리. 거기서 우리 영원히 주님의 은혜로 해처럼 밝게 살면서 주 찬양 하리라”

 # 역지사지(易地思之)의 교훈

이솝 우화에서 토끼와 거북이가 달리기를 하는 경주가 있다. 이 경주는 누가 봐도 상대가 안 되는 게임이다. 거북이가 죽을 힘을 다해 아무리 달린다 해도 절대로 토끼를 이길 수가 없는 게임이다.

그러나 게임의 룰을 바꾸어서 물에 가서 헤엄치는 경주를 한다면 문제는 달라진다. 뭍에서는 맥을 못 추던 거북이가 물속에 가면 너무 잘 달린다. 반면에 뭍에서는 그렇게 잘 달리던 토끼가 물속에 들어가면 달리기는 고사하고 익사하고 말 것이다.

우리는 이 우화에서 귀한 교훈을 발견하게 된다. 사람은 누구나 장단점이 있고 강점과 약점이 있다. 그렇기 때문에 자신의 힘을 과시하고 남의 능력을 무시하지 못한다. 내 힘이 강하다고 과신만 하지 말고 나도 때로는 나약할 때가 있다는 사실을 알아야 한다. 동시에 남의 약점만 보고 무시하기 전에 그 사람도 때로는 강한 면이 있다는 사실을 기억해야 한다는 것이다.

역지사지(易地思之)라는 말은 입장을 바꾸어서 남의 처지를 생각하라는 뜻이다. 그 사람의 입장에서 보면 그 사람은 나보다 더 훌륭하고 강한 면이 있다는 것이다. 그렇게 생각을 하게 되면 교만할 수 없고 겸손해지는 것이다. 토끼가 자신의 입장만 생각을 하고 거북이의 입장을 생각하지 못했기 때문에 교만하게 되고 거북이를 무시하는 어리석음을 범한 것이다.

이러한 교훈은 사회생활을 하고 있는 인간관계에서 귀한 지혜를 가르쳐 주고 있다. 나 혼자 잘 사는 인간이 아니고 이웃을 돌아보고 남의 사정을 알아주고 남의 입장을 이해하여 배려하는 지혜가 귀한 것이다.

"아무 일에나 다툼이나 허영으로 하지 말고 오직 겸손한 마음으로 각각 자기보다 남을 낮게 여기고 각각 자기 일을 돌볼 뿐더러 또한 각각 다른 사람들의 일을 돌보아 나의 기쁨을 충만케 하라"(빌립보서 2장 3절-4절)

옥중에서 이러한 편지를 써서 빌립보 교회 성도들에게 보내어 권고한 사도 바울은 그대로 실천을 했다. 유대인들에게는 유대인의 입장에서 처신을 하고 헬라인들에게는 헬라인의 입장에서 처신을 하고 어리석고 무식한 사람들에게는 무식하고 무능한 사람처럼 보이게 처신을 했다.

토끼와 거북이를 비교하여 누가 강하고 누가 약하다는 판단을 못한다. 그 이유는 둘은 제각기 각각 다른 능력과 장점을 가지고 있기 때문이다. 이웃의 처지를 알고 남의 입장을 이해하고 남을 배려한다는 것은 내가 복을 받을 일이요 행복하게 사는 비결이 되는 것이다. 이웃의 처지를 생각하고 남의 사정을 이해해 주는 역지사지의 지혜가 필요하다.

# 인정받는 사람의 유형

　코로나로 인하여 지구촌이 온통 몸살을 앓고 신음하고 있다. 우선 사람들이 자유롭게 만나지 못하여 대화를 못하게 되니 답답해서 마음고생이 심해진다.

　인간은 사회적인 존재이기 때문에 사람은 서로 자주 만나서 대화를 해야 하고 서로 대화를 할 때에 위로를 받게 되고 살맛이 나게 되는 것이다. 그렇기 때문에 평소에 인간관계가 대단히 중요하다.

　이렇게 중요한 인간관계를 잘 유지하려고 하면 먼저 서로 인정을 하고 인정을 받는 관계가 되어야 한다. 그런데 남에게 인정을 받는다는 것은 그렇게 쉬운 일이 아니다. 그래서 남에게 인정을 받는 비결을 적어 본다.

　1. 사람들은 잘난 사람보다 따뜻한 사람을 좋아한다.

　스스로 잘 났다는 사람은 교만해지기 쉽지만, 마음이 따뜻한 사람은 누구에게나 호감을 주고 사랑하기 때문에 위로를 받게 된다.

　2. 멋진 사람보다 다정한 사람을 좋아 한다.

　멋내는 사람은 자기를 자랑하지만 다정한 사람은 이웃에게 인정을 베풀기 때문에 인심을 얻게 된다. 정이 있는 사람은 이웃과 가까워서 이웃의 사정을 잘 알게 되어 불쌍히 여기고 돌봐 주게 된다.

　3. 똑똑한 사람보다 친절한 사람을 좋아 한다.

똑똑한 사람은 독불장군처럼 외톨이가 되기 쉽지만 친절한 사람은 누구나 친구가 될 수 있고 쉽게 만날 수 있고 교제 할 수 있다.

4. 훌륭한 사람보다 평안한 사람을 좋아 한다.

훌륭하게 보이는 사람은 접근하기가 쉽지 않지마는 평안한 사람은 자유롭게 만나서 사정을 얘기할 수 있다.

5. 대단한 사람보다 마음을 읽어주는 사람을 좋아한다.

지위가 높고 이름이 높은 사람은 어렵게 살고있는 이웃을 돌보는 마음을 가지기가 쉽지 않지만, 지위가 낮은 사람은 같은 처지이기 때문에 불쌍한 이웃의 사정을 잘 알고 이해하게 된다.

6. 말을 잘하는 사람보다 말을 잘 들어주는 사람을 더 좋아 한다.

말을 잘 하는 사람은 자기 자랑하기 쉽지만, 남의 말을 잘 들어주는 사람은 이웃의 상처를 싸매어 주고 위로해 주게 된다.

7. 겉모습이 화려한 사람보다 마음이 고운 사람을 더 좋아 한다.

8. 모든 것을 갖추어서 부담을 주는 사람보다 조금 부족해도 내편이 되어 주는 진실한 사람을 좋아한다. 모든 것을 다 가진 사람은 이웃 사정을 잘 모르지만, 좀 부족한 사람은 불쌍한 이웃의 사정을 잘 알기 때문에 그들의 편이 된다.

# 세계 최고의 아이큐(IQ) 대한민국

스위스 취리히대학이 국민소득과 성장에 대한 민족 아이큐의 연관 관계를 조사한 2021년도 보고서로 발표했다. 이 발표에 따르면 세계 최고의 아이큐는 대한민국이라는 것이다.

1960년대까지는 세계에서 가장 우수한 두뇌를 가진 민족으로 유대인을 꼽았다. 그런데 지금은 한국이 1위라는 것이다. 그렇다면 세계 평균의 아이큐가 대한민국이 최고인 근거와 이유는 무엇인가? 라는 질문에서 이 보고서는 4가지로 설명했다.

첫째, 한글의 우수성이라고 했다.

한글의 우수성은, 일본이나 미국 중국에 비해 우리 한국은 일단 컴퓨터 앞에 앉으면 문자 생성의 속도는 7배에 달한다. 즉 일본과 중국인이 과학 기술 논문을 100페이지를 작성할 때 한글로 만들면 700페이지를 작성한다는 것이다. 과학 기술이 산술급수적으로 되지는 않지만 그 생산성이 누적되면 말로 다 할 수 없다.

현대의 경쟁력은 10% 더 높으면 상대 글이 이긴다고 한다. 10% 경쟁력에서 우리는 이미 한글의 우수성에서 엄청나게 점수를 따고 들어간다는 것이다.

둘째, 높은 교육열과 인구밀도 관계이다.

높은 교육열로 인해 한국에는 정신박약인이 아닌 이상 누구나 의사 표현을 한글로서 쓸 수 있고 전달 할 수 있다. 이로 인하여 단위 시간당 주어진 정보전달 능력과 속도는 가장 탄탄하게 되어 있다.

또한 높은 인구밀도로 인하여 거미줄처럼 싸여진 정보화 고
속으로 인해 인터넷 최강국이 되어서 가장 빠른 인터넷으로 가
장 빠른 두뇌 회전과 정보 습득력을 갖추게 된 것이다.

셋째, 대한민국의 지형적 위치이다.

지형적 위치로 가장 두뇌가 발달되는 지역은 4계절이 뚜렷
한 곳임이 알려져 있다. 더울 때 덥고 추울 때 추운 곳이 가장
좋은 곳이다. 그렇다고 너무 덥거나 너무 추워도 좋지 않다는
것이다. 이는 한방적으로 입증된 것이라고 한다.

넷째, 한국의 전통 문화이다.

대표적으로 숟가락과 젓가락 문화를 들 수 있다. 일본과 중
국도 젓가락을 사용하고 있지만 젓가락과 숟가락을 동시에 사
용하는 민족은 우리 한국뿐이다 그래서 우리 한국민족은 어릴
때부터 손가락 신경의 발달이 강화 되는 것이다. 이로 인해서
우리 한국인은 어릴 때부터 두뇌 세포의 발달이 급속히 형성
된다는 것이다. 이러한 한국 땅에 태어나게 하신 하나님께 감
사해야 할 것이다.

 # 삶의 지혜를 가르쳐 주는 글

　지난 주일에는 탈무드에 있는 지혜로운 명언을 적어 보았다. 오늘은 좋은 생각에서 삶의 지혜가 묻어나는 글을 받아 적어 본다.

　사람들은 '그때' 라고 지나버린 후회스런 말을 자주한다. 그때 참았더라면, 그때 잘 했더라면, 그때 알았더라면, 그때 조심했더라면, 훗날에 지금이 바로 그때가 될 텐데 지금은 아무렇게나 보내면서, 어리석게도 오늘도 자꾸 그때 만을 찾고 있다.

　게으른 사람에게는 돈이 따르지 않고, 변명하는 사람에게는 발전이 따르지 않는다. 거짓말 하는 사람에게는 희망이 따르지 않고 간사한 사람에게는 친구가 따르지 않는다. 자기만 생각하는 사람에겐 사랑이 따르지 않고, 비교하는 사람에겐 만족이 따르지 않는 법이다.

　빈 깡통은 흔들어도 소리가 나지 않고, 속이 가득차도 소리가 나지 않는다. 소리가 나는 깡통은 속에 무엇이 조금 들어 있을 때다. 사람도 아무것도 모르는 사람이나, 많이 아는 사람은 아무 말을 하지 않지만, 무엇을 조금 아는 사람이 항상 시끄럽게 말을 많이 한다.

　세상을 아름답게 살려면 꽃처럼 살면 되고, 세상을 편안하게 살려면 바람처럼 살아라. 꽃이란 자신을 자랑하지도 않고 남을 미워하지도 않으며, 바람은 어떤 그물에도 걸리지 않고 험한 산도 아무 생각 없이 쉽게 오른다.

　고집이라는 놈은 제 멋대로 하려고 하는 버릇없는 놈이고 힘이 무척 센 놈이다. 그 놈을 내가 데리고 사는 것이 아니고 저 놈이 날 붙들고 놓아주지 않는다.

무지개는 잡을 수 없기에 더 신비롭고, 꽃은 피었다 시들기에 더 아름다운 것이다. 젊음은 붙들 수 없기에 더 소중하고, 우정은 깨지기 쉬운 것이기에 더 귀한 것이다.

내 손에 손톱 자라는 것은 보면서, 내 마음에 욕심이 자라는 것은 보지 못하고, 내 머리에 머리카락이 엉킨 것은 보면서, 내 머리 속에 생각이 비뚤어진 것은 보지 못한다.

모든 것을 베풀고 만 사는 나무 같은 친구 하나 있었으면 좋겠다. 아니, 내가 먼저 누군가의 나무가 되었으면 좋겠다.

둘에서 하나를 빼면 하나가 된다는 건 누구나 다 알아도 사랑에서 희생을 빼면 이기(利己)가 된다는 걸 몇 사람이 알까? 똑똑한 사람은 더하기만 잘 하는 사람이 아니라 빼기도 잘 하는 사람이고, 복이 있고 훌륭한 사람은 벌기만 잘 하는 사람이 아니고 나누어 주기도 잘 하는 사람이다(사도행전 20장 35절).

# 탈무드의 지혜 명언

　탈무드(Talmud)는 유대인의 율법학자(랍비)들의 지혜로운 교훈을 모아서 집대성한 책이다. 오늘날 유대민족이 정치 경제 교육 과학을 비롯한 모든 부문에서 세계를 장악하고 있는 것은 그들의 율법과 (토라Torah) 랍비들의 가르침과 탈무드에 기록된 지혜를 어릴 적부터 듣고 배웠기 때문이라고 한다. 이러한 탈무드에 기록된 지혜로운 명언을 받아 적어 본다.

1. 사람에게 하나의 입과 두 개의 귀가 있는 것은 말하기보다 듣기를 두 배로 하라는 뜻이다.
2. 결점이 없는 친구를 사귀려고 한다면 평생 친구를 가질 수 없을 것이다.
3. 자기 아이에게 육체노동을 가르치지 않는 것은 약탈과 강도를 가르치는 것과 마찬가지이다.
4. 승자는 눈을 밟아 길을 만들지만 패자는 눈이 녹기를 기다린다.
5. 두 개의 화살을 갖지 말라 두 번째 화살이 있기 때문에 첫 번째 화살에 집중하지 않게 된다.
6. 그 사람 입장에 서기 전까지는 절대 그 사람을 욕하거나 책망하지 말라.
7. 뛰어난 말에도 채찍이 필요하다. 현인에게도 충고는 필요하다.
8. 눈에 보이지 않는 것 보다 마음에 보이지 않는 쪽이 더 두

렵다.

9. 가능한 한 옷을 잘 입어라 외모는 생각보다 훨씬 더 중요하다.

10. 자신보다 현명한 사람 앞에서는 침묵하라.

11. 배운 것을 복습하는 것은 외우기 위함이 아니다. 몇 번이고 복습을 하면 새로운 것이 발견되기 때문이다.

12. 먼저 해야 할 일부터 손을 대고 뒤로 미룰 수 있는 것은 마지막에 가서 하라.

13. 한 닢의 동전이 들어 있는 항아리는 요란한 소리를 내지만 동전이 가득한 항아리는 조용하다.

14. 악마가 바빠서 사람을 찾아다닐 수 없을 때 술을 대신 보낸다.

15. 인간은 남의 하찮은 피부병은 금방 알아차려도 자신의 죽을 병은 깨닫지 못한다.

16. 만나는 모든 사람에게 무언가를 배울 수 있는 사람이 세상에서 가장 현명한 사람이다.

17. 물고기가 입으로 낚시 바늘을 물어 잡히듯 인간 또한 언제나 그 입이 문제다.

18. 지혜로운 사람은 본 것을 이야기하고 어리석은 사람은 들은 것을 말한다.

19. 강한 사람이란 자기 자신을 억누룰 수 있는 사람과 적을 벗으로 바꿀 수 있는 사람이다.

20. 좋은 항아리를 가지고 있다면 오늘 사용하라 내일이면 깨어져버릴 지 모른다.

# 걸림 돌과 디딤 돌

"길을 가다가 돌이 나타나면 약자는 그것을 걸림돌이라 하고 강자는 그것을 디딤돌이라고 말 한다" (토마스 카알라일의 말) 세상을 살아가다가 보면 우리는 하루에도 몇 번씩 수많은 돌을 만난다. 그때마다 그 돌을 대하는 마음 가짐에 따라 결과는 달라진다.

어떤 사람은 그 돌을 걸림돌이라고 하고, 어떤 사람은 그 돌을 디딤돌이라고 말한다. 그것은 그 돌을 보는 사람의 마음가짐에 달려있다. 내 앞길에 놓여 있는 이 돌이 나의 앞길을 방해하는 걸림돌이냐? 아니면 나의 앞길을 열어주는 디딤돌이냐? 라는 것은 그 돌의 문제가 아니고 전적으로 내 마음 자세 문제이다. 그렇기 때문에 그 돌을 걸림돌로 보지 말고 디딤돌로 생각하는 마음이 중요한 것이다.

세상을 살아가는 우리는 어려운 일들을 많이 만나게 된다. 그만큼 우리의 인생살이에는 걸림돌이 많다는 말이다. 예컨대, 질병, 사업의 실패, 근심, 걱정 되는 일, 스트레스를 받는 일, 공동체에서 소외당할 때, 나를 못 마땅히 여겨 태클을 거는 사람 등이 모두가 살아가는 내 앞길에 걸림돌이 되는 것이다.

이러한 걸림돌을 디딤돌로 만드는 지혜가 필요하다. 최홍준 목사(호산나 교회 원로) "장로가 목회에 걸림돌이냐? 디딤돌이냐?" 라는 책을 썼는데, 그 책에서 자신은 목회할 때에 장로들을 목회와 교회성장에 디딤돌로 삼아서 목회를 잘할 수 있었다고 한다.

나의 고향교회에서 K 목사가 목회를 하는 중에 집사 한 사람이 목회를 방해하고 괴롭히니 사임하고 다른 교회로 가고, 그 후임 목사가 부임했는데, 전임 목회자에게 그렇게 방해하던 그 집사가 후임 목사에게는 너무 잘하더라는 것이다, 그 문제의 집사는 시각장애인인데, 후임 목사는 그 장애인 집사를 불쌍히 여기고 아껴주니 사람이 그렇게 변하더라는 말을 들은 적이 있다. 걸림돌을 디딤돌로 만든 좋은 예라고 할 수 있다.

죤 번연은 감옥이라는 걸림돌을 디딤돌로 삼아서 '천로역정'이라는 책을 썼다. 밀턴은 시각장애라는 걸림돌을 디딤돌로 만들어서 '실낙원'이라는 글을 썼다. 베토벤은 귀가 잘 안 들리는 청각장애인이라는 걸림돌을 디딤돌로 만들어서 유명한 교향곡을 만들 수 있었다. 이들은 모두가 고난이라는 걸림돌을 디딤돌로 삼아서 위대한 업적을 남긴 것이다.

우리 인생살이에서 걸림돌은 누구에게나 있다. 그 돌을 제거하려고 하는 것 보다 그 문제의 걸림돌을 어떻게 디딤돌로 만드느냐? 가 중요한 것이다. 옛날 요셉은 감옥이라는 걸림돌을 디딤돌로 만들어 국무총리가 되었다.

 # 봉사의 가치

우리 인간의 삶에서 남을 섬기며 도와주는 봉사는 귀한 것이다. 거기다가 사랑으로 봉사 한다는 것은 더 귀한 것이다. 그보다 더 귀한 것은 하나님의 사랑으로 남을 도와주며 봉사 하는 것이다.

이렇게 귀한 하나님의 사랑으로 봉사하여 삶의 보람과 누리는 행복을 몸소 체험한 서울 소망교회 어느 권사님의 간증을 들어 본다.

"남편은 세상을 떠났고, 아이들은 다 유학을 보냈습니다. 혼자 집에서 놀고 있으니 의미 없는 삶을 살 수는 없다는 생각이 들어서 호스피스 병원에 가서 간병인으로 봉사하기로 했습니다.

호스피스는 3개월 이내에 죽음을 맞이하는 환자들이 모여 있는 병동인데, 이런 분들을 위해 호스피스사역 공부를 하고 시험에 합격하여 간병인으로 섬겼습니다.

호스피스 병동에서 제일 처음 만난 환자분은 80대 할아버지입니다.이 분은 죽을 날만 기다리고 있는 상태라서 음식을 입에 넣어 드리고, 목욕도 시켜드리고, 화장실에도 모시고 가고, 온갖 궂은일을 성심성의껏 봉사 했습니다.

어느 날 이 할아버지에게 복음을 전해 구원을 받게 해야겠다는 마음을 먹고 순간순간 찬송을 불러 드리고, 성경도 읽어 드리며 기도 해드렸습니다

그랬더니 할아버지께서 너무 기뻐서 "간병인 아주머니, 나

하고 결혼 합시다”라고 하며 저에게 청혼을 했습니다. 며칠 후면 죽을 영감님이 결혼을 하자는 것입니다.

　죽을 영감님의 소원을 들어주자는 생각으로 승낙을 하고 바로 변호사를 통해서 혼인 신고를 하여 법적으로 부부가 되었습니다. 얼마 후에 이 할아버지는 임종을 하면서 저의 손을 꼭 잡고 신앙고백을 했습니다. “하나님께서 나를 사랑하사 당신 같은 천사를 내게 보내주셔서 구원해 주시니 참으로 감사 합니다. 권사님 감사합니다. 나는 세상에서 당신처럼 마음씨 예쁜 여자를 본 적이 없습니다”라고 하면서 내 손을 꼭 잡고 행복하게 세상을 떠났습니다”

　이 할아버지가 떠난 후에 할아버지의 통장에 있는 9억이라는 현금이 권사님 앞으로 이체 되었다는 것이다. 할아버지는 생전에 이 돈을 누군가에게 주고 싶었는데, 따뜻한 사랑으로 간병해 준 권사님에게 주고 싶어서 결혼 하자고 했던 것이다. 이렇게 하나님의 사랑으로 봉사를 체험한 권사님은 아래와 같이 간증을 했다. “나는 연애도 해 보고, 결혼도 해 보고, 자식도 낳아 봤지만, 이 할아버지와 보낸 3개월이라는 시간이 없었더라면 나는 세상을 잘못 살 뻔했습니다. 너무나 행복했습니다. 참으로 아름다웠습니다.”

 삶의 가치

　동양의 5복 중의 하나가 오래 사는 것이라고 한다. 소위 말하는 장수의 복이다. 몸이 아프지 않고 건강으로 장수하는 것이 복이라고 할 수 있다. 그래서 사람들은 보약을 먹고 몸보신을 하고 운동도 계속 한다.

　그러나 그 보다 더 중요한 것은 가치 있게 사는 것이고 보람되게 사는 것이다. "가늘게 오래 사는 것 보다 짧게 살아도 굵게 살라" 라는 말이 있다. 그렇게 살기 위해서는 먼저 "어떻게 살아야(how Life) 하느냐" 라는 질문에 대한 분명하고 확실한 답변이 필요하다.

　하나님의 영광과 주님이 세우신 교회를 위해 목숨을 바친 순교자들이나 국가를 위해 희생하며 목숨을 바친 순국열사들은 위의 질문에 대한 대답으로 확실하게 태도를 보여 준 분들이다.

　그런 분들과는 비교가 안 되지만, 숨은 봉사로 어두운 우리 사회를 빛나게 하고 삶의 가치를 보여준 한 젊은이의 짧은 생애를 소개 한다.

　그는 33세의 젊은 나이로 세상을 떠난 의사였다. 유행성출혈열로 갑자기 세상을 떠난 것이다. 그 젊은 의사는 서울 영락교회 교인이었는데, 그의 장례식에는 영락교회 한경직 목사님의 장례식 이후로 가장 많은 조문객들이 찾아온 장례식이었다고 한다.

　사람들이 놀라기 시작했습니다. '젊은 의사가 죽었는데 왜 이렇게 많은 사람들이 찾아 왔을까?' 찾아온 사람들끼리도 서로를 모릅니다.

그런데, 어떤 할아버지가 청년의사 영정 사진 앞에서 이렇게 말 합니다. "나는 이 청년의사가 근무하던 병원 앞에서 구두를 닦던 사람이었습니다. 이 청년은 구두를 닦을 일이 없으면서도 괜히 와서 구두를 닦고 필요 없이 돈을 더 많이 주고 내 손을 만지면서 '할아버지 춥지 않습니까? 식사는 하셨어요? 할아버지, 외로우시면 하나님을 믿으세요 하나님이 할아버지를 사랑하시거든요 그러면서 예수님을 소개해 주고 나를 붙들고 기도해 주었습니다"

영정사진 앞에서 오열하던 한 아주머니는 이렇게 말했습니다. "나는 이 의사가 근무하는 병원의 세탁부입니다. 내가 세탁카트를 끌고 갈 때 아무도 나에게 관심을 가진 사람이 없었지만 이 청년 의사는 나를 지나치는 법이 없었습니다. 걸음을 멈추고 '아주머니, 천천히 하셔도 돼요, 요즘 얼굴이 안 좋으시네요 어디 아프지 않습니까? 그러면서 약도 갖다 주고 나를 위해 기도해 주고 하나님의 사랑을 전해 주었습니다" 라고 했다. 그는 자신이 예수님의 흔적이라는 뜻으로 "예수님의 스타그마 안수현" 라는 글을 즐겨 썼다고 한다. 그가 떠난 후에 그의 삶의 소식이 지금도 소리 없이 수많은 사람들을 변화시키고 있다.

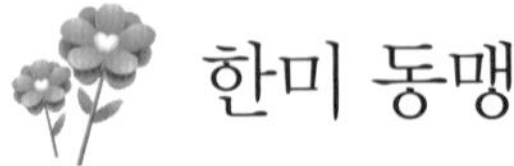 한미 동맹

　1950년 6월25일 북한 공산군의 불법 남침으로 시작 된 6.25 전쟁은 그로부터 3년간 계속 되다가 1953년에 휴전이 되었다.

　피를 흘리는 전쟁이 계속 되어 수많은 생명이 죽어갈 때 전쟁을 중지 하자는 휴전설이 나왔다. 이 휴전은 미국의 찬성으로 유엔군과 북한군이 휴전을 위한 회담을 하려고 할 때 당시 이승만 대통령은 적극 반대의사를 표명했다.

　당시 이승만 대통령이 휴전을 반대한 이유는 북한의 불법 남침으로 희생을 당했는데, 이대로 끝내 버린다면 너무나 억울하고 의미가 없다는 것이다. 이미 전쟁이 났으니 계속해서 남북 통일이라는 끝장을 보자는 것이다.

　그런데, 미국이 휴전을 계속 주장하고 있으니 이승만은 허락할 수밖에 없었다. 이때 이승만 대통령은 휴전을 허락 하면서 한 가지 조건을 미국에 제시했는데, 그것은 한미동맹이라는 것이다.

　여기서 이승만 대통령의 위대한 통찰력과 국제적인 정치 감각과 지혜로운 결단을 보게 된다. 이승만이 제안한 이 한미동맹이야 말로 공산국가는 물론 미국의 지도자들을 놀라게 한 것이라고 역사가들은 높이 평가하고 있다.

　당시 이승만 대통령이 미국에 집요하게 요구하여 역사적인 한미동맹을 성사 시킨 후에 다음과 같이 말했다. “이로써 우리 후손들이 전쟁의 위협에 시달리지 않고 안심하고 살 수 있게 되었다”

이승만 대통령의 예언대로 한미동맹을 맺은 이후로는 북한 공산군이 다시는 6.25 같은 전쟁은 엄두를 내지 못했다. 물론 그 동안 휴전 이후에도 도발은 계속 했지만 6.25 같은 전쟁은 다시 일으키지 못했다는 사실이다.

그래서 우리 한국은 전쟁의 위협이 사라지고 박정희 대통령의 영도아래 경제성장을 일으켜 세계 10위권 이라는 선진국 대열에 서게 된 것이다, 만약 전쟁 전에 한미동맹을 했더라면 6.25라는 전쟁은 없었을 것이다.

한미동맹은 북한의 남침과 군사적인 위협에 대응하기 위한 것으로서 대한민국의 생존을 담보하는 생명줄이며 경제성장을 가능케 한 안전장치며 원동력이 된 것이다.

그런데, 이 나라의 종북 좌파 세력들은 미군철수와 한미동맹의 폐기를 주장하고 있다. 그들은 6.25 전쟁으로 공산군이 승리했다면 남북이 통일이 되었을 터인데, 미국 때문에 통일을 못하게 되었다고 주장하고 있다. 그들은 미국을 그렇게 싫어하고 미워하면서도 자기 자식들은 미국으로 유학을 보내고 있다. 모순되고 표리부동한 인간들이 아닌가?

한미동맹은 "하나님이 보우하사 우리나라 만세" 라는 애국가를 부르게 한다.

 # 6.25 전쟁 당시 일어난 3가지 기적

6.25 전쟁은 1950년 6월25일 주일 새벽 4시에 38선 전선에서 인민군 12만이 공격함으로 시작 되었다. 그 당시 우리 한국군은 전쟁을 치를 준비가 전혀 되어 있지 못한 상태에 있었다.

거기다가 한국에 주둔해 있던 미군은 그 전해인 1949년 6월에 모두 철수한 후 였다. 인민군은 소련이 제공한 탱크 244대를 앞세우고 침공한 지라, 탱크 한 대도 없는 우리 국군은 그냥 당할 수밖에 없었다.

북한의 김일성은 이러한 한국군의 약점을 알고 남침의 계획을 세웠는데, 남침을 하게 되면 불과 일주일 만에 부산까지 쳐 내려가서 한반도를 공산국가로 통일을 한다고 장담을 했다.

김일성이 이러한 야심으로 남침을 감행 했는데, 실전은 그의 계획대로 되지 아니 했다는 것이다. 여기서 중요한 역사는 나약한 "우리 한국군이 공산군을 어떻게 막아냈으며, 그렇게 장담하던 김일성을 왜, 실패하고 돌아가게 했느냐?" 라는 문제이다. 거기에는 아래와 같은 3가지 요인이 있었다.

첫째는, 당시 인민군이 3일 만에 수도서울을 점령했는데, 서울에서 3일간 머물러 있었다는 것이다. 머물지 않고 계속 남하 했다면 부산까지 내려 왔을 것이다. 그런데 서울에서 왜, 머물러 있었느냐? 라는 의문이다. 그 원인에 대하여는 몇 가지가 있지만, 이것은 전적으로 하나님이 역사하신 기적이라고 우리는 확신한다.

둘째는, 유엔군의 신속한 파병이다. 공산군의 남침을 당한 이승만 대통령은 긴급히 유엔에 도움을 요청했다. 유엔은 이승만 대통령의 요청을 받고 유엔군을 한국에 파병하기 위하여 안전보장이사회를 소집했다.

그 안전보장이사회에서 만약에 한명이라도 반대하면 파병은 못한다는 것이다. 그런데, 당시 반대의사를 가지고 있는 회원국의 하나인 소련 대표 말리크가 그 시간에 그 회에 참석을 못했기 때문에 쉽게 파병을 결정 할 수가 있었다는 것이다. 그러면 당시 "소련 대사가 왜, 그 시간에 그 회에 참석을 못했느냐?" 몇 가지 이유가 있었다고 하지만, 이 사실도 전적으로 하나님이 간섭하신 역사라고 우리는 확신하는 것이다.

세 번째의 기적은 인천상륙 작전의 역사이다. 당시 유엔군 총사령관이었던 미국의 맥아더 장군은 전쟁경험이 풍부한 전략가로서 인천상륙작전을 계획했다. 당시 상황에서 이 작전의 성공률은 "5천분의 1" 이라는 전문가들의 분석이었다. 그래서 미국대통령도 반대했는데, 맥아더 장군은 드디어 1950년9월 15일 상륙작전을 감행하여 성공을 한 것이다, 역시 하나님이 역사하신 기적이다.

 # 감사를 모르고 살고 있는 인간

물고기가 물속에 살고 있으면서 물의 고마움과 그 가치를 모르고 살고 있는 것처럼 우리 인간도 이 세상에서 온갖 혜택을 다 누리며 살고 있으면서 감사할 줄 모르고 살고 있다.

우리는 이 세상에 살면서 감사할 조건들을 많이 알고 그것들에 대하여 감사하며 고마워하고 있지만, 아직도 모르고 있는 감사의 조건들을 너무나 많이 가지고 있다는 사실이다.

예컨대, 안구(눈) 하나 구입하려면 1억 원이라고 한다. 그러면 눈 2개를 갈아 끼우려면 2억 원이 들고, 신장을 바꾸는 데는 3천만 원이 들고, 심장을 바꾸는 데는 5억 원이 들고, 간을 이식하는 데는 7천만 원이 든다고 한다. 그 외에도 팔 다리와 몸의 모든 장기를 모두 값으로 계산 한다면, 지금 두 눈을 뜨고 두 다리로 건강하게 걸어 다니는 사람은 몸에 51억 원이 넘는 재산을 지니고 다니는 것과 같다는 것이다.

도로 한 가운데를 질주하는 자동차 보다 비싼 두발 자가용을 가지고 세상을 활보하고 있다는 기쁨을 우리는 잊지 말아야 할 것이다. 그리고 갑작스러운 사고로 앰뷸런스에 실려 갈 때 산소 호흡기를 쓰면 한 시간에 36만원을 내야 한다니 눈 코 입 다 가지고 두 다리로 걸어 다니면서 공기를 공짜로 마시고 있다면 하루에 860만원을 벌고 있는 셈이다.

우리는 51억 원짜리 몸에 하루에 860만 원식 공짜로 받을 수 있으니 얼마나 감사한 일인가? 그런데 우리는 왜 불행하다고 생각하는 것인가? 그것은 욕심 때문이다. 욕심 때문에 마음에 만족이 없어 감사하지 못하는 사람에게는 참 기쁨이 없고 기쁨이 없으면 결코 행복할 수도 없다. 감사하는 사람만이 행복을 누릴 수 있고 감사하는 사람은 행복이라는 정상에 이미 올라가 있다.

세잎클로버는 행복을 의미하고, 네잎클로버는 행운을 말 한다고 한다. 행복하면 되었지 행운까지 바란다면 그 또한 욕심이 된다. 우리는 오늘부터, 지금부터 숨을 쉴 때 마다 이 모든 것을 공짜로 주신 하나님께 감사기도를 드리며 살아야 할 것이다.

옛날 출애굽 한 이스라엘 백성들이 광야에서 40년간 고생을 하며 불행하게 살게 된 원인은 하나님의 은혜를 잊어버리고 감사 없이 불평불만으로 원망했기 때문이다. "너희는 그 땅을 정탐한 날 수인 사십일의 하루를 일 년으로 쳐서 그 사십년간 너희의 죄악을 담당할지니 너희는 그제 서야 내가 싫어하면 어떻게 되는지를 알리라 하셨다 하라" (민수기 14장 34절)

인간이 짐승과 다른 점 중의 하나는 하나님의 은혜를 알고 감사하는 것이다.

 # 알지 못한 아버지의 마음

　부모님의 마음(사랑)은 "하늘보다 높고 바다보다 깊다" 라는 노래가 있다. 자식들은 그 부모의 그 높고 깊은 마음을 다 알 수가 없기 때문에 이런 노래가 나온다. 이 같은 부모의 마음에 대한 박찬석 교수(전 경북대학 총장)의 진솔한 고백을 들어 본다.

　"저는 경남 산천에서 태어났습니다. 지금도 비교적 가난한 곳입니다. 그러나 아버지는 가정 형편도 안되고 머리도 안되는 나를 대구로 유학을 보냈습니다. 대구 중학교를 다녔는데 공부가 싫었습니다. 1학년 8반, 성적은 68/68등이라는 꼴찌를 했습니다. 부끄러운 성적표를 가지고 고향에 가는 어린 마음에도 그 성적을 아버지께 내밀 자신이 없었습니다. 당신이 교육을 받지 못한 한을 자식을 통해 풀고 자 했는데 꼴찌라니....

　끼니를 제대로 잇지 못하는 소작농을 하면서도 아들을 중학교에 보낼 생각을 한 아버지를 떠올리면 그냥 있을 수가 없었습니다. 그래서 잉크로 기록된 성적표를 1/68로 고쳐서 아버지께 보여 드렸다. 아버지는 초등학교도 다니지 않았기 때문에 내가 1등으로 고친 성적표를 알아차리지 못할 것으로 생각을 했습니다.

　대구로 유학한 아들이 집으로 왔으니 친지들이 몰려와 "찬석이는 공부를 잘 했더냐" 라고 물었습니다. 아버지는 "앞으로 봐야제, 이번에는 1등을 했는가를" 라고 했습니다. 명순(아버지)이는 자식 하나 잘 됐서 "1등을 했으면 책거리를 해야제"

라고 했습니다. 당시 우리 집은 동리에서 가장 가난한 집이었습니다. 그 이튿날 강에서 멱을 감고 돌아오니 아버지는 한 마리뿐인 돼지를 잡아 동네 사람들을 모아 놓고 잔치를 하고 있었습니다. 그 돼지는 우리 집 재산목록 1호였습니다.

"아부지" 하고 불렀지만 다음 말을 할 수가 없었습니다. 그리고 밖으로 달려 나갔습니다. 강으로 가서 죽어 버리고 싶은 마음에 강물 속에서 숨을 안 쉬고 버티기도 했고 주먹으로 내 머리를 치기도 했습니다. 그 사건 이후 저는 달라 지기 시작 했습니다. 그 일이 항상 머리에 맴돌고 있었기 때문입니다.

그로부터 17년 후에 저는 대학 교수가 되었습니다. 그리고 저의 아들이 중학교에 입학을 하고 난 어느 날 부모님 앞에 33년 전의 일을 사과하기 위해 성적표를 속인 것을 말 하려고 할 때, 아버지께서 "알고 있었다 그만해라 민우(손자)가 듣는다"라고 말씀 하셨습니다. 자식의 속인 성적을 알고도 재산 목록 1호인 돼지를 잡아 잔치하신 아버지의 마음을, 박사이고 교수이고 대학 총장인 나는 아직도 "감히 알 수 없다" 라고 고백했다.

 ## 그 아버지의 그 아들

　가정의 달에 아버지와 아들의 관계를 생각해 본다. 대체적으로 아버지가 훌륭하면 아들도 그 아버지를 본 받아서 그렇게 된다고 보고 있다. 그러나 그렇지 못한 경우도 있다는 사실이다.

　예컨대, 히스기아 왕은 역대 왕 중에 가장 선하고 의로운 왕으로서 하나님을 잘 섬기고 나라를 잘 다스리는 왕이었지만, 그의 아들 므낫세는 아버지와는 정 반대로 가장 악한 왕이 되었다. "므낫세가 유다에게 범죄하게 하여 여호와께서 보시기에 악을 행한 것 외에도 또 무죄한 자의 피를 심히 많이 흘려 예루살렘 이 끝에서 저 끝까지 가득하게 하였더라"(열왕기하 21장 16절).

　아버지와 아들의 관계를 우리는 성경에서 많이 볼 수 있지만, 그 중에 아브라함과 그의 아들 이삭에게서 가장 이상적인 관계를 보게 된다. 백세에 낳은 아들 이삭을 제물로 바치라는 하나님의 명령에 절대 순종하여 바친 역사를 우리는 너무나 잘 알고 있다.

　눈에 넣어도 아프지 않을 만큼 사랑하고 귀한 아들 이삭을 너의 손으로 죽여서 제물로 바치라는 하나님의 명령을 받은 아브라함의 심정을 생각해 본다. 하늘이 꺼지고 눈앞이 캄캄하고 가슴이 터지는 것 같았을 것이다. 그러나 아브라함은 이러한 아버지의 정을 억제하고 말없이 묵묵히 순종한다.

　종들과 함께 아들 이삭을 데리고 삼일 길을 걸어서 하나님이 지정하신 모리아 산까지 갔다. 이때 아브라함은 종들은 산 밑에 있게 하고 아들 이삭에게 번제에 쓸 나무를 지우고 자기는 불과 칼을 손에 들고 모리아 산으로 올라간다.

두 부자가 산에 올라가는 도중에 아들 이삭이 아버지 아브라함에게 다음과 같이 말한다, "이삭이 이르되 불과 나무는 있거니와 번제할 어린 양은 어디 있나이까"(창세기 22장 7절 하반절)

이 말을 보면 아직도 이삭은 자기를 제물로 죽어야 된다는 사실을 모르고 있다는 것이다 그것은 아버지 아브라함이 이삭에게 말해 주지 아니했기 때문이다. 아들로부터 이 말을 듣게 된 아버지의 심정을 상상해 본다……

드디어 두 부자는 현장에 도착했다. 이제 아버지는 아들에게 사실을 말하고 아들을 결박하여 번제단에 올려야 한다. 이때 만약에 이삭이 반항을 하고 도망을 가버린다면 늙은 아버지는 잡을 힘이 없어서 실패하고 만다. 그러나 이삭은 두말하지 않고 그대로 묵묵히 순종하고 스스로 제단에 올라갔다.

아브라함과 이삭은 그야말로 그 아버지의 그 아들이다. 하나님의 명령이라면 절대 순종하는 그 아버지와 그 아들이 한 마음이다. 그래서 그의 후손들이 하늘의 별처럼 바닷가의 모래처럼 번창하는 복을 받았다. 할렐루야 !

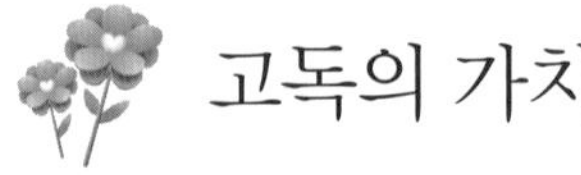

고독의 가치

인간은 본능적으로 사회적인 존재이기 때문에 서로 모여서 상부상조하면서 살기를 원하고 있다. 그래서 사람들이 많이 모여서 사는 대단지 아파트를 선호하고 있다. 장사를 해도 사람들이 많이 모이는 곳에서 해야 잘 된다.

옛날에는 몇 대가 한집에서 같이 살았기 때문에 식구들이 보통 7~8명 이상이고, 10명이 넘는 가정도 많았다. 그렇기 때문에 그런 때는 고독이나 외로움 같은 어려움은 거의 없었다.

그러나 요사이는 핵가족시대가 되어서 부모와 자녀들이 같이 살지 않고 따로 살고 있기 때문에 고독하고 외롭게 살고 있는 노인들이 많이 있다. 소위 말하는 독거노인들은 고독하고 외로움을 이기지 못해 자살하기도 한다. 그래서 고독사는 국가 사회적인 문제로 대두되고 있다.

그래서 이웃나라 일본에서는 "고독사를 줄이기 위해 유형별, 주제별로 세밀한 돌봄 서비스에 집중하고 있다. 민간과 지자체, 지역주민이 함께 돌봄 서비스의 주체가 되는 것이 특징이다. 지자체는 마을 주민들과 정보를 공유하면서 고독사 위험군을 평소 살필 수 있는 시스템을 만들고 지난 2월에는 내각에 고독 고립 대책담당실(가칭)을 설치하는 계획을 밝히기도 했다"

영국에서는 "사회적 단절과 외로움을 극복하기 위해 정부 내 별도의 장관직을 만들었다. 2018년 테리사 메이 전 영국 총리는 체육시민사회 장관을 '외로움장관'(Minister for loneliness)으로 겸직 임명했다. 외로움을 사회적 감염병으로 정의하고 국가적 대응책을 마련하기 위해서다"

인생살이에서 외로움과 고독은 이처럼 중대한 문제이기 때문에 각 나라에서 지대한 관심을 가지고 이렇게 대비책을 세우고 있다. 더구나 요사이는 코로나19 로 인하여 고독과 외로움은 더 심화되고 있는 실정이다. 비대면으로 모이지 못하고 서로 만나지 못하니 외로움을 느끼고 고독하여 우울증을 경험하기도 한다. 심지어 명절이 되어도 부모와 자녀들이 마음 놓고 만나지 못하는 세상이 되었다. 그래서 이러한 비대면 시대가 종식되기를 고대하고 있다.

그럼에도 불구하고 이러한 고독과 외로움이 우리 성도들에게는 유익한 점도 있다는 사실이다. 그것은 고독하고 외로움을 당하게 되면, 평소보다 더 기도하게 되어서 하나님과 더 가까워진다는 것이다. 옛날 야곱이 그랬고 엘리야가 그런 경험을 했다.

야곱은 집에서 쫓겨나서 벧엘에서 홀로 밤을 지날 때 하나님을 만나게 되었고(창세기 28장 13절). 엘리야는 악한 이세벨의 위협을 피하여 호렙산 굴속에 홀로 숨어 있을 때 하나님을 만나게 되었다(열왕기 상 19장 9절)

'치매' 라는 병

치매는 일종의 정신병이다. 이 질병의 사전적 의미는 "언어 동작이 느리고 정신작용이 완전하지 못한 상태, 정상적으로 발달 한 지능이 뇌의 질환에 의하여 후천적으로 저하된 상태로 회복이 불가능한 병이다"

이러한 치매는 대체적으로 두 종류로 구분되어 나타난다. 그 것은 그 환자의 평소에 습관이나 성격에 따라서 다르게 나타난다는 것이다. 성격이 내성적인 사람의 경우에는 나타나는 치매 현상이 조용하고 말이 적고 얌전 하지만 평소에 성격이 거친 사람은 폭력적으로 나타난다는 것이다.

전자의 경우를 예를 든다면, 아들이 출장을 갔다가 몇일만에 집에 와보니 아내는 외출을 했고 어머니가 혼자 있는데 점심을 드셨느냐고 물어보니 안 먹었다고 한다. "아침 식사는요?" 라고 물으니 역시 안 먹었다고 하며 배가 고파서 못 살겠다고 한다. 그날 저녁에 아들 부부는 대판 싸웠다는 것이다. "당신은 집에 있으면서 왜, 어머니를 굶기느냐" 라고 야단을 치니 아내는 너무 억울하다. 하루 세끼 씩 꼭꼭 챙겨 드리고 간식까지 해 드리는데. 남편이 몰라주니 억울한 것이다. 알고 보니 문제는 그 어머니에게 치매가 왔다는 것이다.

치매라는 병은 이렇게 큰 문제를 일으킬 수 있는 병이다. 이 병은 다른 병과 달리 한번 걸리게 되면 완전 회복이 불가능하다니 걸리지 않도록 미리 예방하는 것이 중요하다.

이 치매는 갑자기 오는 것이 아니고 몇 개월 전부터 증세를 보인다는 것이다. 그 증세를 아래와 같이 나열한다. "기억력과 집중력이 저하된다. 매사에 무관심과 무기력으로 귀찮게 여겨진다. 우울증이 나타난다.(우울증이 치매는 아니다) 감정조절이 잘 안되어서 화를 잘 낸다. 비정상적인 생각을 하게 된다 이유 없이 잘 넘어 진다. 규칙이나 법칙을 잘 어기는데 본인은 지각을 못 한다".

이러한 치매는 예방이 가능하기 때문에 예방하는 방법을 전문가로부터 들어 본다(이은아 신경과 전문의)

1. 평소에 규칙적인 생활을 해야 한다. 잠자는 시간과 일어나는 시간과 식사 시간을 정하고 규칙적으로 지키는 것이다.
2. 이웃과 잘 어울리려고 노력을 하는 것이다. 친구를 잘 사귀고 이웃과 대화를 하려고 노력을 해야 한다.
3. 취미 생활을 하는 것이다. 독서, 바둑, 장기, 미술, 악기 같은 것을 배움으로 뇌를 녹 쓸지 않게 하는 것이다.
4. 꾸준히 운동을 하고 남을 의존하지 말고 남을 도와주려는 노력을 하는 것이다 그리고 항상 기뻐하며 범사에 감사하는 것이다(살전 5장 16절~18절)

# 체벌(體罰)과 매

3월은 각 학교들이 입학과 개학을 하여 교육을 시작하는 달이다. OECD 국가 중에 출산율이 최하위에 처해 있는 우리 한국은 출산율 저하로 자연히 학교에 입학하는 학생 수가 줄어들 수밖에 없는 현실이 되었다.

이미 입학생의 정원미달로 각 대학은 비상상태로 총장이 책임을 지고 물러나는 학교도 있다. 인구의 감소로 교육의 대상인 학생의 수가 줄어든다는 것은 국가의 장래와 교육의 전망을 어둡게 하고 있는 것이다.

따라서 교육에는 그 대상인 학생도 중요하지만 가르치는 교사의 자격과 자질도 못지않게 중요한 것이다. 더 나아가서 가르치는 교사의 교육 방법도 중요하다고 할 것이다.

교육 방법 중의 하나가 소위 말하는 체벌이다. 옛날과 달리 요사이는 학교에서 체벌을 금하고 있다. 학생이 잘못 했을 때 교사가 벌을 가하면 그 학부모는 그 교사를 찾아가서 항의하며 구타하는 장면도 교육현장에서 있었다.

이런 현실을 보면서 교육에서 체벌이 필요한가를 한번 다시 생각을 해보게 된다. 그래서 교육 현장에서 체벌과 매를 비교하여 본다. 양자를 비교하여 한마디로 표현한다면, 매는 미워서 때리는 것이고 벌은 잘못을 고쳐주려는 훈계와 사랑을 내포하고 있다고 할 것이다.

예컨대, 아이가 잘못했을 때 엄마가 화가 나서 그 아이의 뺨을 때렸다면 그것은 미워서 즉흥적으로 때린 것으로 매가 되는 것이다. 그러나 엄마는 화난 마음을 억제하고 손을 들게 하고 벌을 세워 반성하게 한다면 그것은 사랑의 체벌로서 교육에 유익하다는 것이다.

그런 의미에서 옛날 부모들이 아이들이 잘못했을 때에 "회초리를 가지고 오너라 종아리를 걷어라" 라고 하여 벌을 주는 방법은 훌륭하고 현명한 교육방법으로 평가되는 것이다.

이런 방법은 하나님이 우리에게 보여주시고 가르쳐 주신 방법이다. 우리가 범죄 했을 때에 하나님은 우리에게 매를 때리지 아니하시고 사랑의 벌을 내려서 회개하게 하신다. 하나님은 우리가 범죄 할때에 매를 때리시는 분이 아니고 사랑의 벌을 주시는 분이다.

"징계는 다 받는 것이거늘 너희에게 없으면 사생자요 아들이 아니니라"(히브리서 12장 8절) "매를 아끼는 자는 그의 자식을 미워함이라 자식을 사랑하는 자는 근실히 징계 하느니라. (잠언 13장 24절)

우리는 영적으로 하나님의 자녀들이다. 사생자가 아니고 법적으로 당당한 자녀이다. 그렇기 때문에 범죄 했을 때는 하나님의 징계를 달게 받아야한다.

 # 분노와 용서

"10년간 남편의 외도에 분노하며 마음이 상하여 몸에 암이 발생했는데, 결국은 그 암병을 고치지 못하고 그 암으로 사망했다. 그녀의 몸에 암이 발생한 원인은 분노로 인한 마음의 상처 때문이다. 만약에 그녀가 남편의 잘못을 용서해 주고 마음에 쌓여 있는 분노를 내 버렸다면 그 암병을 고쳤을 것이다"라는 전문가의 설명을 들은 적이 있다. (이병욱 박사 외과 전문의)

마음의 분노는 질병발생의 원인이 되고 용서는 그 병을 고치는 치료제가 된다는 말이다. 마음에 심한 분노를 품고 있으면 암 세포가 활기를 펴고 날뛰게 된다는 것이다. 그렇기 때문에 마음의 분노는 몸을 해롭게 하여 죽이는 독약과 같은 것이라고 한다. "분을 내어도 죄를 짓지 말며 해가 지도록 분을 품지 말라" (에베소서 4장 26절)

우리 합동 측 교단의 역사에서 고 이영수 목사 라고 하면 너무나 유명한 인물이다. 그 분은 우리 교단 대표로서 공로가 많은 분이다. 특히 다른 교단과 소통으로 화합을 잘 하는 협상력이 뛰어나서 협상의 달인이라는 말을 듣기도 했다. 예를 든다면 현재 한국 교회가 사용하고 있는 찬송가를 통일 시킨 것이다. 그 전에는 교단마다 찬송가를 달리 사용했는데 그 분의 협상력으로 모든 교단의 찬송가를 하나로 통일을 시켰다.

거의 십여 년을 우리 합동 측 교단의 중요한 역사를 주도하며 좌지우지 해 왔는데, 그 분도 인간인 지라 지도력의 한계로 실수를 범하게 되니 반대하는 정적이 생겨서 정치적으로 분쟁을 하게 되었다. 마침내는 교단에서 징계를 받게 되니 마음에 큰 상처를 받게 되어 그로 인하여 몸에 암이 발생하여 결국은 사망하게 되었다.

이렇게 마음의 분노가 우리의 몸에 얼마나 해를 끼친다는 사실을 우리는 종종 체험을 하고 있다. 이를테면 마음속이 상하거나 기분이 나쁘면 밥맛이 없어지고 먹은 음식이 소화도 잘 안되고 밤에 잠도 잘 오지 않는다는 사실은 우리가 일상생활을 통해서 경험을 해서 잘 알고 있다.

중상모략으로 나를 괴롭게 하고 내게 손해를 끼친 이웃이 있다면 당연히 화가 나고 증오심이 생기게 되어 용서하기 어려울 것이다. 남의 잘못을 용서한다는 것은 쉬운 일이 아니다. 그런 경우에 우리의 죄를 사해 주시고 용서해 주신 하나님의 사랑을 생각하면 얼마든지 용서할 수 있다. 그래서 마음의 분노를 씻어 버려야 한다. 그것이 내가 건강하게 사는 비결이다. "서로 친절하게 하며 불쌍히 여기며 서로 용서 하기를 하나님이 그리스도 안에서 너희를 용서하심과 같이 하라"(에베소서 4장 32절)

 # 우리 조상들의 지혜

우리 민족의 역사를 보게 되면 위대하고 지혜로운 조상들이 있었다. 이를테면, 훈민정음(訓民正音)을 창제한 세종대왕이 있다. 그는 조선의 제4대 왕으로서 1443년에 집현전 학자들의 협찬을 얻어서 우리의 한글을 만들었다.

이것을 무지한 백성들에게 가르친다는 뜻으로 훈민정음이라고 했다. 이 한글은 세계 여러 민족 중에 어느 민족의 문자보다 우수하고 자랑스러운 문자이다. 우리 민족에게 이런 지혜로운 조상이 있었다는 것을 우리는 감사하며 잊지 말아야 할 것이다

또 한 분을 더 든다면 임진왜란 때 거북선을 만들어서 일본군을 물리친 이순신 장군이다. 왜군이 우리 앞바다로 침략해 왔을 때 우리 조선의 수군(해군)은 대항할 용기도 능력도 없었다. 이런 상황에서 "신에게는 아직 열두 척의 배가 있습니다"라고 보고한 이순신 장군의 여유만만하고 늠름한 자세를 우리는 자랑스럽게 말하며 기억하고 있다.

미국 덴버에서 목회하고 있는 서돈수 목사(나의 처남)가 카톡으로 보내온 동영상을 지난주일 설교시간 전에 화면에 올려서 우리 교인들이 함께 보았다. 우리 한국의 민요가 미국교회의 찬송이 되어서 주일 낮 예배시간에 부르고 있다는 사실은 쉽게 믿어지지 않고 납득이 안 되지만 우리는 사실로 보고 듣고 확인 했다. 그 민요는 아리랑인데 곡과 가사를 한국발음 그대로 우리가 부르는 것과 똑 같이 불렀다. 실로 놀라운 일이 아닐 수 없다.

아리랑은 우리 한국민족의 대표적인 민요로서 진도 아리랑, 정선아리랑, 밀양아리랑 등의 16개 지역의 아리랑으로 부르고 있다. 이 아리랑은 2012년 12월에 대한민국의 무형문화제로 등재되어 있다.

이 아리랑은 대한민국을 비롯하여 한반도와 해외 민족사회에서 널리 애창되는 대표적인 민요로서 한반도의 중심부에 위치한 태백산맥을 중심으로 발생하여 강원도 정선으로 점차 확산 되어 왔다.

이러한 우리 민족의 아리랑이 미국교회가 찬송으로 택하여 부르게 된 것은 미국의 보수 장로교의 학교인 칼빈대학의 음악학과장인 '버트풀먼' 교수에 의하여 1997년에 이 아리랑을 찬송가로 택하여 찬송가 229장으로 부르고 있다는 것이다

버트풀먼 교수가 이 아리랑을 찬송가로 택한 이유를 밝혔는데, 그것은 "이 노래의 곡이 너무 훌륭한 곡으로 매혹되었기 때문" 이라고 했다. 우리는 여기에서 우리 조상들의 지혜를 또 한번 발견하게 된다. 우리 조상들의 지혜에 경의를 표하며 우리의 민요를 찬송으로 부르는 미국교회에 찬사를 보낸다.

# 의지가 약한 한국의 젊은이

북한에서 자유를 찾아 한국으로 넘어온 탈북인들이 늘고 있다. 그 수가 이미 3만 명을 넘었다고 한다. 요사이 TV '이만갑'이라는 프로그램에서 그들이 폭로하는 북한의 실정을 잘 보고 있다.

그들이 말하는 북한의 실정은 그야말로 생지옥, 그 자체이다. 그 탈북인 중에 북한군 여군 중대장이 남한에 와서 한국군 부대를 방문하여 3일간 병영생활을 하고 나서 그 소감을 다음과 같이 말했다.

"북한군과 남한군을 비교해 보니 모든 면에서 남한 군이 우수하다. 그런데, 남한군의 한 가지 약점이 있는데, 그것은 북한군에 비하면 남한군은 의지가 약한 편"이라고 했다.

북한군의 중대장이 지적한 대로 남한군이 의지가 약하다면, 그것은 대한민국의 젊은이들이 의지가 나약하다는 말이다. 옛부터 우리 민족은 의지가 강한 민족이었다. 그것은 고난과 역경으로 많은 시련을 받아왔기 때문이다. 36년간의 일제의 압박을 받았고 피 흘리는 6.25전쟁의 역경과 아픔을 겪어 왔기 때문이다. 그리고 보릿고개라는 굶주림의 고통도 겪어온 민족이다.

그러나 지금의 젊은이들은 그런 고난과 역경을 경험해 보지 못했다. 배가 고파서 울어 본 적이 없고 전쟁과 피란생활이 어떤 것인지도 모르고 자랐다. 그런 걱정은 없이 그저 배불리 먹고 자라났다. 고난의 연단이 없이 자랐으니 의지가 약할 수밖에 없다. 이런 현상을 육체로 말한다면 잘 먹어서 살이 찌고 덩치는 큰데, 운동을 안 해서 뼈대가 약하다는 것이다.

나는 1960년도에 입대를 했는데, 논산 훈련소에서 배가 고프니 배에 힘이 없어 지휘관의 구령소리를 제대로 따라하지 못해서 기압을 받은 기억이 난다. 부대생활 중에서도 빳다를 맞은 기억도 난다. 요사이는 구타도 없고 배불리 먹여주는데도 군생활이 고생이 된다고 한다면, 그것은 군대가 뭔지 모르는 소리다. "눈물의 빵을 먹어보지 않은 사람과는 인생을 논하지 말라" 라는 말이 있다. 인생살이에서 고난과 역경은 필요악이라고도 한다. 고난이 힘들고 어렵지만, 참고 견디고 나면, 오히려 연단이 되어서 강한 의지를 가지게 된다는 것이다.

우리 한국은 자살하는 사람이 많아서 자살공화국 이라는 오명을 가지고 있다. 그들의 자살 원인은 제각기 다르겠지만, 그 중의 하나를 든다면 의지가 약해서 스스로 삶을 포기하는 것이 아닌가 하는 생각을 하게 된다. 자살하는 사람에게 "자살하는 용기가 있으면, 그 용기를 가지고 살지 왜 죽느냐?" 라는 말을 한다, "의지가 약하니 견디지 못하는 것이다." 고난당하는 것이 내게 유익이라 이로 말미암아 내가 주의 율례들을 배우게 되었나이다" (시 119편 71절)

우는 자와 함께 울라

우리 가정의 식구 중에 병원에서 암 판정을 받았다면, 우리 집의 식구들이 태도를 어떻게 해야 되느냐? 이를테면 "나의 아내나 남편이 암 진단을 받았을 때에 내가 제일 먼저 어떻게 해야 되느냐" 라는 질문이다.

인제대학 의과대학의 조명규 교수는 KBS 아침마당 특강에서 위의 질문에 대한 대답으로 그런 경우에 식구들이 취할 6가지 계명을 들었는데, 그 중에 첫째 계명이 눈물을 흘리며 같이 울어 주는 것이라고 설명 했다.

그날 패널로 참가한 김기현 이라는 성우는 실제로 자기 아내가 암 판정을 받았을 때에 걱정을 말라며 안심을 시켜 놓고 혼자 옆방에 가서 통곡을 하며 울었다고 했다. 안심을 시키기 위해 그렇게 했지만, 전문가인 조명규 교수는 그것 보다 같이 울어 주는 것이 더 위로가 된다고 설명을 했다.

여기에서 우리가 생각할 것은 같이 울며 흘리는 눈물의 효과이다. 불행한 일을 당해 울고 있는 사람에게 같이 눈물을 흘리며 울어 주는 것이 가장 큰 위로가 된다는 것이다.

우리는 우리 조상들에게서 눈물을 흘리며 위로하는 지혜를 보게 된다. 같은 동네에 살면서 이웃에 초상이 나면 모두 가서 문상을 하는데, 문상을 가서 상주를 만나면 절을 하고 곡을 하며 울게 된다. 그때 그 곡하는 소리를 들어 보면 상주는 "아이고 아이고" 라고 하고 문상객은 "어이 어이" 라고 하며 같이 울어주는 모습을 본 기억이 난다. 역시 같이 눈물을 흘리며 울어 주는 지혜를 우리 조상들은 가지고 있었다.

눈물과 울음은 같은 감정에서 동시에 나오게 된다. 마음이 슬프면 저절로 눈물과 울음이 나오게 된다. 스트레스를 심하게 받거나 마음이 심히 괴로울 때 울면서 눈물을 흘리고 나면 속이 시원해진다.

이처럼 눈물은 마음의 상처를 치료하는 치료제가 되고 슬픔을 달래주는 위로제가 된다. 성경은 애통하는 자가 위로의 복을 받는다고 했다. 죄를 범하여 마음이 괴로울 때에 애통하며 눈물을 흘리며 회개하면 사죄와 함께 위로의 복을 받는다는 말씀이다. "애통하는 자는 복이 있나니 그들이 위로를 받을 것임이요"(마태복음 5장 4절)

우리의 몸에는 피와 소변, 그리고 땀과 눈물의 액체가 있다. 우리의 몸의 건강을 유지하기 위해서는 혈액은 순환을 잘해야 되고, 소변은 배설을 잘 해야 되고 땀과 눈물은 잘 흘려야 한다.

성경은 슬픔에 처해 있는 자에게 위로의 눈물을 권하고 있다. "즐거워하는 자들과 함께 즐거워하고 우는 자들과 함께 울라"(로마서 12장 15절)

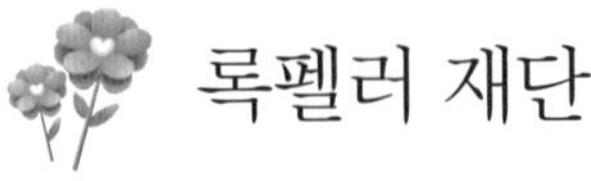 # 록펠러 재단

우리가 알고 있는 록펠러(Rockefeller)는 20세기의 최대의 갑부요 대 재벌이었다. 그는 사업에 재능이 있어서 23세에 기업을 시작하여 10년 후인 33세에 미국 제일의 갑부가 되었다.

그러나 불행하게도 53세에 몸에 병이 들어서 하루에 비스켓 하나, 우유 한 컵으로 연명하는 몸이 되었다. 병세가 더 심해지게 되니 머리칼이 다 빠지게 되고 불면증으로 잠을 잘 수도 없는 상태가 되었다.

그러던 어느 날 밤 그는 잠이 오지 않아서 거실로 오가며 밤을 세우다가 거실 탁자 위에 놓인 성경이 눈에 띄어서 펼쳐보았다. 펼쳐 본 말씀은 누가복음 6장 38절이었다. "주라 그리하면 너희에게 줄 것이니 곧 후히 되어 누르고 흔들어 넘치도록 하여 너희에게 안겨 주리라 너희가 헤아리는 그 헤아림으로 너희도 헤아림을 도로 받을 것이니라"

이 말씀을 읽은 그는 "나는 평생 수단 방법을 가리지 않고 모으기만 하고 나누어 주지를 못했구나"라는 생각을 했다. 그래서 그는 결심을 하고 다짐을 했다. "내 몸이 병들어 죽게 되었지만 이제부터 라도 주는 사람으로 살아야 겠다"라고 결심을 했다.

날이 새자 이튿 날 비서들을 불러 모와 놓고 그동안 모은 재산을 남에게 주는 방법을 연구하라고 지시했다. 그래서 만든 방법이 록펠러 재단이다. 이 재단은 미국 사회에서 남을 도와주는 최초의 민간인 자선 단체가 된 것이다.

록펠러는 이 재단을 만들어서 전 세계를 상대로 주는 사역을 하기 시작했다.

그런데 신기한 것은 남을 도와주는 사역을 시작 하면서부터 그의 건강이 회복되기 시작 했다는 것이다. 다 빠진 머리가 다시 나게 되고 불면증이 없어지고 단 잠을 자게 되고 건강이 회복 되어서 98세 까지 살았다.

"돈을 잃는 것은 조금 잃는 것이고 건강을 잃는 것은 전부를 잃는 것이다" 라는 말이 있다. 한 시대에 전 세계 경제를 주름잡은 록펠러는 돈도 잃지 않고 건강도 잃지 않고 두 가지를 다 소유했다

그 비결은 "주라 그리하면 흔들어 넘치도록 주리라" 라는 말씀을 믿고 순종하여 실천한 것이다. 뱃세다 광야에서 보리떡 다섯 개와 물고기 두 마리로서 오천 명이 먹고 열두 광주리가 남게 된 역사는 한 어린 아이가 가진 것을 예수님께 드림으로 시작된 기적이다.

"범사에 여러분에게 모범을 보여준 바와 같이 수고하여 약한 사람들을 돕고 또 주 예수께서 친히 말씀하신바 주는 것이 받는 것보다 복이 있다 하심을 기억하여야 할지니라" (사도행전 20장 35절)

 # 유대인의 대화법

우리 인간 사회에서 말을 잘 한다는 사람들이 많이 있다. 서로 모여서 대화를 할 때에 사람들은 대게 말을 많이 하고 주도하는 사람을 말을 잘 하는 사람이라고 하는 경향이 있다.

그러나 진정으로 말을 잘 하는 사람은 말을 많이 하는 사람이 아니고 남의 말을 잘 들어 주는 사람이다. 즉 경청(傾聽)에 능한 사람이야 말로 진정으로 말을 잘 하는 사람이다.

왜 그런가 하면 "사람들은 누구나 상대방 보다 말을 더 많이 하고 싶어 하는 욕망이 있다. 자신이 남보다 더 많은 말을 해야 상대방의 우위에 있다고 믿기 때문이다. 하지만 그것은 대단히 잘못된 생각이요 착각이다.

그런 사람은 쓸모 있는 말도 많이 하지만, 반면에 쓸모없는 말도 많이 하게 되는 법이다. 남의 말을 들어 주는 것만으로도 상대방으로부터 좋은 사람, 마음이 넓은 사람, 배려심이 좋은 사람이라는 평판을 듣게 된다.

아인슈타인(Albert Einstein)은 20세기의 최고의 물리학자로서 노벨 물리학 상을 받은 유대인이었다. 그는 유머와 호기심이 많고 소탈하면서도 남의 말을 잘 들어주어 다양한 계층의 사람들과 폭넓은 교류를 하며 수많은 인맥을 쌓았다. 그가 각계각층의 사람들과 인맥을 쌓으며 교류할 수 있었던 것은 '경청'의 힘이었다.

아인슈타인이 그렇게 성공 할 수 있었던 비결 중의 하나를 든다면, 남의 말을 잘 들어 주는 경청력이 뛰어났기 때문이라는 것이다. 그는 남의 말을 잘 들어주는 사람으로 정평이 나 있다.

아인슈타인이 그렇게 경청의 인물이 된 것은 어릴 때부터 유대인 랍비들에게 교육을 받았기 때문이다. 그들의 교육은 문답식이다. 학교의 선생이나 가정에서 부모들이 질문을 하면 아이들이 대답을 하는데, 교사와 부모는 그 아이들의 대답을 존중하고 주의를 기울어서 경청을 한다는 것이다.

경청은 대화와 교육에서 이렇게 중요하지만, 동시에 치유에도 중요한 역할을 한다. 우리 교회의 임송출 권사는 40년의 역사를 가진 북성교회의 설립 이후 전도하여 얻은 최초의 열매이다. 원래 불교신자로서 질병으로 고생을 하다가 북성교회에 나와서 병 고침을 받고 개척교회에 큰 역군이 되었다

지금은 몸이 불편하여 교회에 나오지 못하고 있는데, 심방을 가면 목사에게 자기 사정을 다 얘기하기를 좋아 한다. 그러면 목사는 한 시간 이상 그 얘기를 다 들어주면 치유가 되어서 그렇게 시원하고 힘을 얻는 모습을 보게 된다.

"말을 배우는 데는 2년이 걸리지만, 남의 말을 존중하여 듣는 경청을 배우는데는 60년이 걸린다" 라는 말이 있다. 경청은 귀한 것이기 때문에 그만큼 배우기가 힘들고 어렵다는 말이다.

"당신이 세상에서 가장 현명하고 지혜로운 사람이라고 인정을 받는 방법이 하나 있다. 그것은 사람들의 말을 주의 깊게 들어주는 것이다"

 # 돈 없이 베풀 수 있는 삶

인간 사회 생활에서 남에게 베풀며 산다는 것은 참으로 귀한 삶이다. 그것은 삶의 보람과 함께 행복을 누리는 것으로 귀한 것이다. 베푼다는 것은 주는 것이요 봉사하는 것이요 섬기는 것이다.

광에서 인심 난다는 말이 있다. 가진 물질이 있어야 그것으로 이웃을 도와줌으로써 인심을 낸다는 말이다. 하지만 베풀고 나누는 것은 물질이 있고 없음의 문제가 아니다. 물질과 돈이 없어도 베풀 수 있고 나눌 수 있다. 돈이 없이도 베풀 수 있는 것 세 가지를 적어 본다.

첫째, 부드러운 얼굴로 베푸는 것이다.

웃는 얼굴에 침을 못 뱉는다는 말이 있다. 밝게 웃는데 대적하거나 싸울 사람은 없다 얼굴빛이 좋으면 만사가 좋은 법이다 부모에게나 자식에게나 배우자에게나 상사에게나 웃는 낯빛과 부드러운 얼굴은 최상의 존중이요 대화법이다. 항상 웃는 얼굴과 너그러운 인상은 무형의 귀한 자산이다.

얼굴 성형을 하는 것은 돈과 위험 부담이 수반되지만, 자기 얼굴에 미소를 짓는 것은 내 마음의 선택만으로 가능한 것이다.

둘째, 좋은 말씨로 베푸는 것이다.

좋은 말씨는 상대를 배려하는 말씨이다. 말을 잘 못하면 칼이 되고 독이 되어서 남에게 상처를 입히지만, 말을 잘 하면 그 상처를 치유하게 된다.

아울러 말 씀씀이가 그 사람의 인격과 품격을 가늠케 한다. 품격에 품(品)자는 입구(口)자가 세 개 모인 글자로서 입에서 품격이 나온 다는 말이다.

좋은 말은 좋은 생각에서 나오게 된다. 그렇기 때문에 좋은 말을 하기 전에 좋은 생각을 먼저 해야 한다. 말보다 생각이 먼저다. 생각 없이 급하게 말을 먼저 하게 되면 실언하기가 일쑤이다.

셋째, 좋은 마음가짐으로 베푸는 것이다.

마음가짐을 좋게 한다는 것은 마음의 생태계를 늘 안정시켜 불안하지 않고 평정되게 하는 것이다. 성숙한 사람은 자기 마음의 온도계로 남을 대하지 않는다. 자기를 둘러싼 바깥 기온이 덥다고 짜증내고 춥다고 호들갑을 떨지 않는다.

오히려 온도 조절계처럼 추웠다 더웠다 하는 외부 기온을 적절하게 컨트롤하여 안정되고 평정된 마음으로 사람들을 대 한다 거기서 신뢰가 꽃핀다.

돈 없이도 베풀 수 있는 이 세 가지는 우리의 삶에 윤활유가 된다. 좋은 마음을 가지면 얼굴이 부드럽고 아름다워지게 되고 그 입에서 자연히 남에게 유익을 주는 말을 하게 된다. "네 손이 베풀 힘이 있거든 마땅히 받을 자에게 베풀기를 아끼지 말라(잠언 3장 27절)

40대의 인생을 회상 한다

에이브러햄 링컨(미국의 16대 대통령)은 "사람이 마흔이 넘으면 자신의 얼굴에 대하여 책임을 져야한다" 라고 말했다. 40대는 인생에 있어서 그만큼 중요한 시기라는 말이다.

21세기의 인간의 평균 수명을 80세로 본다면, 40대는 그 중간에 속한다. 축구에 미드필더가 있듯이 40대는 인생의 미드필더라고 할 수 있다. 40대는 인생 후반기의 시작으로서 40대를 어떻게 보내느냐에 따라서 인생의 성공실패가 좌우되기 때문이다.

40대는 자신의 얼굴에 대하여 책임을 져야 한다는 말은 가정에서도, 직장에서도, 나아가 사회적으로도 책임이 따른다는 다의적인 의미가 담겨 있다.

40대를 가정적으로 본다면 대개 자녀들이 중고등학교에 다니는 시기이고, 직장에서는 간부급 사원으로 아래로는 부하직원을 통솔하고 위로는 상사를 보좌하는 시기이며, 사회적으로는 사회 구성원의 중심축을 이루고 있는 때이다.

그렇기 때문에 40대를 소홀히 여기거나 무의미하게 되는 대로 보낸다는 것은 자신의 인생을 스스로 무시하는 태도이며 도태시키는 무책임한 일이라고 할 수 있다.

차재에 이미 지나간 나의 40대를 회상해 본다. 내 나이 팔십이 넘었는데, 지금은 100세 시대라고 하지만, 팔십이라면 오래 살았다는 생각을 하게 된다.

나는 35세에 목사 안수를 받고 기성교회에서 위임 목사로 시무하다가 내 소신껏 목회를 해 보겠다는 결심으로 40세에 교회 개척을 시작했다. 40대가 인생의 가장 귀한 황금기라면 목회도 마찬가지로 40대가 가장 활동하기에 좋은 시기이다. 가장 열정이 넘치고 활발하게 활동할 시기이다.

나는 낯선 곳 부산 땅에 와서 교회 개척을 시작했는데, 그야말로 물불을 가리지 않고 죽기 살기로 뛰었다. 그 당시 나의 주간목회 스케줄을 보면, 매주 월요일은 부산교도소에 가서 예배 인도와 설교를 하고, 주보의 칼럼을 쓰고, 화요일은 지난주일 등록한 새 신자를 심방 하고, 화요일 밤과 수요일은 부산 신학교 강의를 하고, 목요일은 지난 주일에 결석한 교인들의 가정을 심방하고, 금요일은 권찰회와 철야기도회를 인도하고, 토요일은 설교 준비를 하고 저녁에는 평신도 성서학원에서 강의를 했다.

그리고 주일날은 장년예배 1,2부를 인도하고 오후에는 중고등부 설교를 했다. 그 당시에는 개척교회 사정상 교육전도사가 없어서 담임 목사가 북치고 장구 치고 다 했다.

이렇게 활동한 지난 나의 40대를 회상하면, 내가 어떻게 그렇게 할 수 있었느냐? 라는 생각을 하게 된다. 그렇게 뛰어도 피곤을 느끼지 못한 것은 하나님이 건강의 복을 주시고, 성령으로 불타는 열정을 주셨기 때문으로 믿고 감사를 드린다.

한 가지 아쉬운 것이 있다면, 오로지 교회개척이라는 사명으로 앞만 보고 달려오다가 보니 가정에 소홀한 것 같다. 물론 개척교회의 사정이었지만, 특히 자녀들은 아내가 돌보고 나는 제대로 돌봐 주지 못한 것을 퍽 미안하게 생각한다. 그러나 자녀 양육을 하나님께 맡기고 개척에만 전념했더니 하나님이 맡아 키워 주시어서 복을 받게 된 것을 감사드린다.

 # 유대 민족의 우월성

우리는 성경을 통해서 유대민족을 잘 알고 있다. 그러나 우리가 그들에 대하여 알고 있는 지식은 부분적이고 피상적인 지식에 불과하다.

현재 이스라엘 나라의 인구가 1650만 명인데, 그중에 6백만 명은 미국에서 살고 있다. 세계 인구에 약 0.2%에 불과한 인구인데, 노벨상을 받은 수상자가 제일 많은 나라이다. 노벨상은 총 6개 분야(문학. 평화. 생리학 의학. 물리학. 경제학. 화학)인데, 그 분야에서 약 22%의 수상자가 나온 것이다.

특히 유대인들은 금융과 경제 부분에서 압도적인 두각을 나타내며 초강대국인 미국의 중심세력으로 군림하고 있다. 미국에서 살고 있는 6백만 명의 유대인들은 미국의 정치계는 물론 학계, 금융계, 예술계를 비롯한 사회 전반의 분야에서 막강한 위력을 과시하며 자신들의 재능과 우수성을 한껏 드러내고 있다. 그들의 국력은 수십억의 인구를 가진 아랍국가들이 감히 대항하지 못하는 위력을 과시하고 있다.

유대민족의 우수성을 보여주는 대표적인 인물로는 20세기의 최고의 물리학자로 추앙받는 아인슈타인, 정신분석학의 창시자 프로이트, 외교의 최고 달인 헨리 키신저, 만유인력을 발견한 뉴턴, 공산주의 창시자 칼 마르크스 등이 있다.

유대민족이 이렇게 우수한 민족이 된 이유 몇 가지를 찾아볼 수 있다.

첫째는, 유대인들의 독특한 신앙심에 있다. 그들은 이 천지

만물을 창조하시고 다스리시는 하나님을 절대자로 믿으며 섬기고 있다. 그리고 자신들은 그 하나님의 선택을 받은 민족임을 확신하는 우월감과 자부심을 가지고 있다. 그렇기 때문에 그들은 세상에서 겁날 것이 없다는 민족이 되었다.

둘째는, 유대민족의 교육법에 있다. 그들의 교육은 성경(율법.탈무드)교육이다. 가정에서 아침저녁으로 식구들이 둘러앉아서 성경 말씀을 읽고 듣고 암송하며 토론도 한다. 이것을 쉐마(shema)라고 한다. 쉐마는 "이스라엘아 들으라 우리 하나님 여호와는 오직 유일한 여호와이시니"(신명기 6장 4절) 유대민족의 이 쉐마 교육은 어릴 때부터 규칙적으로 가르치는 교육제도이다.

셋째는, 유대민족은 어떤 고난과 실패에도 굴하지 않는 강인함에 있다. 주후 70년 로마의 침략으로 전 세계로 흩어져서 2천여 년 동안 모진 박해와 고난을 받았지만 그들은 굴하지 않고 견디어서 드디어 독립을 쟁취하여 지금도 당당하게 지구촌을 누비며 살고 있다.

"이스라엘아 너는 행복한 사람이로다 여호와의 구원을 너같이 얻은 백성이 누구냐 그는 너를 돕는 방패시오 네 영광의 칼이로다 네 대적이 네게 복종하리니 네가 그들의 높은 곳을 밟으리로다(신명기 33장 29절).

 # 행복의 5계

　행복은 몸과 마음이 평안하고 즐거울 때 누릴 수 있는 것이다. 요즘 같이 이런 상황에서는 행복을 논할 수 있는 처지가 못 된다. 비대면 수칙 때문에 가게에 손님이 오지 않으니 문을 닫은 상태이고 영업은 중단 내지는 폐업이 되어 있다. 사업장이나 직장이나 어느 한군데 온전 한데가 없다.

　인간은 사회적인 존재로서 서로 자주 만나서 교제하므로 즐거움을 가지게 되고 행복을 누릴 수 있는데 모임이 없어지니 갑갑하고 우울해질 수밖에 없는 세상이 되었다. 사는 것이 너무 힘들고 어려우니 '안 죽으니 살고 있다' 는 말까지 하고 있다.

　이런 세상이 되었다고 실망하고 절망하고만 있을 수 없는 우리네 인생살이이다. 그래도 주어진 환경에서 최선을 다 해서 살아야 한다는 생각으로 어느 유튜브에 방영된 행복의 비결 다섯 가지를 받아 적어 본다.

　1) 웃어라.

　요즘 같은 세상에서 웃을 일이 뭐가 있느냐? '웃을 일이 있어야 웃지' 라는 말을 할 수밖에 없는 오늘 우리의 현실이다. 그러나 그 순서를 바꾸어서 억지로라도 먼저 웃어 보라. 그렇게라도 웃으면 웃을 일이 생긴다고 한다.

　2) 움직여라.

　몸과 마음이 불편하다고 움츠리고 앉아 있으면 잡념만 생겨서 더 불편하고 불행해지게 된다. 그렇기 때문에 움직이고 운동을 해야 한다. 운동을 열심히 하면 활기가 생기게 된다. 사람의 몸은 전기를 만드는 발전기와 같아서 운동을 하면 활기가 생긴다. 그래서 하루에 최소한 만보는 걸어야 된다는 만보기가 나왔다.

3) 관대하라.

매사에 너그러운 마음을 가지라는 말이다. 특히 대인관계나 이웃과의 관계에서 긍정적인 자세로 마음 문을 넓게 열어야 한다는 말이다. 그것은 이해하는 마음이요 용서와 용납하는 마음 자세이다.

4) 집중하라.

정신 통일과 집중을 말한다. 목표를 세워놓고 그 일의 완성과 달성을 위해 정신을 집중하게 되면 잡념은 물러가고 보람을 가지게 되고 행복을 느끼게 된다. 그것은 치매 예방에도 도움이 된다.

5) 감사하라.

감사는 하나님이 우리 인간에게만 주신 보배로운 선물이다. 짐승에게는 감사하는 마음을 주지 아니하셨다. 감사는 근심 걱정과 불평불만과 원망 같은 마음의 질병을 예방하고 치료하는 양약이 된다.

"범사에 감사하라" 라는 말씀은 우리 인생살이에서 가장 귀한 보배요 보약이 되는 말씀이요 가장 지혜로운 생활 철학이요 행복의 비결이다. "범사에 감사하라 이것이 그리스도 예수 안에서 너희를 향하신 하나님의 뜻이니라" (데살로니가전서 5장 18절)

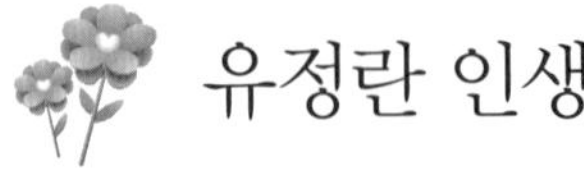# 유정란 인생

　우리가 먹고 있는 계란은 유정란 과 무정란으로 구분 되어 있다. 유정란은 생명이 있어서 병아리가 나오지만 무정란은 생명이 없어서 병아리가 나오지 않는다. 유정란은 생명이 있어서 번식을 하지만 무정란은 그렇지 못하다

　겉보기에는 똑같은 계란으로 보이는데 그 속에는 너무나 큰 차이가 있다. 그것은 생명과 무생명의 차이로서 전자는 생산을 하지만 후자는 생산을 하지 못하고 식용으로만 사용되고 있다.

　인생도 유정란 인생과 무정란 인생으로 구분을 하게 된다. 유정란 인생은 생산적인 사람이요 의미 있는 인생이다. 무정란 인생은 무생산적인 사람으로서 의미 없이 살고 있는 인생을 말한다.

　유정란 인생은 남에게 유익을 주는 사람이요, 남을 배려하고 위로하며 섬기며, 베풀어 주는 사람을 말 한다. 그리고 항상 감사하며 기쁨과 즐거움으로 사는 사람이다.

　이스라엘 백성들이 광야에 있을 때, 가나안 땅을 정복하기 위하여 먼저 열두 명의 정탐꾼을 가나안 땅에 보냈다. 그들이 가난안 땅에 들어가서 사십일 동안 정탐을 하고 돌아와서 정탐 보고를 했는데, 열 사람과 두 사람이 상반된 보고를 했다.

　먼저 열명의 정탐꾼들은 실망을 하고 부정적인 보고를 했다. “그와 함께 올라갔던 사람들은 이르되 우리는 능히 올라가서 그 백성을 치지 못하리라 그들은 우리보다 강하니라 하고” (민수기 13장 31절)

그러나 여호수아와 갈렙은 열 사람의 보고와 반대로 긍정적인 보고를 했다. "갈렙이 모세 앞에서 백성을 조용하게 하고 이르되 우리가 곧 올라가서 그 땅을 취하자 능히 이기리라" (민수기 13장 30절)

이 열두 명의 정탐꾼 중에 열명은 부정적인 사람으로서 무정란 인생이었다.그들은 가나안 땅에 들어가지 못하고 광야에서 무정란 인생으로 다 죽었다. 그러나 여호수아 갈렙 두 사람은 유정란 인생이다. 염려하며 두려워 하는 백성들을 안심 시키고 희망을 주고 용기를 주어서 가나안 정복 전을 승리하게 하였다. 그 두 사람은 유정란 인생으로 죽지 않고 가나안 땅에 들어갔다

마태복음 25장에서 예수님의 말씀하신 달란트 비유에서도 한 달란트를 받은 종은 이익을 남기지 못하여 무익한 종이 되어 무정란 인생이 되었다. 그러나 다섯 달란트를 받은 종은 이익을 남겨서 유정란 인생이 되었다.

우리는 모두가 하나님의 종이요 청지기로서 세상에서 살고 있는 인생이다. 얼마나 오래 사느냐가 중요한 것이 아니고 어떻게 사느냐가 중요하다. 부지런 하고 성실한 청지기로서 이를 남겨서 하나님을 기쁘시게 하고, 이웃과 남에게 기쁨과 유익을 주는 유정란 인생으로 살아야 할 것이다.

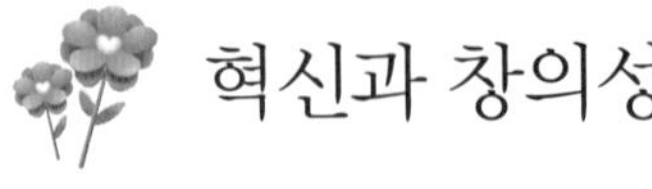 혁신과 창의성

학교에는 교훈이 있고 학급에는 급훈이 있다. 옛날에는 주로 근면, 성실, 협동 등을 학급의 급훈으로 정하고 써서 벽에 걸어 놓았다. 부지런하고 정직하고 진실하고 협동하는 정신을 덕목으로 강조하고 가르쳤다.

그러나 요사이는 그런 것은 별로 볼 수 없고, 혁신, 창조, 창의성을 강조하고 있다. 그만큼 시대가 바뀌었고 변했다는 증거이다.

한국교육개발원이 2002년부터 각 학교에 내린 지침이 있다. "이 시대에서 가장 중요한 능력은 창의성입니다. 모든 학교마다 창의성을 키우는데 필요한 교육을 집중적으로 진행하시길 바랍니다".

기업에서도 신입사원을 채용 할 때 가장 먼저 창의성을 본다고 한다. 각 기업의 인사 담당자들 말에 의하면 학벌이나 어학 시험점수, 자격증만 많이 가진 신입사원이라고 해서 반드시 업무에 그만큼 도움이 된다는 것은 아니라는 것이다. 그래서 현대는 창의성을 가진 인재를 찾고 있다는 것이다.

창의성은 새로운 것을 찾아내는 능력을 말 한다. 굳이 창조가 아니더라도 일시적인 것들 속에서 새로운 것을 찾아내는 능력이기도 하다. 창의성은 반복되는 일상으로 지치고 무기력한 나의 삶에서 무한한 잠재력을 발굴해 내는 능력이다. 이러한 창의성은 현실에만 안주하지 않는다. 미래를 바라보며 비전을 꿈꾸는 것이다. 불가능한 상황에서 가능성을 찾아내는 용기이기도 하다.

영국 옥스퍼드 대학교 강의실에서 특별한 시험을 치는데, 다음과 같은 이상한 시험 문제가 출제 되었다는 에피소드가 있다. "예수님이 물로 포도주를 만든 기적에 담긴 종교적이며 영적인 의미를 서술하라" 라는 시험 문제이다. 학생들은 이 특별한 문제를 두고 제각기 답안을 쓰고 있는데, 그 중에 한 학생은 답안을 쓰지 않고 우두커니 앉아 있었다. 이때 시험을 감독하는 교수가 이 학생에게 다가가서 "뭐라도 써야 하지 않을까" 라고 충고를 했다. 그제야 이 학생은 답안지에 쓰기를 시작했는데, "물이 자신의 주인을 만나자 얼굴이 붉어 졌도다" 라고 썼다는 것이다.

단 한 줄의 답안이지만 여기에 그 학생의 창의성을 보인 것이다. 남들은 생각지도 못한 것을 창의력을 발휘하여 쓴 것이 유명한 말이 되었다 창의적인 사고는 이처럼 놀라게 하고 감동을 준다.

현대는 혁신과 창의력의 시대이다. 창의성을 가지고 혁신하는 사람이 성공하는 시대이다, 목회도 창의력을 가진 목사들이 목회를 성공했다. 예컨대, 나의 총신 64회 동기인 고 옥한흠 목사는 그의 창의성으로 제자훈련이라는 프로그램을 개발하여 성공을 했고, 홍정길 목사는 전도폭발로 성공했고, 고 하용조 목사는 경배와 찬양으로 성공했고, 김삼환 목사는 특새(특별새벽 기도)를 통하여 대교회로 성장시켰다.

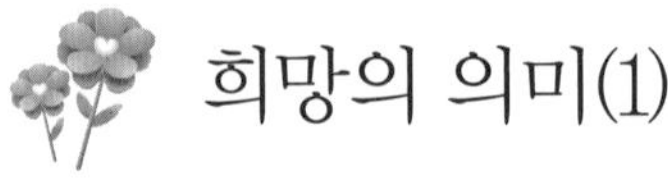 희망의 의미(1)

현대의 뛰어난 사상가인 에리히 프롬은 인간을 호모 에스페란스(homo esperans) 라고 정의 했다. 에스페란스는 라틴 말로 희망이라는 뜻이다. 인간을 희망이라고 정의한다면, 인간과 희망은 그만큼 밀접한 관계를 가지고 있다는 뜻이다.

인간에게 희망은 절대 필요하고, 희망이 없이는 살 수 없는 존재가 인간이다. 오늘 현실이 아무리 불행해도, 내일에는 행복이 온다는 희망을 가지면 얼마든지 오늘의 불행을 극복하고 살 수 있는 것이다.

희망의 철학자 안병욱 교수의 희망론을 적어본다. "인간은 희망을 가지는 존재다. 인간은 희망을 먹고 산다. 희망은 정신의 가장 중요한 양식이다. 희망은 어둠을 비치는 등불이요, 약자에게 용기를 주는 활력소요, 정신에 생명력을 부여하는 강장제이다.

희망의 여신은 언제나 밝은 얼굴이다. 그녀는 낙심과 절망을 모른다. 그녀는 언제나 생기가 발랄하고, 걸음걸이는 경쾌하고, 표정은 명랑하고, 얼굴에는 미소가 항상 서리어 있다. 희망의 반대는 절망이다. 절망은 죽음에 이르는 병이요, 희망은 생명에 이르는 힘이다. 희망이 넘치는 사람과 절망에 빠진 사람을 보라. 하늘과 땅의 차이요, 생명과 죽음 같은 차이이다".

루터는 희망을 정의하여 "강한 용기요, 새로운 의지" 라고 했다. 희망은 우리에게 큰 용기를 주고 새로운 의지를 발동 시킨다. 철학자 아리스토텔레스는 "희망은 잠자는 자의 꿈이 아니고, 깨여 있는 자의 꿈이라” 고 갈파했다.

인간에게는 꿈이 필요하다. 꿈은 희망과 같은 말이다. 생명이 있는 곳에는 언제나 희망이 있다. 목숨이 있는 한 희망은 결코 사라지지 않는다. 절망의 힘은 강하다. 그러나 희망의 힘은 더 강하다. 그래서 희망은 절망을 극복한다. 절망은 약자의 결론이요, 어리석은 자의 표정이다. 희망은 강자의 결론이요, 현명한 사람의 노래이다.

사람은 언제나 희망을 먹고 산다. 환자는 나의 병이 나을 것이 라는 희망이 있기 때문에 아픔과 고생을 참는다. 불행한 사람은 내일은 오늘보다 좋아지리라는 희망이 있기 때문에 그 불행을 참고 견딜 수 있다. 가난한 사람은 언젠가 잘 살 때가 올 것이라는 희망이 있기 때문에 현재의 가난을 이겨 낼 수 있다. 실패의 고배(苦杯)를 마신 자는 재기(再起)의 희망이 있기 때문에 칠전팔기(七顚八起)의 용기로 새 출발을 할 수 있는 것이다.

“대저 의인은 일곱 번 넘어질지라도 다시 일어나려니와 악인은 재앙으로 말미암아 엎드러 지느니라” (잠언 24장 16절)

희망의 의미(2)

비엔나 대학의 신경과 교수였던 빅토르 E 프랑클(Victor E. Frankle)은 "인간은 의미를 추구하는 존재" 라고 했다. 그가 말한 의미는 '보람' 이라고도 할 수 있고, '희망' 이라는 의미도 내포하고 있다. 그래서 인간은 희망을 추구하는 존재라는 말을 한다.

프랑클 교수는 유대인 정신과 의사로서 제2차 세계 대전 당시 아우스비츠 포로수용소에서 3년 동안 온갖 고초를 다 겪었다. 굶주림, 추위, 공포, 질병, 강제노동, 불안, 좌절감, 동상, 압제, 절망 등 인간으로서 겪을 수 있는 모든 고난을 다 격었으나 그는 죽지 않고 살아나왔다.

그러면 그가 그 어려운 죽음의 수용소에서 3년 동안이나 어떻게 버틸수가 있었으며, 어떻게 죽지 않고 살아나올 수 있었느냐? 라는 의문 내지는 질문을 하게 된다. 그 놀라운 승리 앞에 우리는 고개를 숙일뿐이다.

"어떻게 죽지 않고 승리 했느냐" 사람이 몸이 튼튼하다고 반드시 살아남는 것은 아니다. 그가 죽지 않고 살 수 있었던 것은 정신력이었다고 증언한다.

"나는 살아남을 수 있다는 굳은 신념이 죽음을 이겨내었다. 나는 살아서 보람있는 일을 해야 한다는 희망과 사명감이 절망을 극복하는 원동력이 되었다." 라고 했다. 희망의 힘, 신념의 힘, 의지의 힘이 있는 한, 아무리 어려운 상황 속에서도 결코 죽지 않는 다는 것이다.

나는 이제 여기서 죽고 만다고 생각하면, 그 사람은 죽을 수밖에 없다. 그러나 나는 무슨 일이 있어도 살아야 한다. 나는 꼭 살아남을 수 있다는 희망과 신념을 가지게 되면 죽음을 이기는 용기가 솟구쳐 오르게 된다. 절망은 사람을 죽이게 하지만 희망은 그 죽게 된 사람을 살게 한다.

희망은 인생의 종착역인 죽음에 도달할 때까지 계속해서 끌고 간다. 우리는 희망을 태양과 등불에 비유한다. 태양이 비치면 만물이 밝고 따뜻해 진다. 희망은 태양처럼 우리에게 밝은 빛을 비추어 준다. 등불도 어둠을 몰아내고 밝게 해 준다. 그래서 희망의 등불이라고 한다.

인간은 원래가 어둠의 아들이 아니고 빛의 아들이다. 암흑의 딸이 아니고 광명의 딸이다. 산다는 것은 희망을 가지는 것이다. 희망의 무지개가 없이는 살아갈 수가 없다. 우리는 마음의 밭에 희망의 나무를 가꾸어야 한다. 희망의 나무는 그 잎사귀가 푸르고 그 꽃은 붉고 그 향기는 훈훈하고 그 열매는 아름답고 그 뿌리는 끈질기다.

희망은 기쁨의 어머니요, 용기의 아버지다. 희망이 있는 곳에는 언제나 기쁨과 용기가 솟구친다. 성령이 충만한 베드로는 희망의 설교를 했다. "그러므로 내 마음이 기뻐하였고 내 혀도 즐거워 하였으며, 육체도 희망에 거하리니"(사도행전 2장 26절)

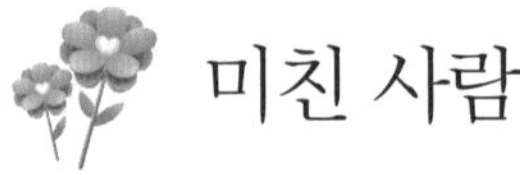# 미친 사람

우리 인간 사회에서 '미친 사람' 이라는 말은 부정적으로 쓰이고 있다. 정신이 잘못된 사람, 정신이 정상이 아닌 자, 정신 이상자를 미친 사람이라고 한다. 그래서 이 말은 명예를 훼손하는 말이요 욕이 되는 말이다.

몇 년 전 어느 목회자 세미나에서 어느 강사가 다음과 같은 유머로 청중을 웃긴 기억이 난다. "절세미인, 이라는 말의 뜻을 아십니까?" 그것은 절간에 세를 들어 사는 미친 여자라는 말입니다.

미쳤다는 말, 미친 사람이라는 말은 이렇게 부정적으로 하고 욕으로 쓰이고 있다. "그 사람 미쳤다" 라고 한다면 심한 모욕으로 듣게 된다.

그러나 이 말을 긍정적으로 생각하면, 오히려 유익한 말로서 성공의 비결이 되는 말이 된다. '미치다' 라는 단어를 사전에 보면, 정신 이상이라는 뜻만 아니고, 어떤 일에 정신을 집중한다는 뜻도 있다. 그 일에 정신을 전적으로 집중한다는 뜻이다, 그 일에 정신을 올인 한다는 것이다.

사람이 무슨 일이나 성공을 하려고 하면 먼저 그 일에 몰두해야 한다. 정신을 전적으로 집중해야 한다. 무슨 일이나 그렇게 해야 성공할 수 있고 목표를 달성할 수 가 있는 것이다.

예컨대, 미켈란젤로는 미술에 미쳐서 위대한 작품을 만들어 냈고, 베토벤은 음악에 미쳐서 인간의 심금을 울리는 걸작을 만들어 낼 수 가 있었고, 에디슨은 발명에 미쳐서 수많은 명품을 만들어서 인류에게 공헌하는 위대한 과학자가 된 것이다.

그는 전구 하나를 발명 하는데 수백 번의 실험을 했다는 것이
다. 그것은 그것에 미쳤기 때문에 그렇게 할 수 있었던 것이다.

이렇게 본다면, 미친 사람이 큰일을 할 수 있고, 미친 사람이
성공할 수 있다는 논리가 성립된다. 그 일에 미치지 않고는 결
코 성공 할 수 없는 것이다.

인생에서 불행한 것은 아무것에도 미치지 못하고 애정을 느
끼지 못하는 것이다. 사랑하는 사람도 없고, 직장도 없고, 할
일도 없고, 가정도 없을 때, 살맛이 나지 않고, 생의 의미를 잃
어버리게 된다. 그렇게 되면 허무주의에 빠지게 된다. 사랑의
대상이 없는 것이 허무주의요 사랑의 대상을 갖지 못할 때 허
무주의가 발생한다.

미친다는 것은 사랑의 대상을 찾는 것이요 그 대상에 나의
의지와 감정과 정열을 집중하는 것이다. 체념이나 단념, 의욕
상실, 권태와 같은 것은 모두가 미치지 못하는데서 생기는 병
이다. 이러한 병에 걸릴 때 인생은 빛을 잃고, 활기를 상실하며
박력은 사라진다.

그렇기 때문에 사람은 누구나 미치는 데가 있어야 한다, 하나
님은 우리 죄인을 사랑하는데 미치셨기 때문에 예수님을 세상
에 보내셨고, 예수님은 우리를 구원하는데 미치셨기 때문에 십
자가를 지신 것이다. 사도 바울은 그 하나님의 사랑과 그 예수
님의 은혜에 미쳤기 때문에 목숨을 다 바쳐서 복음을 전했다.
이제는 우리의 차례요 나의 차례이다. 우리도 그분에게 미쳐야
마땅하다.

여기에 인생의 보람이 있고, 행복이 있고, 구원이 있다.

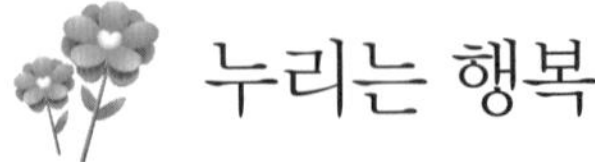 누리는 행복

"행복은 무엇이며 어떤 것이냐?" 라고 묻는 다면, 그것은 소유하는 것이 아니고 즐기는 것이다. 그것은 손으로 만지는 것이 아니고 마음으로 기뻐하는 것이다. 그것은 가지는 것이 아니고 느끼고 누리는 것이다.

그렇기 때문에 소유를 많이 가졌다고 해서 반드시 행복한 것이 아니고 적게 가졌다고 해서 반드시 불행한 것은 아니다. 오히려 적게 가진 소유가 더 행복한 경우도 있다.

예컨대, 10억의 재산을 가진 사람이 사업을 실패하여 재산이 7억으로 줄어든 사람과 3억을 가진 사람이 사업을 잘 하여서 재산이 5억으로 늘어난 경우를 생각해 본 다. 이런 경우에 누가 더 행복하냐? 당연이 후자일 것이다. 7억을 가진 사람은 불행하게 생각하지만, 5억을 가진 사람은 행복 하게 생각 할 것이다. 7억으로 더 많이 가진 사람은 불행하지만 5억을 가진 사람은 행복하다는 것이다.

지금부터 40년 전에 내가 교회를 개척하기 위해서 부산에 처음 왔을 때 전임 목사(고 정재숙 목사)가 살던 사택에 전화기가 한 대 있었다. 그때는 서민들의 가정에는 전화기가 없는 때였다. 우리 가정도 생전 처음으로 전화기가 있으니 온 집안 식구들이 그 전화기로 즐거운 행복을 누리는 경험을 했다. 전화벨 소리가 울리면 신기해서 아이들이 서로 받으려고 다투기도 했던 기억이 난다.

그러나 그 때에도 부잣집의 아이들은 태어날 때부터 집에 전화기가 있었기 때문에 그 전화기에 대한 즐거움의 행복을 누리지 못했을 것이다. 스마트폰을 가지고 있는 요사이 아이들이 옛날 유선전화기의 행복을 말한다면 이해를 못하고 웃기는 애기라고 할 것이다.

처음에는 셋방에 살다가 전셋집으로 옮겨가는 즐거움이 있고, 변두리의 작은 집에서 살다가 대단지 아파트로 이사를 하게 되면 기쁨이 있고 행복을 느끼게 된다. 그런 성장의 과정 속에서 행복을 누리는 것이다.

부자 부모를 둔 덕분에 처음부터 큰 집을 얻어 분가하는 자녀들은 부모가 겪은 아기자기한 행복과 기쁨을 맛보지 못한다. 그래서 서양 가정에서는 자녀들을 일찍부터 자력으로 살아가는 방법을 터득 하도록 하는지도 모른다. 그래야 삶의 보람을 느끼고 행복을 누릴 수 있기 때문이다.

부모로부터 재산을 물러 받지 못한 자녀들은 올라갈 일만 남아 있어도, 부모 덕분에 많은 것을 가진 자녀들은 내려오는 과정만 남아 있을 뿐이라는 이치가 성립된다. 더 이상 올라갈 길이 없는 사람은 내려와야 하는 불행의 과정이 있다는 사실이다

부자가 된 사람은 앞으로 부자가 될 수 있는 가난한 사람보다 불행하며, 높은 지위에 있는 사람은 높아질 가능성이 있는 낮은 지위의 사람보다 불행할 수 있다.

이렇게 본다면 무엇을 소유 하는가 보다 어떻게 가치 있는 삶을 누리는 가가 행복의 조건이 된다. 무엇을 얻는가도 중요하지만 이웃과 사회에 무엇을 주는가가 더 높은 가치의 행복을 누리게 된다.

행복은 부요한 소유에 있는 것이 아니고 느끼고 생각하고 누리는 것이다.

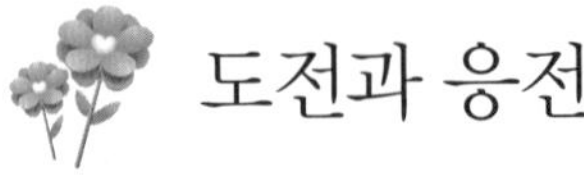

도전과 응전

　역사학의 아버지라 일컫는 토인비(Arnold Toynbee)는 역사를 "도전과 응전의 과정" 이라고 정의 했다. 도전(挑戰)은 역사를 일으키는 시작이요 응전(應戰)은 그 역사를 성취시키는 결과이다.

　그렇기 때문에 역사에는 도전이 필요하다. 도전이 없이는 역사가 일어나지 않기 때문이다. 그런가 하면 응전은 더 중요하고 필요한 것이다. 한 역사가 시작이 되었다 해도 거기에 대한 응전이 없으면 그 역사는 성취하지 못하고 무의미 한 것으로 끝나 버리기 때문이다.

　우리는 성경에서 다윗과 골리앗이 대결한 전쟁역사에서 그 좋은 예를 볼 수 있다. 그 역사는 골리앗의 도전으로 시작되었다. "그 블레셋 사람이 또 이르되 내가 오늘 이스라엘 군대를 모욕하였으니 사람을 보내어 나와 더불어 싸우게 하라 한지라" (사무엘상 17장 10절)

　골리앗의 이러한 도전에 이스라엘 군사들은 겁을 먹고 피하고 숨었지만 어린 다윗의 응전으로 역사는 이루어진 것이다. "다윗이 블레셋 사람에게 이르되 너는 칼과 단창으로 내게 나아오거니와 나는 만군의 여호와의 이름 곧 네가 모욕하는 이스라엘 군대의 하나님의 이름으로 네게 나아가노라" (사무엘상 17장 45절) 어린 다윗의 용감한 응전으로 위대한 역사가 이루어진 것이다. 도전은 모험이지만 응전은 결사 항전이다. 거기에는 목숨을 걸고 죽음을 각오한 결사의 정신이 있다. 그렇기 때문에 응전에는 희생이 따른다. 역경과 고난을 각오한 희생정신이 없이는 불가능한 것이 응전이다.

"잔잔한 바다에서는 유능한 사공이 태어날 수 없다"는 말이 있다. 거친 파도가 유능한 사공을 만든다는 말이다. 골리앗이 이스라엘을 향해 대 선전 포고를 했을 때 이스라엘 나라의 운명은 풍전등화처럼 보였다. 이런 때에 다윗이 나타나서 승리하여 이스라엘을 구출하여 위대한 영웅이 된 것이다. 겁나고 무서운 전쟁이 다윗을 위대하게 만든 것이다.

하나님은 사람을 통해 역사 하시는데, 그냥 하시는 것이 아니고 그 사람을 역경과 고난으로 훈련시켜서 연단한 후에 들어 쓰시는 것이다. 요셉이 그러했고, 모세가 그러했고, 다윗이 그러했다.

토인비의 말처럼 인간의 역사는 도전과 응전인데, 우리의 삶과 신앙생활에도 때때로 도전이라는 역경과 어려운 시험들이 있다. 겁내거나 걱정 하지 말고 다윗처럼 하나님의 능력을 믿고 응전해야 한다. "내 형제들아 너희가 여러 가지 시험을 당하거든 온전히 기쁘게 여기라 이는 너희 믿음의 시련이 인내를 만들어 내는 줄 너희 앎이라"(야고보서 1장 2절-3절)

코로나19는 이 지구촌에 내린 대 재앙이요 인류를 향한 중대한 도전이다.

"문제는 인간이 이 도전에 대항하여 어떻게 응전 하느냐"이다.

# 뇌 과학의 행복

태초에 하나님이 만드신 우리 인간(아담)의 몸의 구조는 신비, 그 자체이다. 그 중에 '뇌' 는 인간의 이성으로 이해할 수 없고 과학으로 증명할 수 없는, 그야말로 창조주 하나님(神)의 신비한 작품이다.

뇌 과학자들에 따르면, 우리의 뇌에는 혈관이 있는데 그 혈관 사이에 일천억 개의 신경 세포가 있다고 한다. 그 신경세포가 우리의 몸을 통제하고 있다는 것이다.

이러한 뇌는 쓰면 쓸수록 발달하여 살아나고. 건강해지고 젊어진다는 것이다. 그래서 80대가 20대의 뇌를 가질 수 있고 나이와 상관이 없이 자신의 노력에 의하여 얼마든지 젊어질 수 있다는 것이다.

뇌의 건강은 행복과 관계가 있기 때문에 뇌 건강의 비결을 적어본다.

1. 새로운 일에 호기심을 가지고 끊임없이 연구하고 노력하는 것이다. 뇌는 새로운 것에 도전하는 것을 좋아하기 때문에 그런 것에 호기심을 발휘할 때에 뇌가 젊어진다.

예컨대, 노인들이 젊은 사람들과 어울리게 되면 그만큼 뇌 세포가 젊어지게 되고 발전하게 된다는 것이다. 뇌는 새로운 것을 좋아하기 때문이다. 그런 의미에서 해외나 낯선 곳에 여행을 하는 것은 뇌 건강에 도움이 된다.

2. 어떤 목표를 세워 놓고 그것에 대한 꿈과 희망을 가지며 그것의 성취를 위한 기대감을 가지는 것이다. 꿈과 목표가 있는 사람은 그 꿈이 이루어지고 그 목표가 성취되기 까지는 죽

지 않는다는 말이 있다.

2차 대전당시 독일의 유대인 수용소에서 육백만 명이 죽었지만 빅터 프랭클 이라는 사람은 죽지 않고 살아남아 고국으로 돌아갔다. 그가 죽지 아니한 비결은 죽음의 수용소 안에서도 꿈과 희망을 가졌기 때문이다.

3. 매사를 긍정적으로 생각하고 감사하는 마음을 가지는 것이다. 항상 웃으며 감사하게 되면 뇌에서 세로토닌이 분비되어서 행복한 삶을 살 수 있다. 항상 불평하고 원망하며 부정적으로 생각하며 사는 사람의 뇌는 상처를 입어서 불행하게 살 수밖에 없다.

우리 한국은 자살률이 세계 일위라는 오명을 가지고 있고, 화병(火病)이라는 특이한 병을 가지고 있다. 뇌가 상처를 입게 되니 자살을 하게 되고, 근심 걱정 고민이 쌓이게 되니 그것이 우울증이 되고 화병이 되는 것이다.

사람은 동물과 달리 생각을 많이 하며 살고 있는데, 하루에 오만 가지나 생각을 한다고 말한다. 그래서 흔히 '오만 생각을 다 했다' 라는 말을 한다. 더 놀라운 사실은 그 오만 가지 생각 중에 4만9천 가지는 부정적인 생각이라는 것이다. 불만 불평 하는 마음, 시기 질투 하는 마음, 짜증 원망하는 마음등은 모두가 우리의 뇌를 상하게 하는 것이다. 뇌가 상하게 되면 내 자신이 불행해 진다. 밤에 잠이 잘 오지 않는 원인 중의 하나도 뇌가 상했기 때문이다.

행복하게 살려면 뇌를 배려해야 된다. 항상 감사하는 마음, 긍정적인 생각으로 살면 우리의 뇌는 활발하게 움직이고 활기가 넘쳐서 행복하게 살게 된다.

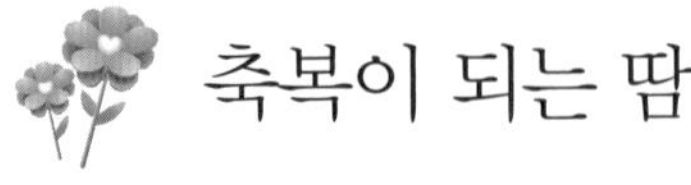 축복이 되는 땀

우리의 몸에서 분비되는 액체 중에 침과 눈물, 콧물, 오줌과 피와 땀이 있다. 이러한 액체들이 배출되는 것은 건강과 깊은 관계가 있다.

그중에서 땀을 생각해 본다. 땀의 성분 중 99%는 물이다. 나머지 1% 중 절반은 나트륨이다. 땀은 우리의 몸의 체온을 조절하는 기능을 가지고 있다. 그리고 오줌과 함께 노폐물을 배출하는 역할을 하고 있다.

성경에는 땀이 가지는 의미가 흥미롭게 기록되어 있다. 먹지 말라는 선악과를 먹은 아담과 하와에게 하나님은 "아담에게 이르시되 네가 네 아내의 말을 듣고 내가 네게 먹지 말라 한 나무의 열매를 먹었은 즉 땅은 너로 말미암아 저주를 받고 너는 네 평생에 수고하여야 그 소산을 먹으리라. …네가 흙으로 돌아갈 때까지 얼굴에 땀을 흘려야 먹을 것을 먹으리니 네가 그것에 취함을 입었음이라"(창세기 3장 17절-19절)라고 말씀하셨다.

이 말씀은 하나님이 우리 인간에게 수고하여 땀을 흘려야 먹고 살 수 있다는 명령의 말씀이다. 여기서 중요한 것은 땀 자체가 아니라 수고하여 흘리는 땀을 말한다. 그 땀을 흘리게 되는 과정을 말한다. 그 땀 자체에 효능이 있는 것이 아니라 그 땀을 흘리는 과정에서 건강의 축복이 있다는 것이다.

수고하여 땀을 흘리게 되면, 우리 몸의 면역기능이 강화된다는 것이다. 혈액순환이 활발해지게 되고 근육도 활성화되고 장기도 원활하게 운동을 하게 되어서 체력이 그만큼 더 튼튼하게 된다.

그뿐 아니라 엔도르핀 같은 호르몬이 분비되어 감정을 순화시키고 몸의 신진대사도 촉진시켜서 상쾌한 기분으로 행복감을 가지게 된다는 것이다. 하나님이 말씀하신대로 땀을 배출할 때에 축복의 샘이 터지는 것이다. 하나님은 수고한 뒤에 흘리는 땀을 통해 건강의 복을 주신다.

여기서 우리는 예수님이 흘리신 땀을 기억하게 된다. 그 엄청난 고통의 십자가를 앞에 두신 주님은 겟세마네 동산에서 피땀을 흘리며 기도하셨다. "예수께서 힘쓰고 애써 더욱 간절히 기도하시니 땀이 땅에 떨어지는 핏방울 같이 되더라"(누가복음 22장 44절)

예수님이 흘리신 땀의 성분도 우리와 같이 99%의 물이다. 그러나 그 땀에는 힘을 쓰고 애를 쓰신 수고의 과정이 있었다. 그 땀의 결과로 오늘 우리는 구원과 영생의 축복을 받게 된 것이다.

"네가 네 손이 수고한 대로 먹을 것이라 네가 복되고 형통하리로다"(시편 128편 2절) "네가 얼굴에 땀을 흘려야 먹고 살리라"(창세기 3장 19절) 수고하지 아니한 땀은 축복의 땀이 아니다. 그것은 식은땀이다. 가치가 없는 땀이다. 열심히 일을 해서 흘리는 뜨거운 땀이 축복이 된다.

# 엄마와 어머니

　5월은 가정의 달이다. 가정이라면, 부부를 말하고 부모와 자녀들의 공동체를 가정이라고 한다. 이러한 공동체로서 이 공동체의 중심은 역시 '어머니' 다.

　어머니가 가정의 중심이라는 말은 어머니의 위치와 역할이 그만큼 소중하고 귀하다는 말이다. 예컨대, 조실부모(어릴 때 부모를 잃음)한 가정의 자녀들을 보게 되면, 아버지 보다 어머니를 잃었을 경우에 그 자녀들의 상처가 그 만큼 더 크다는 사실을 나 자신이 경험을 했다.

　이러한 가정의 중심인 어머니의 호칭에 대하여 생각해 본다. 어머니의 호칭은 여러 가지가 있지만 대게 두 가지 "엄마, 어머니" 로 부르고 있다. 경북 북부 지방에서는 사투리로 '어메' 라고도 부른다.

　그러면 엄마와 어머니는 무엇이 다르며 어떤 사람들이 부르는 호칭이냐? 어떤 사람들은 '엄마' 라고 부르고 어떤 이들은 '어머니' 라고 한다. 우리 가정의 자녀들을 보게 되면, 첫째와 셋째는 '엄마 아빠' 라고 하고 둘째와 막내는 '어머니 아버지' 라고 한다. 뭐 별다른 이유가 없이 그저 습관을 따라서 부르게 된 것 같다.

　교도소의 어느 수인(囚人)이 다음과 같은 글을 남겼다. "나는 평소에 엄마라고 불렀다. 그런데 내가 엄마보다 키가 더 크고 나서는 어머니라고 부른다. 그런데, 그 어머니가 한번은 교도소에 면회를 왔을 때 나도 모르게 엄마라고 불렀다. 내가 육체의 키는 엄마보다 더 크지만, 정신적인 키는 어머니 보다 작기 때문에 엄마라는 말이 입에서 자연스럽게 나왔다" 이 아들은 성숙하지 못하여 정신적으로 키가 작기 때문에 실수하게 되어 교도소에 들어오게 된 것이다.

이러한 사례들을 종합을 하여 분석하게 되면, 대체적으로 어릴 때는 엄마라고 하다가 성인이 되면 어머니 라고 호칭을 바꾸게 된다는 것이다. 누가 시켜서가 아니라 자연히 스스로 그렇게 변하게 되는 것으로 보여 진다. 이러한 호칭은 엄마 뿐 아니라 아빠도 마찬가지로 보고 있다. 그래서 "어릴 때는 엄마 아빠, 라고 하다가 장성하면(철이 들면)아버지 어머니"로 변하게 된다. 중년이 되어서도 "아빠 엄마" 라고 한다면 어쩐지 어울리지 않게 보인다.

"여자는 약하지만 어머니는 강하다" 라는 말이 있다. 자고로 위대한 인물의 배후에는 훌륭한 어머니가 있었다. 예컨대, 모세의 어머니(요게벳)가 그러했고, 사무엘의 어머니(한나)가 그러 했다.

6.25 전쟁 당시 국군들이 후퇴 하다가 어느 길가에서 쓰러져 있는 한 여인을 발견했다. 가까이 가서 보니 그 쓰러져 있는 여인의 품에서 어린 애기가 엄마의 가슴에서 피를 빨고 있었다. 그 엄마는 피란을 가느라고 며칠을 굶었기 때문에 젖이 나오지 않으니 젖꼭지를 자르고 애기에게 피를 먹인 것이다. 애기는 엄마의 피를 빨아 먹고 살았지만, 엄마는 몸에 피가 다 빠지니 숨을 거두게 된 것이다. 생명보다 더 강하고 위대한 어머니의 피의 사랑이요 희생의 사랑이다.

미담(美談)의 교훈

20대 중반의 한 남자가 낡은 트럭 한대를 끌고 미군부대 청소를 하청 받아서 사업을 시작했다. 한번은 트럭에 물건을 싣고 인천에서 서울로 돌아오는 길에 한 외국인 여성을 만났다. 이 외국인 여성은 도로 가에서 차를 세워놓고 몹시 난처한 표정으로 서 있는 모습이다.

그냥 지나가려다가 차를 세우고 사정을 물어 보았더니 차가 고장이 나서 가지 못하고 여기 서 있다고 한다. 그래서 1시간 30분 동안 땀을 흘리며 그 고장난 차를 고쳐 주었다.

외국인 여성은 너무 고맙다면서 상당한 금액을 수고비로 내놓았다. 하지만 그는 그 돈을 거절하면서 기어코 받지 아니했다. 그러면 아저씨의 주소라도 알려 달라고 해서 그는 주소만 알려 주고 집으로 돌아 왔다.

그런데 그 다음날 그 외국인 여성은 자기 남편과 함께 찾아 왔다. 그 남편이 고맙다고 인사를 하는데. 알고 보니 그 남편은 미 8군 사령관이었다 그 외국인 여성은 그 8군 사령관의 아내 였다.

사령관은 그 자리에서 자동차 수리비를 지불하려고 하니 다시 사양하고 거절한다. 그리고 말하기를 "저를 도와주시려면 명분 있는 것으로 도와 주십시요" 라고 했다. 그랬더니 "명분 있게 도와주는 방법이 무엇입니까?" 라고 묻는다. 나는 운전사로서 고장난 차를 잘 고칠 수 있습니다. 그러니 미 8군에서 나오는 폐차를 내게 주시면 내가 그것을 인수하여 수리하는 사업을 하겠습니다. 그러니 "미 8군에서 나오는 폐차를 인수하는 인수권을 내게 주십시요."

사령관은 그 말을 듣고 승낙을 하고 인수권을 주었다. 인수권을 받은 그는 그것으로 사업을 시작했는데. 그것이 오늘날의 대한항공사가 된 것이다.

이 이야기는 실화로서 미담으로 전해지고 있다. 한동안 우리 사회를 시끄럽게 만들었던 '물컵갑질' 사건의 주인공 조현민과 '땅콩리턴' 사건의 주인공인 조현아 전 대한항공 부사장의 할아버지인 대한항공 창업주 조중훈 회장의 실화이다.

이 실화에서 우리에게 주는 교훈은 "할아버지는 남을 위하고 도와준 것이 결국 자신을 위한 것이 되었고 손녀들은 남을 공격하다 보니 결국 자신을 공격한 것이 되고 말았다" 는 사실이다.

세상에 공짜는 없다. 공짜로 받는 것에 대해서는 그 가치를 망각할 때가 많다. 마치 공기와 물이 우리에게 없어서는 안 될 만큼 귀한 것이지만 우리는 그 가치를 잊어버리고 살고 있는 것과 같다.

대한항공의 창업자 조중훈 회장은 이웃을 도와주는 봉사의 정신으로 자수성가하여 사업을 성공했지만 그의 자손들은 금수저로 자라서 기업을 공짜로 물려 받았기 때문에 그 가치를 알지 못했다. 그것은 자식 교육을 실패하는 재벌들의 약점이라고 할 것이다.

내가 한 행동은 후일에 반드시 내게 돌아온다는 교훈을 더해 준다. 따라서 작은 것이라도 남에게 베풀게 되면 그것이 훗날 내게 좋은 것으로 돌아온다는 교훈이다. "주 예수께서 친히 말씀하신바 주는 것이 받는 것 보다 복이 있다 하심을 기억하여야 할지니라" (사도행전 20장 35절 하반절)

 섬기는 지도자

지도자는 두 유형이 있다. 그것은 리더(Leader)형과 보스(Boss)형이다.

리더라는 말은 인도자, 지휘자, 지도자를 의미하고, 보스는 우두머리 두목이라는 말이다. 리더와 보스는 그 의미와 성격이 다르다. 리더는 섬기는 형이고 보스는 군림하는 형이다. 세상에는 군림하는 보스형의 지도자는 많지만, 섬기는 리더형은 많지 않는 우리 인간사회의 현실이다.

리더형과 보스형을 비교하여 아래에 적어 본다.

1. 리더는 사람을 이끌고 가고, 보스는 사람을 몰고 간다.

2. 리더는 선의에 의존하고, 보스는 권위에 의존한다.

3. 보스는 회초리를 필요로 하지만, 리더는 회초리가 필요 없다.

4. 리더는 '우리' 라고 하지만, 보스는 '나' 라고 한다.

5. 리더는 '가자' 라고 권하지만, 보스는 '가라' 고 명령한다.

6. 리더는 구성원들을 신뢰하지만, 보스는 남을 믿지 않는다.

7. 리더는 구성원들에게 희망을 주지만, 보스는 겁을 준다.

8. 리더는 구성원들을 존경하지만, 보스는 복종을 요구한다.

9. 리더는 권위를 쌓지만, 보스는 권력을 쌓는다.

10. 리더는 타협을 잘 하고 대화를 좋아 하지만, 보스는 타협을 모르고 대화를 거부한다.

11. 리더는 여러 개의 귀를 가지고 있지만, 보스는 자기에게

듣기 좋은 말만 듣는 귀 하나만 가지고 있다.

12. 리더는 무엇이 잘 못되었는가를 알려 주지만, 보스는 누가 잘못되었는가를 지적한다.

13. 리더는 자신이 한 말에 책임을 지지만, 보스는 자신이 한 말도 무시 해 버린다.

14. 리더는 지지자를 만들고, 보스는 부하를 만든다.

15. 리더는 구성원들의 짐을 덜어 주지만, 보스는 무거운 짐을 지운다.

16. 리더는 앞장서서 이끌어 주지만, 보스는 뒤에서 호령을 한다.

카우보이는 뒤에서 양들을 몰아가지만, 목자는 양들 앞에 서서 역경을 해치며 이끈다. 설탕은 자기 맛을 내기 위해서 녹지만, 소금은 남의 맛을 내어 주기 위해서 자신이 녹아준다.

예수님은 만왕의 왕이신 동시에 섬기는 지도자로 세상에 오셨다.

"인자가 온 것은 섬김을 받으려 함이 아니라 도리어 섬기려 하고 자기 목숨을 많은 사람의 대속 물로 주려 함이니라" (마태복음 20장 28절)

# 차선(次善)인생의 행복

"미국 노스웨스턴 대학의 심리학 연구팀이 올림픽에서 메달을 딴 선수들의 얼굴을 분석한 보고서를 낸 바 있다. 그 보고서 내용은 놀랍게도 기쁜 표정을 짓는 선수의 순서가 금, 은, 동이 아니라, 금, 동, 은이었다."

여기서 이상한 것은 은과 동의 순서가 바뀌었다는 것이다. 동메달을 딴 선수의 표정이 은메달을 딴 선수보다 더 기뻤었다는 것이다. 그것은 마음 상태 때문이다. 그 심리 상태를 분석한 결과를 다음과 같이 내놓았다.

은메달 리스트는 "조금만 더 잘했다면 금메달을 딸 수 있었는데" 하면서 금메달의 시각으로 자신을 본다는 것이다. 반면에 동메달을 딴 선수는 메달을 따지 못한 선수들의 관점에서 자신의 동메달을 보게 된다. "내가 메달을 따다니!"

그래서 동메달을 딴 선수는 1등을 했기 때문에 더 이상 바라고 기대할 것이 없지만, 동메달을 딴 선수는 앞으로 금메달을 딸 것이라는 기대감으로 희망을 가지고 있기 때문에 더 행복한 것이다.

현대는 경쟁사회로서 치열한 결쟁을 하고 있다. 그래서 어디서나 어떤 일이든지 승리하고 1등 하기를 원하고 있다. 무슨 일이나 1등을 목표하고 달리고 있기 때문에 1등 지상주의의 사회가 되어 있다.

학교 성적이 2등을 한 아들에게 1등을 못했다고 아쉬워하는 부모님을 보고 괴로워하는 아들이 있는가 하면, 서울대학에 못

들어간 자신을 비관하여 스스로 목숨을 끊는 아들(S교회)도 있는 현대의 우리 사회이다.

인간의 욕심은 끝이 없고 한정이 없다. 치열한 경쟁에서 승리하고 1등을 하여 목표를 달성했다고 해도 만족은 없다. 또 다른 것을 바라고 욕심을 가지게 되는 것이다. "세상에서 모든 좋은 것을 다 가진다고 해도 참 만족이 없는 인간 세상이다."라는 솔로몬의 인생고백(전도서 2장 8절-11절)이 증거하고 있다.

완벽한 사람은 교만하기 쉽다. 모든 것을 다 가지고 부족함이 없는 사람은 이웃의 도움이 필요 없다. 그런 사람은 접근하기 어렵기 때문에 이웃이 없다.

예수님 당시 바리새인들이 바로 그런 인생이었다. 그들은 스스로 교만하여서 세리 같은 죄인들을 무시하고 감히 상대하지도 아니했다.

하나님은 우리 인간을 창조하실 때 완벽하게 만들지 아니하시고 조금 부족한 피조물로 만드셨다. 2등으로 만드시고 차선 인생으로 만드셨다. 그것은 하나님을 의지하도록 하시기 위함이다. 2등 인생과 차선 인생에게는 기대감이 있고 희망을 가지고 있다. 그래서 겸손한 마음으로 더 노력을 하며 살게 된다.

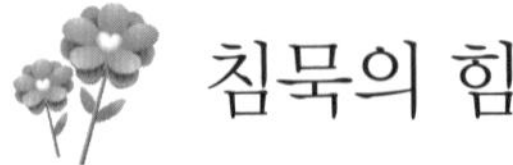

침묵의 힘

　말과 침묵은 상반 되면서도 중요한 관계를 가지고 있다. "웅변은 은이요 침묵은 금"이라는 말은 말을 하지 말라는 의미가 아니다, 필요하고, 덕이 되고, 유익한 말은 하라는 뜻이고, 그렇지 못한 말은 삼가라는 의미라고 생각한다.

　말을 배우는 데는 2년 밖에 안 걸리지만, 침묵을 배우는 데는 오랜 시간이 걸린다. 평생을 두고도 배우지 못하는 사람도 많다. 침묵은 말없이도 무겁지만, 말은 침묵의 배경이 없으면 깊이가 없고 가벼워지게 된다.

　침묵은 말을 하지 않는 것이 아니고 잠시 쉬는 것이다. 사람이 일을 할 때에도 쉬지 않고 무리하게 계속하게 되면 몸이 약해지고 지치게 되는 것처럼, 말도 쉬지 않고 계속 하게 되면 약해져서 그 말이 권위를 잃게 되고 깊이가 없어지게 된다.

　우리는 성경에서 침묵으로 승리한 다니엘의 경우를 보게 된다. 다니엘은 남의 나라에 잡혀 갔으나 다리오 왕의 신임을 얻어서 그 나라의 총리가 되었는 데, 본국 출신 고관들이 다니엘을 시기하여 왕에게 고발을 한다. 그 고발의 내용은 왕을 섬기지 않고 하나님께 기도하는 자는 사자 굴에 잡아넣는다는 것이다.

　이때 다니엘은 얼마든지 왕에게 자신의 억울함을 호소 할 수 있고 변명할 수 있었지마는 그는 일절 말하지 아니했다. 침묵을 지키면서 하나님께 계속 기도했다. 그래서 잡혀 사자 굴속에 들어갔으나 하나님이 천사를 보내어서 사자의 입을 봉하므로 다니엘은 극적으로 살아나오게 되고 다니엘을 모함했던 관리들이 사자의 밥이 되게 했다. 이렇게 다니엘은 위기 가운데서도 침묵하고 하나님께 기도하여 승리했다.

예수님의 침묵은 우리에게 더 귀한 교훈을 주신다. 바리새인들이 음행 중에 잡힌 여자를 예수님 앞에 끌고 와서 말하기를 "모세는 율법에 이러한 여자를 돌로 치라 명하였거니와 선생은 어떻게 말 하겠나이까"(요한복음 8장 5절) 라고 질문을 했을 때, 주님은 시험하기 위함인 줄 아시고 침묵 하시면서 손가락으로 땅에 쓰셨다.(요한복음 8장 6절)

침묵하신 후에 "너희 중에 죄 없는 자가 먼저 돌로 치라"고 말씀하시니 바리새인들은 양심의 가책을 받고 다 돌아갔다. 주님은 침묵의 지혜와 힘으로 돌을 든 바리새인들이 고개를 숙이고 물러가게 하셨다.

그 뿐 아니라 예수님은 무리들에게 잡혀서 총독 빌라도 앞에 왔을 때에 침묵을 지키셨다. 총독이 예수님께 무죄를 말 할 수 있는 기회를 주었지만 주님은 변론하지 아니 하셨다. "빌라도가 또 물어 이르되 아무 대답도 없느냐 그들이 얼마나 많은 것으로 너를 고발하는가 보라 하되 예수께서 다시 아무 말씀으로도 대답하지 아니 하시니 빌라도가 놀랍게 여기더라"(마가복음 15장 4절-5절)

주님은 아버지의 뜻인 줄 아시고 묵묵히 십자가를 지시고 우리를 구원하신 것이다. "그가 곤욕을 당하여 괴로울 때에도 그의 입을 열지 아니 하였음이여 마치 도살장으로 끌려가는 어린 양과 털 깎는 자 앞에서 잠잠한 양 같이 그의 입을 열지 아니 하였도다"(이사야 53장 7절)

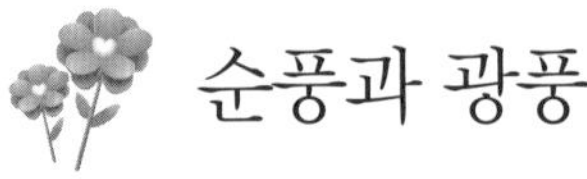 # 순풍과 광풍

　기독교를 박해하는 일에 선봉에 섰던 사울이라는 청년이 다메섹 도상에서 극적으로 예수 그리스도를 만나게 된다(사도행전 9장). 그는 하늘로부터 비추는 빛 앞에 엎드러지면서 "나는 네가 박해하는 예수라" 라는 음성을 듣고 이스라엘과 이방인들에게 복음을 전하는 사도의 사명을 받고 새로운 인생을 출발했다.

　이방선교의 사명을 받은 그는 기독교의 복음을 전 세계에 전파 하는 꿈을 실현하기 위해서는 먼저 로마에 가야만 했다. 그것은 당시 로마는 세계의 중심국가요 강대국이었기 때문에 로마에 가서 전도하기로 결심을 했다.

　그러나 로마로 가는 길은 쉽지 않았다. 그런데, 하나님은 이러한 바울에게 로마로 쉽게 갈 수 있는 길을 열어 주셨다. 그것은 바울이 로마 시민권을 가지고 있었기 때문에 유대인들에게 잡혔을 때에 로마황제에게 상소 한 것이다. 그래서 바울은 돈 한푼 없이 죄수의 몸으로 로마로 호송되어 가게 되었다.

　사도행전 27장에는 이때 사도바울이 배를 타고 로마로 가는 도중에 풍랑을 만난 사실이 기록되어 있다. 바울과 함께 276명이 배를 타고 로마로 가는 데 처음에는 남풍이 순하게 불매 이 배가 순풍의 돛을 달고 항해를 했다. 그런데 갑자기 '유라굴로' 라는 광풍이 크게 일어나서 더 이상 앞으로 나아갈 수가 없게 되었다. 그래서 14일 동안 죽을 고생을 했다. 그러나 하나님의 도우심으로 풍랑은 잔잔해지게 되어 한 사람도 죽지 않고 상륙하게 된 역사이다.

사도바울과 함께 276명이 배를 타고 지중해를 항해하다가 풍랑을 만난 이 역사적인 사실을 우리 인생에 적용시켜서 생각해 본다. 70억의 인간은 이 지구라는 배를 타고 21세기의 대해를 항해하고 있다.

차를 타든지, 비행기를 타든지, 배를 타든지, 모든 승객들은 안전을 우선으로 생각하고 안전에 관심을 가지게 된다. 누구나 순풍에 돛을 달고 항해하기를 원하고 있다. 인생도 마찬가지이다. 누구나 어려움이나 역경이 없이 살기를 원하고 있다.

그러나 살다가 보면 인생행로에는 순풍만 있는 것이 아니다. 누구에게나 광풍 같은 역경이 올 때가 있고 역경을 만날 수 있다는 사실을 기억해야 된다. 이것은 역사의 법칙이요 인생행로의 과정이다. 그렇기 때문에 인생을 살아가다가 순풍을 만났을 때에 방심하거나 오만하지 말아야 한다. 동시에 광풍 같은 어려운 일을 만났을 때에는 낙심하지 말아야 한다. 그 역경을 참고 견디면 때가 되면 반드시 순풍이 온다는 사실을 믿고 희망을 가지고 살아야 한다. 옛날 요셉이 그렇게 살았고, 욥도 그렇게 어려운 광풍을 만났지만 참고 견디어서 그 후에 그렇게 큰 복을 받았다. "시험을 참는 자는 복이 있나니"(야고보서 1장 12절 상)

 # 성실과 정성

　정성은 인간의 가장 좋은 덕 중의 하나요, 성실은 삶을 빛내주는 아름답고 고귀한 것이다. 이 양자는 인간생활에서 귀한 덕목으로 삶을 풍요롭게 하고 건강하게 할 뿐 아니라 남에게도 유익을 끼치며 호감을 갖게 한다.

　"인간은 정성에 감동하는 동물이다. 정성스러운 마음으로 대할 때 감동하지 않는 사람이 없다. 정성스러운 태도, 정성스러운 행동 앞에는 저절로 고개가 숙여진다. 정성스러운 인격은 인간이 가질 수 있는 가장 위대한 보배요 자본이다"

　정성(精誠)이라는 말의 사전적인 의미는 "전력을 다하려는 참되고 성실한 마음" 이라고 한다. 무슨 일에나 참되고 순수하게 전심전력을 다하는 것이고, 거짓이 없이 진실하게 하는 것이다.

　그렇게 사는 사람은 어느 곳에 가든지 남에게 인정을 받고 존경을 받게 된다. 예컨대, 요셉 같은 사람이다. 요셉은 누구보다도 인생을 정성을 다하여 성실하고 진실하게 살았다. 형들의 미움을 받아서 애굽으로 팔려가서 보디발의 집에서 종살이를 하면서도 가장 성실하고 진실하게 살며, 정성으로 최선을 다해 살았고, 억울하게 감옥에 들어가서도 그렇게 살았기 때문에 인정을 받은 것이다.

　그래서 바로왕이 그 앞에 고개를 숙이며 인정하며 존경했다.

　어머니 앞에 서면 누구나 자연히 고개가 숙여진다. 그것은 어머니의 지극 정성의 힘 앞에 고개가 숙여지는 것이다. 어머니의 가슴에는 정성의 아름다운 향기로 가득 차 있다. 어머니의 가슴 속에는 정성의 맑은 기도가 샘물처럼 흐르고 있다. 세상에서 어머니처럼 지극한 정성으로 나를 생각해 주는 분이 어디 있느냐? 이렇게 생각을 하게 되면 자연히 고개가 숙여진다. 살인강도도 어머니 앞에서는 어린 양처럼 순진해 진다. 잘난 사람이나 못난 사람도 어머니 앞에서는 어린애가 된다. 그것은 그 어머니의 지극한 사랑과 정성 때문이다.

옛 말에 "지성(至誠)이면 감천(感天)"이라는 말이 있다. 무슨 일이나 지극한 정성으로 하면 사람은 물론 하늘도 감동한다는 말이다. 옛날 솔로몬이 왕이 되어 하나님께 일천번제를 드렸더니 하나님이 그 정성을 귀하게 보시고 그렇게 크신 복을 주셨다는 사실은 오늘 우리에게 귀한 교훈을 더해 주고 있다.

나는 지난 40여년의 목회생활을 돌아보면 나약하고 부족한 점이 많았지만, 그래도 "최선을 다 하자"라는 슬로건을 목회의 철학으로 삼고 앞만 바라보고 달려왔다는 고백을 하게 된다. 정성으로 쓴 작품이 사람을 감동시킨다. 정성을 다해서 그린 그림이 만고의 걸작이 될 수 있다. 정성을 다하여 쓴 시가 불멸의 작품으로 남게 된다. 하나님의 말씀을 전하는 설교도 정성을 다하여 준비하며 성실하게 열정으로 증거 해야 은혜를 받게 된다.

성실은 인간의 위대한 힘이요, 덕이요, 빛이다. 정성과 성실은 위대한 가치 창조의 원천이다.

# 생명의 경외(敬畏)

"30세 까지는 나 자신을 위해 살자. 그러나, 30세 이후부터는 남을 위해 살자" 이 말은 20세기의 성자요 정신적인 거성이었던 슈바이처 박사의 말이다. 그가 20대 때에 품었던 인생의 이상이요 목표요 삶의 철학이었다.

슈바이처는 목사의 아들로서 어렸을 때부터 유복하게 자랐다. 그는 자기의 친구인 동창생들의 불행한 환경을 보고 가슴이 아팠다. 행복한 자기는 불행한 친구들을 위하여 무엇인가 봉사를 해야 되겠다는 결심을 했다.

그는 운명의 총아(寵兒)였다. 하나님으로부터 은총과 재능을 부여 받은 특별한 인물이다. 30세에 이미 목사로서, 신학자로서, 교수로서, 그리고 음악가로서 명성을 떨쳤다. 남들이 일평생을 걸려도 가지기 어려운 명예와 영광과 성공을 이미 획득했다.

평생을 남을 위해 봉사해야 한다는 그의 꿈과 이상을 실현하기 위해서 무엇을 해야 할 것이냐? 라는 생각을 하는 중 어느 날 신문의 기사를 보고 자기의 사명을 발견했다. 그것은 "아프리카 콩고 지방에서 흑인들에게 의료 봉사를 할 하나님의 일꾼을 찾고 있다" 는 내용이다. "하나님은 지금 당신을 부르고 있습니다. 이 부르심에 용감하게 응답하실 분은 안 계십니까?"

이 기사를 보고 그는 사명을 깨닫고 먼저 의사가 되기로 결심을 했다. 7년간 의학공부를 마친 다음, 아내와 함께 운명의 땅, 사명의 일터인 아프리카의 람바레네로 떠났다. 그곳은 이름도 없는 콩고 지방의 조그마한 마을이다.

슈바이처는 이곳에서 진리의 사자, 사랑의 봉사자로서 흑인들에게 의료 봉사를 시작하여 마지막 생명이 다할 때 까지 헌신을 다했다.

이렇게 평생을 남을 위해 헌신 봉사한 슈바이처가 세상을 떠났을 때에, "생명 경외" 라는 말이 나왔다. 그 당시(1960년대) 나는 신학교에 다닐 때 였는데, 이 말의 뜻을 잘 깨닫지 못했다. 한글 사전에 보니 "공경하고 두려워 함" 이라고 되어 있다. 즉 두려운 마음으로 공경한다는 뜻이다.

성경에는 여호와를 경외하라고 했다. "그들에게 명하여 이르되 너희는 진실과 성심을 다하여 여호와를 경외하라(역대하 19장 9절) 하나님을 두려워하는 마음으로 공경하라는 말씀이다.

우리 인간이 하나님을 섬길 때 제일 올바른 자세는 경외하는 것이다. 이렇게 거룩하고 고상한 단어를 인간의 생명에 결부시킨 것이다. 그래서 인간의 생명은 그만큼 고귀하다는 말이다. 슈바이처 박사는 인간의 생명을 그만큼 고귀하게 보았기 때문에 아프리카에 살고 있는 흑인들의 생명을 위해 평생 헌신을 한 것이다.

인간의 생명은 천하보다 더 귀한 것이다. 그것은 하나님의 형상으로 만드신 것이기 때문이다. 이렇게도 귀한 생명인데, 이 지구상에는 이 고귀한 생명을 너무 쉽게 마음대로 죽이는 국가가 있다. 그것은 공산주의 국가 김정은의 집단이다. 인간의 생명을 짐승의 목숨처럼 죽이는 김정은은 살인마요 인간 이하의 존재라고 해야 마땅할 것이다.

 # 노동의 신성(神聖)

옛날부터 우리 민족은 땅을 파고 흙을 만지며 땀을 흘리며 일하는 노동을 천시하여 왔다. 양반 계층에 속한 사람들은 하인들에게 농사일을 시키고, 자기들은 사랑방에서 부채질을 하며 앉아 놀고 있었다.

그들은, 농사일은 천하고 무식한 사람들이 하는 것이라고 생각했었다. 그런 영향을 받아서 그런지, 현대에 와서 우리 시대에도 노동을 천하게 여기고 일을 기피하는 현실이 되어있다. 힘들고 땀을 흘리며 하는 일을 하기를 싫어한다(3 D 현상) 특히 젊은 세대들이 더욱 그러하다.

우리는 프랑스의 농민화가 밀레의 대표작인 만종(the Angelus of Millet)을 잘 알고 있다. 그 그림을 머릿속으로 상상하며 그려 본다 "해가 지평선 저쪽으로 넘어가고 어둠이 조용히 땅을 덮기 시작한다. 넓은 들에서는 두 젊은 부부가 온종일 땀을 흘리며 열심히 일을 하고 있다. 사방은 조용하고 땅에서는 흙 냄새가 풍겨온다. 어디선가 소우는 소리가 들려온다. 넓은 저쪽의 벌판에 조그마한 예배당이 하나있다. 저녁을 알리는 종소리가 은은하게 저녁하늘에 울려 퍼진다.

일을 하던 두 젊은 부부는 일손을 멈추고 조용히 고개를 숙였다. "하나님, 오늘 하루 종일 건강한 몸으로 일할 수 있게 해 주심을 감사 합니다". 부부는 정성을 모아 하나님께 감사기도를 드리고 있다. 이것이 밀레의 그림 '만종' 이다.

이 작품 속에는 부부의 사랑과 하나님께 감사하는 신앙과 땀 흘리며 열심히 일을 하는 노동의 신성이 담겨져 있다. 사랑과 신앙과 노동은 행복의 집을 짓는 세 개의 주춧돌이다. 우리가 생활의 집을 짓고, 정신의 집을 짓고, 가정의 집을 짓고 나라의 집을 지을 때, 사랑과 신앙과 노동의 주춧돌 위에 세워야 튼튼하고 행복한 집을 지을 수가 있다.

신앙과 사랑과 노동은 우리에게 기쁨과 번영과 행복을 약속해 주는 인생의 등불이다. 인생의 행복한 보금자리를 원한다면 우리는 이 세 개의 기둥 위에 삶의 집을 지어야 한다.

밀레는 가난한 농부의 아들로 태어났다. 그는 일생동안 가난 속에서 살았다. 그는 농부의 아들이었기 때문에 일 하는 농부의 그림을 주로 그렸다. "열심히 일하는 농부" 이것이 밀레의 그림의 주제였다.

"화가는 인생과 자연의 아름다움을 그리는 사람이다" 그렇다면 사람은 언제 가장 아름다우냐? 라고 묻는다면, 그것은 열심히 일을 할 때라고 밀레의 만종은 말해 주고 있다. "자기의 일을 게을리 하는 자는 패가하는 자의 형제니라" (잠언 18장 9절). 예수님께서도 "내 아버지께서 이제까지 일하시니 나도 일한다." 라고 말씀 하셨다(요한복음 5장 17절)

 # 부자와 행복

"내가 여기까지 와보니 돈이 무슨 소용이 있는가요? 무한한 재물의 추구는 그저 나를 탐욕스러운 늙은이로 만들어 버렸어요. 내가 죽으면 나의 호화로운 별장은 내가 아닌 누군가가 살게 되겠지. 내가 죽으면 나의 고급차 열쇠는 누군가의 손에 넘어가게 되겠지요.

내가 한때 당연한 것으로 알고 누렸던 많은 것들... 돈, 권력, 직위, 이제는 그저 쓰레기에 불과할 뿐... 그러니 전반전을 살아가는 사람들아! 너무 총망히 살지들 말고. 후반전에 살고 있는 사람들아! 아직 경기는 끝나지 않았으니 행복한 말년을 위해 이제부터라도 자신을 사랑해 보세요.

전반전에 빛나는 승리를 거두었던 나는 후반전을 병마를 이기지 못하고 패배로 마무리 짓지만, 그래도 이 편지를 그대들에게 전할 수 있음에 따뜻한 기쁨을 느낍니다.

바쁘게 세상을 살아가는 분들... 자신을 사랑하고 돌아보며 살아가기를... 힘없는 나는 이젠 마음으로 그대들의 행운을 빌어 줄 뿐이요!" 위의 이 글은 현재 우리나라의 최고의 갑부요, 돈을 제일 많이 가지고 있는(약 10조) 삼성그룹 이건희 회장의 인생 고백이다.

이러한 이건희 재벌의 고백을 들어 보면 돈과 행복은 아무 관계가 없는 것 같다. 만약에 관계가 있다면 우리나라 5천만 국민 중에서 이건희가 제일 행복 할 것이다. 그러나 그는 지금 몸이 병들고 쇠약해서 활동을 하지 못하고 누워있다. 그 많은 돈을 가지고도 건강과 행복을 사지 못하고 있다.

우리나라의 경제는 현재 세계 11위 권에 들어있다. 이만하면 상위권에 속한 부자 나라요 잘 사는 나라이다. 그런데, 이러한 대한민국의 행복 지수는 "세계에서 56위" 라는 것이다. 오히려 우리보다 훨씬 더 가난한 저 개발 국가 중에 우리보다 더 행복한 나라가 많이 있다는 것이다.

돈과 재산은 소유하는 것이지만, 행복은 소유하는 것이 아니고 마음으로 누리는 것이다. 돈에 대한 인간의 욕심은 무한한 것이기 때문에 만족이 없다. 육신을 가지고 살고 있는 인간 생활에 돈은 필요한 것이지만, 지나치게 욕심으로 소유하려고 하면, 그것은 오히려 불행을 불러오게 되는 것이다.

예수님이 마태복음 5장에서 설명한 8복은 소유하는 복이 아니고 마음으로 누리는 행복을 말하는 것이다. 그래서 "심령이 가난한 자는 복이 있나니 천국이 그들의 것이요"(마태복음 5장 3절) 라고 했다.

돈으로 행복을 살 수 없다는 고백은 이건희 회장 보다, 3천 년 전에 솔로몬이 고백한 말이다. "나를 위하여 은금 보화를 쌓아 두었으나 모든 것이 헛되도다(전도서 2장 11절)

 실패와 포기

　제2차 세계 대전 중이던 1941년, 윈스턴 처칠 영국총리의 옥스퍼드대 졸업식에서 "포기하지 말라. 절대로 포기하지 말라"라고 한, 단 두 마디의 축사는 현재에도 많은 이들의 인생 지침이 되고 있다.

　가난한 이혼녀에서 베스트셀러 '해리포터' 작가가 된 조앤 롤링은 2008년 하버드대에서 "누구나 실패할 수 있지만 그 실패가 두려워서 시도하지 않는다면 그 자체가 실패라고 역설했다.

　인생살이에서 실패라는 것은 아픈 것이고, 괴로운 것이고, 실망과 좌절을 불러오게 하는 것이다. 그래서 모두가 싫어하고 멀리하고 싶은 불청객이다. 그러나 그런 실패는 누구에게나 찾아오는 것이니 어쩔 수 없다. 평생을 살면서 한번도 "실패를 맛보지 아니한 사람이 과연 몇 사람이나 될 것이냐"라는 질문을 하게 된다.

　그렇다면 실패라는 것은 모든 사람이 경험하게 되는, 인생의 과정이라고 할 수 있다. 그렇기 때문에 그 실패를 인정하고 긍정적으로 받아들여야 한다. 후회하거나 원망할 수 없는 것이다. 내 자신이 잘못하고 실수를 했거나, 남이 내게 입힌 피해 때문에 실패했거나, 그대로 받아들여야 한다.

　실패를 긍정적으로 받아들이면서, 가져야 할 가장 중요한 태도는 포기하지 않는 것이다. 왜냐하면 실패는 끝이 아니기 때문이다. 오히려 시작이요 성공으로 가는 과정이 되기 때문이다.

실패는 성공의 시작이기 때문에 실패 없이는 성공도 있을 수 없다.

누구든지 성공을 하려고 하면 먼저 실패의 과정을 거쳐야 된다. 발명의 왕으로 성공한 에디슨이 그러했고, 한두 번이 아닌, 여러 번 실패를 당했지만, 끝까지 포기하지 아니한 미국의 링컨 대통령이 그러했다.

실패의 경험이 없이 바로 성공한 사람보다 실패의 쓴 경험을 겪은 후에 성공한 사람이 더 위대하고 가치가 있다. 같이 성공한 사람 중에도 실패의 경험을 많이 한 사람이 더 위대한 인물이 된다. 그것은 실패의 경험을 통해서 그만큼 훈련과 연단이 되었기 때문이다. 실패의 고난이 위대한 삶을 만든다. 실패가 두려워서 도전하지 않는 자에게는 성공의 날이 올 수 없다.

누구에게나 찾아오는 그 "실패를 어떻게 받아들이느냐"가 중요하다. 그것은 실패 자체만 보지 말고, 그 실패 뒤에는 성공이 따라 온다는 사실을 믿고 바라보는 것이다. 실패는 성공의 어머니요 성공으로 안내하는 길잡이요 관문이 되는 것이다. "대저 의인은 일곱 번 넘어질지라도 다시 일어나려니와 악인은 재앙으로 말미암아 엎드러 지느니라" (잠언 24장 16절)

 # 헨델의 메시아

  지난 주일에 실패와 포기에 대해서 말했는데, 실패는 할 수 있으나 포기는 하지 말라고 했다. 실패하지 아니한 사람이 성공하는 것이 아니고 포기하지 아니한 사람이 성공하게 되는 것이다.

  인생을 살아가다가 어려운 일을 만나고 여러 번 실패를 거듭해도 끝까지 포기 하지 아니하는 사람은 의지가 굳고 강한 사람이다. 에디슨과 링컨이 그런 사람이라고 했는데, 오늘 소개하는 헨델(Georg, Friedrich Handel)이 그런 인물이다.

  헨델은 외과 의사인 아버지와 루터교 목사의 딸인 어머니의 슬하에서 비교적 좋은 환경에서 공부하며 신앙으로 자랐다. 그러나 그는 열한 살 때 아버지가 죽었고 질병으로(52세 때 중풍) 몸도 허약한 편이었다.

  오라토리오 메시야를 쓴 헨델은 많은 오페라를 작곡했으나 큰 성공을 거두지 못했다. 몇 편의 가극이 실패하고 그의 라이벌의 계속되는 공격으로 거의 파산지경에 봉착 했을 때 "헨델은 이제 끝났다" 라는 소문이 런던에 파다하게 돌고 있었다. 바로 그 때 하나님의 능력을 받아 작곡한 것이 "메시야" 이다. 그는 23일간 기도 하다가 작곡을 하고 작곡하다가 무릎을 꿇고 기도하며 그 엄청난 일을 해낸 것이다.

  그의 행운이 쇠퇴한 때요, 소생의 희망이 없다고 하던 때에 그는 영력의 호스를 하늘에 꽂고 계속 능력을 공급해 달라고 울부짖었다. 그가 합창곡 제44번 '할렐루야' 의 작곡을 완료

했을 때 그의 눈에는 눈물이 흘렀고 "내 앞에 천국이 나타난 것을 보았다. 그리고 나는 위대하신 하나님을 보았다. 오 주여!" 라고 외쳤다. 그리고 모든 악보를 완성한 후 "오, 하나님이 나를 찾아 오셨구나" 라고 했다.

우렁찬 합창을 할 때 영국의 여왕이 그 자리에서 일어나 박수를 쳤다는 헨델의 '할렐루야' 는 오늘에도 우리의 마음에 뜨거운 감동을 주며 영혼에 활기를 불어 넣어 주는 성가로서 부활절 때마다 힘차게 부르고 있다.

헨델의 '할렐루야' 는 단순한 음악의 작품이 아니다. 그것은 나약한 한 인간이 무릎을 꿇고 눈물로 기도하다가 하나님의 능력과 성령의 감동을 받아서 만든 작품이다. 그것은 기도의 산물이요, 울부짖음의 결정체요, 눈물의 열매이다. 그것은 하늘 문이 열려서 들리는 하늘의 음성이요 위대하신 여호와의 능력을 만 천하에 나타내어 보여주는 노래이다.

"호흡이 있는 자마다 여호와를 찬양할 지어다" (시편 150편 6절)

 # 가치 있고 보람된 유산

유산(遺産)이라는 말은 "죽은 사람이 남겨 놓은 재산"이라고 한다(국어사전). 부모가 자녀들에게 물려준 재산이라고도 하고 상속이라고도 한다. 그런 유산은 여러 가지가 있다. 대개가 물질적인 유산을 말 하지만 그 외에도 문화적인 유산, 정신적인 유산, 윤리도덕적인 유산, 종교적인 유산도 있다.

그중에서 대표적인 유산은 역시 물질적인 유산을 들게 된다. 우리 한국사회는 옛날부터 부모들은 피땀을 흘리며 일을 하여 알뜰하게 모아서 자식들에게 보다 더 많은 유산을 물려주기를 원했다.

그 결과로 유산 상속 문제 때문에 자녀들 간의 다투는 불미스러운 일도 일어나고 있다. 그래서 형제간의 우애가 금이 가게 되고 등을 지게 되는 경우도 우리 사회에는 비일비재하다.

우리보다 선진국인 미국 사회에는 유산상속 문제가 거의 없다는 것이다. 그렇기 때문에 그들은 유산과 상속이라는 말 자체를 모른다는 것이다. 그들은 부모가 재산이 많으면 자식들에게 물려준다는 생각보다 사회에 기증하거나 교회나 종교단체에 헌납한다는 것이다.

차제에 우리는 가치 있고 보람된 유산을 자녀들에게 물려주는 지혜를 가져야 할 것이다. 그것은 재산이나 물질보다 영적인 유산, 신앙의 유산을 말한다. 지난 주일 설교에서 소개한 대로 미국 국민들은 조상으로부터 청교도 신앙을 영적인 유산으로 물려받았기 때문에 오늘날 세계를 지배하는 강대국이 되었다는 사실이다.

그들이 조상으로부터 물려받은 청교도 신앙은 하나님 제일주의 신앙이다. 하나님의 말씀을 절대 순종하는 신앙이다. 그것은 고대 족장시대로 거슬러 올라가서 아브라함까지 올라간다. 아브라함은 독자 이삭을 제물로 바치라는 하나님의 명령에 절대 순종하여 우리의 믿음의 조상이 되었다.

자녀들에게 고기를 주지 말고 그 고기를 잡는 방법을 가르쳐 주라는 말이 있다. 마찬가지로 우리는 자녀들에게 재산을 물려주는 것 보다, 축복을 받아서 부자 되고 잘 사는 방법을 알려주고 가르쳐 주어야 할 것이다. "나를 사랑하고 내 계명을 지키는 자에게는 천대까지 은혜를 베푸느니라" (출애굽기 20장 6절)

조상과 부모로부터 신앙의 유산을 물려받은 디모데는 귀한 믿음의 인물이 되었다. "이는 네 속에 거짓이 없는 믿음이 있음을 생각함이라 이 믿음은 먼저 네 외조모 로이스와 네 어머니 유니게 속에 있더니 네 속에도 있는 줄을 확신하노라" (디모데후서 1장 5절)

신앙의 전통, 영적인 유산, 믿음의 상속은 보람되고 가치 있는 유산이다.

 # 마음 안에 있는 행복

　모든 사람이 한결같이 바라고 가지기를 원하는 행복은 저 먼 곳에 있는 것이 아니고 나와 가장 가까운 곳, 내 마음 안에 있다. 그러나 사람들은 자신의 마음속에 있는 행복을 찾지 못하고 있기 때문에 그 행복을 누리지 못하고있다.

　내 마음 안에 있는 행복은 누가 가져다 준 것이 아니고 내가 스스로 만들어야 한다. 그는 행복을 만드는 사람(Happy Maker)이다. 요행으로 얻게 되는 것이나, 누가 내게 갖다 주는 것이 아니고 내가 노력하여 만들어야 가지게 되는 행복이다. 남이 갖다 주기를 바라지 말고 내가 만들어야 한다.

　"좋은 사람 찾지 말고 내가 좋은 사람이 되어 주고, 좋은 조건을 찾지 말고 내가 좋은 조건이 되는 사람이 되어 주자. 좋은 애인을 찾기 전에 좋은 애인이 되어 주라. 좋은 사랑을 찾기 전에 좋은 사랑을 주는 사람이 되어 주자. 좋은 하루가 되기를 바라지 말고 좋은 하루를 만들자. 행복해지기를 바라지 말고 나 스스로 행복하자"

　"털어봐 　…　…　… 　아프지 않은 사람 있나

　꾹 짜봐 　…　…　… 　슬프지 않는 사람 있나

　찾아봐 　…　…　… 　힘들지 않는 사람 있나

　건드려봐 　　…　…　… 　눈물이 나지 않는 사람 있나

　물어봐 　…　…　… 　사연 없는 사람 있나

　살펴봐 　…　…　… 　고민 없는 사람 있나

　가까이 가봐 　… 　근심 걱정 없는 사람 있나"

“꽃은 피어도 소리가 없고, 새는 울어도 눈물이 없고, 사랑은 불타도 연기가 없더라. 장미가 좋아서 꺾었더니 가시가 있고, 친구가 좋아서 사귀었더니 이별이 있고, 세상이 좋아서 태어났더니 죽음이 있더라. 살만하니 떠나는 인생이다”

“근심 걱정 없는 사람 누군가. 부질없이 낙심 말고 기도드려 아뢰세.

이런 진실하신 친구 찾아볼 수 있을까 우리 약함 아니오니 어찌 아니 아뢸까

근심 걱정 무거운 짐 아니진자 누군가 피란처는 우리 예수 주께 기도 드리세

세상 친구 멸시하고 너를 조롱하여도 예수 품에 안기어서 참된 위로 받겠네”

참 평안과 기쁨의 행복이 없는 세상에서 행복의 주인 되시는 주님을 내 마음속에 모셔야 한다. 주님을 모시면 근심걱정은 다 물러가고 행복이요 천국이 된다. 주님이 내 마음을 행복하게 해 주시지만 , 그 주님을 내 마음 속에 모시는 것은 내 몫이요 내가 해야 하는 일이다. 남이 해 주는 것이 아니고 내가 한다.

그렇기 때문에 기도해야 한다. 우리의 죄 짐을 맡은 주님께 기도하는 것이다.

행복은 저 멀리 있는 것이 아니고 내 마음 안에 있다. 내가 힘쓰고 열심히 기도하여 주님을 내 마음 안에 모시고 행복하게 살아야 할 것이다.

 # 내 때문에 와 멋진 바보

인간은 사회적인 동물이라고 한다. 그것은 혼자 살 수 없고 여럿이 같이 모여서 서로 상부상조하며 살아간다는 말이다. 부부가 만나서 살게 되고 부모와 자녀가 같이 살고 서로 모여서 이웃이 되고 이웃과 만남으로 친구들이 되어서 사회를 이루고 사는 것이 인간 생활이다.

이렇듯 서로 도와주며 사는 것이 인간 사회이지만, 서로 모여서 살다가보면 때로는 상부상조가 되지 않고 오히려 의견 충돌로 서로 다투며, 미워하며 원망하며 반목으로 갈등을 일으키는 경우도 있다. 그것은 사람마다 개성이 다 다르기 때문이다. 그래서 서로 도움이 되지못하고 서로 불편한 관계를 가지게 된다.

인간 생활의 이러한 문제는 사회문제가 되기도 한다. 이러한 사회문제를 예방하고 방지하는 데는 삶의 지혜가 필요하다. 그 삶의 지혜를 "좋은 생각"에서 받아 적어 본다.

"나로 인해."

"나로 인해 누군가 행복할 수 있다면 그 얼마나 놀라운 축복입니까?

내가 해준 말 한마디 때문에, 내가 해준 작은 선물 때문에, 내가 베푼 작은 친절 때문에, 내가 감사한 작은 일들 때문에, 누군가 행복할 수 있다면 우리는 인생을 살아갈 의미가 있습니다."

"나의 작은 미소 때문에, 내가 나눈 작은 봉사 때문에, 내가 나눈 사랑 때문에, 내가 함께 해 준 작은 일들 때문에, 누군가 기뻐할 수 있다면 내일을 소망하며 살아갈 가치가 있습니다”

“멋진 바보”

“다른 사람을 높이고 나를 낮추면 손해 보는 것 같습니다. 남을 배려하고 남뒤에 서면 뒤처지는 것 같습니다. 양보하고 희생하면 잃기만 하고 얻은 게 없어 보입니다. 그래서 사람들은 이런 사람을 바보라 부릅니다”

“정말 그럴까요? 짧게 볼 때는 그렇게 보이지만 길게 보면 이런 사람이야 말로 삶의 고수입니다. 인생의 맛과 가치를 아는 사람이요 지혜로운 사람이요, 결코 손해를 보지 않는 사람이요, 덕을 보고 유익을 얻는 사람입니다”

“시간이 지나면 이러한 사람이 남에게 인정을 받게 되고 좋은 사람이라 불리웁니다. 시간이 지날수록 머리가 아니라 마음이 빛나는 멋진 바보가 되어 보십시오. 양보하고 희생하는 그들이 세상을 아름답게 합니다”

“아무 일에 든지 다툼이나 허영으로 하지 말고 오직 겸손한 마음으로 각각 자기보다 남을 낮게 여기고 각각 자기 일을 돌아볼뿐더러 또한 각각 다른 사람들의 일을 돌보아 나의 기쁨을 충만하게 하라” (빌립보서 2장 3절-4절)

# 자신을 아는 지식

현대는 지식 만능의 시대이다. 컴퓨터나 스마트폰을 통해 많은 정보와 지식을 얻고 있다. 인간의 지능은 최고도로 발달하여 인공지능 시대에 우리는 살고 있다. 이처럼 현대인들은 정보 홍수 속에서 살고 있지만 우리는 가장 먼저 알아야 할 중요한 지식은 간과하고 있지 않은지 돌아보며 생각하게 된다. 그것은 자신에 대한 지식이다. 먼저 자신을 아는 것이다.

“미국 캘리포니아 해안에서 호화스러운 요트 한 척이 사고를 당해 침몰 직전에 처하게 되었다. 배가 침몰 중에 있을 때 황급히 구조대에 무전을 쳐서 도움을 요청 했다. 연락을 받은 구조대는 즉시 구조하러 가겠다는 응답했다. “지금 구조하러 가겠으니 당신의 현재 위치를 알려 달라.”

그런데 배에서 “나는 00은행장이다” 라는 응답이 왔다는 것이다. 너무나 급한 상황이라 그만 무선의 통신은 끊어졌고, 결국 구조대는 그 요트를 찾지 못하고 배는 침몰되고 말았다” 는 것이다.

당신의 위치를 말하라(What' s your position)는 말을 잘 못 듣고 자신의 지리적 위치를 말 하지 않고 엉겁결에 사회적 위치를 말 해 버린 것이다. 자신의 위치를 바로 알지 못하고 잘못 말했기 때문에 구조를 받지 못하고 죽었다는 안타까운 사례이다.

인생에서 중요한 것은 먼저 자신을 바로 아는 것이다. 자신의 사회적 계급이나 신분을 앞세우는 것이 아니고 자신이 서 있는 현재의 위치를 바로 아는 것이 중요하다. "나는 누구인지, 나는 지금 어디에 서 있는지, 나는 지금 무엇을 하며 어디로 가고 있는지를 바로 아는 것이다"

일찍이 철인 소크라테스는 막연하게 "너 자신을 알라" 라고 했지만, 성경은 더 확실하게 구체적으로 말 한다. "세리는 멀리 서서 감히 눈을 들어 하늘을 쳐다보지도 못하고 다만 가슴을 치며 이르되 하나님이여 불쌍히 여기소서 나는 죄인이로소이다 하였느니라" (누가복음 18장 13절)

인간에게서 가장 중요한 지식은 자신이 죄인이라는 사실을 바로 아는 것이라고 성경은 말한다. 인간 베드로도 예수님을 처음 만났을 때에 "주여 나를 떠나소서 나는 죄인이로소이다" (누가복음5장 8절)라고 고백했다.

"인애하신 구세주여 내가 비오니 죄인 오라 하실 때에 날 부르소서" 죄인은 인간의 대명사인 동시에 본명이다. 인간은 누구나 날 때부터 죄인이다. 범죄한 아담 하와의 피를 받은 인간은 다 죄인이다.

자신이 죄인인 사실을 아는 사람이 예수님을 구주로 믿게 되는 것이다. 그것은 예수님이 "나는 의인을 부르러 온 것이 아니요 죄인을 부르러 왔노라" (마태복음 9장 13절 하반절)라고 말씀 하셨기 때문이다.

# 바꾸어 생각해 보는 지혜

우리 인간에게 생각이라는 것은 귀하고 중요한 것이다. 그것은 행복과 불행이 생각에 달려있고, 그 생각이 성공과 실패도 좌우하기 때문이다.

자살공화국이라는 오명을 가지고 있는 우리 한국인데, 통계에 따르면, 20대 사망 원인의 절반이 자살이라고 한다. 한창 일할 10-30대의 청년들이 자살한다는 것은 사회적인 문제일 뿐 만 아니라 국가의 장래를 어둡게 하는 문제로 대두된다.

이러한 청년들의 자살의 원인은 경제의 불경기와 취업난으로 보인다. 조선, 자동차 등 주력 산업의 경쟁력 상실로 인하여 취업난이 심각해지고 있는 한국의 현실이다. 경제난은 취업난으로 이어지고, 취업난은 청년들로 하여금 희망을 잃게 하고 절망에 빠지게 하여 자살로 이어지게 하고 있다.

이러한 한국의 청년들에게 발상의 전환이 필요하다. 부닥친 현실 문제를 뒤집어 보고 바꾸어 놓고 생각해 보는 지혜가 필요하다. 그래서 "뒤집어 보면 고마운 일들" 이라는 글을 읽어 본다.

"가족 때문에 화가 나는 일이 있을 때는, 그것은 내 편이 되어줄 가족이 있다는 증거라고 생각을 하면 된다. 쓸고 닦아도 금방 지저분해 지는 방 때문에 한숨이 나올 때는, 그것은 내게 쉴만한 집이 있다는 뜻이라고 생각하면 감사가 나온다.

가스 요금이 너무 많이 나왔다면, 그것은 우리 가족이 지난 추운 겨울을 따뜻하게 살았기 때문이라고 생각하면 불평이나

아깝다는 생각이 들지 않는다.

지하철이나 버스 안에서 누군가 떠드는 소리가 자꾸 거슬린다면, 그것은 내게 들을 수 있는 귀가 있다는 뜻이라고 생각을 하게 되면 화가 나지 않게 된다.

주차할 곳을 못 찾아 빙글빙글 돌면서 짜증이 난다면, 그것은 내가 차를 가지고 있다는 것이고, 건강하여 내 발로 걸어갈 수 있다는 증거라고 생각하게 되면 오히려 감사가 나올 것이다.

온 몸이 뻐근하고 피곤하다면, 그것은 내가 열심히 일을 했다는 뜻이고, 이른 아침 시끄러운 자명 소리에 잠을 깼다면, 그것은 내가 살아있다는 뜻이다."

무슨 일이나 나를 힘 들게 하는 문제가 있을 때는, 그 일을 뒤집어 생각을 하게 되면, 불평이나, 원망이나, 실망이나, 낙심이 되지 않고, 오히려 다행으로 생각이 되어 감사가 나오게 되는 것이다.

"아무 일에든지 다툼이나 허영으로 하지 말고 오직 겸손한 마음으로 각각 자기보다 남을 낮게 여기고.... 너희 안에 이 마음을 품으라 곧 그리스도 예수의 마음이니" (빌립보서 2장 3절-5절). "범사에 감사하라" (데살로니가전서 5장 18절상).

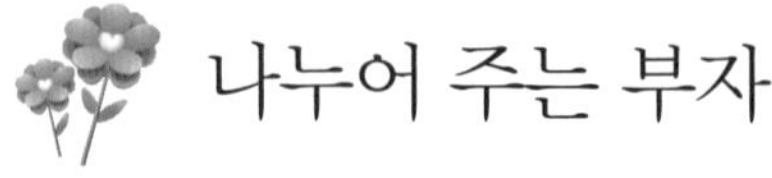

나누어 주는 부자

"흩어 구제하여도 부하게 되는 일이 있나니 과도히 아껴도 가난하게 될 뿐이니라. 구제를 좋아하는 자는 풍족하여질 것이요 남을 윤택하게 하는 자는 자기도 윤택하여 지리라" (잠언 11장 24절-25절)

옛날부터 전해 내려온 경주 최 부자 이야기는 너무나 유명하다. 그 최씨 가문은 300년 동안 부자로 살았는데, 그 비결은 최 부자 집에는 여섯 개의 가훈이 있다고 한다. 그 첫째는 "재산을 만석 이상 가지지 말라"이고, 그 두 번째는 "사방 백리 안에 굶어 죽는 사람이 없게 하라"이다. 여섯 개 중 이 두 개만 보아도 존경 받을 만한 부자이다. "노블레스 오블리주"(지도자의 모범)를 실천한 부자로 존경을 받는 경주 최 부자이다.

"부자가 누구냐? 어떤 사람이 부자냐?" 한글 사전에 보니 "재산이 많은 사람"이라고 했다. 그렇다면 "재산이 얼마나 많이 가져야 부자냐?"라고 묻는다면 그 기준이 애매하다. 일정한 기준이 없다. 예컨대, 일억의 재산을 가진 사람은 오천만 원을 가진 사람보다는 부자이지만 오억을 가진 사람보다는 가난하다고 할 수 있다. 오억을 가진 사람도 십억을 가진 사람 앞에서는 부자라고 할 수 없다.

그렇다면 모든 사람이 객관적으로 인정하는 참 부자는 누구며 어떤 사람이냐? 라는 질문에는 정답이 없다. 이런 세상에서 진정한 부자는 "나누어 주는자"라고 성경은 우리에게 소개하고 있다.(잠언 11장 25절)

우리 인간에게는 본능적인 욕심이 있다. 성욕, 명예욕, 식욕 등이 있는데, 그 중의 하나가 물욕이다. 이 물욕은 정함이 없고 끝이 없다. 아무리 많이 가져도 만족이 없다. 많이 가질수록 오히려 더 가지고 싶은 것이 인간의 욕심이다. 그야말로 만족이 없는 인간의 욕심이다.

만족이 없는 사람은 돈과 재산을 아무리 많이 가진다 해도 그는 부자가 아니다. 돈을 적게 가져도 그것으로 만족하며 사는 사람이 부자이다. 가진 것을 만족하며 감사하며 나누어 주는 사람이 진정한 부자이다.

전도 하다가 잡혀서 감옥에 들어간 바울에게 빌립보교회 교인들이 물질을 보내 주었을 때에 바울은 "내가 궁핍하므로 말하는 것이 아니니라 어떠한 형편에든지 나는 자족하기를 배웠노니 나는 비천에 처할 줄도 알고 풍부에 처할줄도 알아 모든 일 곧 배부름과 배고픔과 궁핍에도 일체의 비결을 배웠노라"(빌립보서 4장 11절-12절) 라고 고백했다.

사도 바울은 돈이나 재산을 모으지 아니해도 자족하며 감사하여 부자인생을 살았다. "주 예수께서 친히 말씀하신 바 주는 것이 받는 것 보다 복이 있다 하심을 기억하여야 할지니라"(사도행전 20장 35절 하반절)

 삶의 휴게소

암 수술을 받고 병실에서 치료를 받고 있는 분을 방문한 적이 있다. 그 분은 평소에 비교적 건강하고 부지런 하여 교회 일도 열심히 하고 육신의 사업도 활발하게 잘 하는 분이다. "집사님, 그 동안 너무 바쁘게 일을 하느라고 쉴 시간도 없었는데, 좀 쉬면서 기도하라고 하나님이 특별한 시간을 주신 것입니다" 라고 했더니 "목사님, 저도 그렇게 생각을 하고 오히려 감사하며 기도하고 있습니다" 라고 했다.

해외에 여행할 때 관광버스를 타고 다녀 보면 우리나라와 같은 고속도로 휴게소는 별로 볼 수 없다. 우리 한국의 고속도로 휴게소는 어느 나라에서도 볼 수 없는 특별한 문화로 자리 매김을 하고 있다. 고속도로의 휴게소는 달려가다가 우선 쉬는 곳이지만, 단순히 쉬는 곳만은 아니다. 쉬는 이상의 의미를 가지고 있다. 여러 사람이 모이니 반가운 사람을 만나기도 하고, 맛이 있는 간식을 먹으며 커피를 마시고 나면 기분이 좋아서 재충전을 하고 다시 출발 한다

세상을 살아가는 우리의 인생은 고속도로를 달려가는 관광버스와 같다. 고속도로에 휴게소가 있듯이 우리의 인생길에도 삶의 휴게소가 필요하다. 살아가다가 피곤할 때에 쉬면서 즐기며 재충전 할 수 있는 곳이 있어야 한다. 그곳이 어디냐? 믿음으로 살아가는 우리에게는 성전이요 교회이다. 한 주간 동안 바쁜 인생을 살다가 주일이면 이 교회에 나와서 서로 반갑게 만나서 예배를 드리고 은혜를 받고 즐거운 교제를 나누면 새

힘을 얻고 재충전하여 다시 출발여 세상으로 나가는 것이다.

우리의 삶의 휴게소는 그 외에도 있다. 바쁜 인생을 살아가다가 걱정 근심이 되는 일을 만날 수가 있고 질병이나 실패나 낭패를 만날 수도 있다. 그런 일을 만났을 때에 불신자들은 낙심하고 좌절하지만 우리는 그런 기회를 삶의 휴게소로 삼는다는 것이다.

실로 그 시간은 하나님을 만나는 시간이다. 그 동안 너무 바쁘게 사느라고 하나님과 거리감이 있었는데, 모든 무거운 짐을 하나님께 맡기고 기도하고 찬송을 부르며 위로를 받는 시간이 된다. 질병을 통해서 하나님과 더 가까워지게 되고 어려운 일을 만났기 때문에 하나님께 엎드려 기도하게 되고 즐거운 찬송을 부르게 되는 것이다.

"괴로우면 기도하라. 고요하면 찬송하라." 고난과 역경은 하나님을 만나서 쉼을 얻는 휴게소이다. "고난당하는 것이 내게 유익이라 이로 말미암아 내가 주의 율례를 배우게 되었나이다"(시편 119편 71절) "수고하고 무거운 짐 진 자들아 다 내게로 오라 내가 너희를 쉬게 하리라"(마태복음 11장 28절)

# 당신은 부자입니다.

한 회계사가 믿음으로 진실하게 사업을 하고 있는 기업가를 찾아가서 세금 보고서를 작성하여 줄 테니 재산 목록을 알려 달라고 했다. 기업가는 자신의 재산 목록은 아주 많다고 대답을 했다.

회계사는 "걱정하지 마세요. 내가 세금을 가장 적게 내는 방법을 잘 알고 있습니다. 자, 그럼 사장님의 재산 목록을 정리해 봅시다"라고 했다. 사업가가 불러준 자신의 재산 목록은 아래와 같았다.

첫째, 나는 영생을 가지고 있습니다. "하나님이 세상을 이처럼 사랑하사 독생자를 주셨으니 이는 그를 믿는 자마다 멸망하지 않고 영생을 얻게 하려 하심이라"(요한복음 3장 16절)

둘째. 나는 크고 아름다운 집을 가지고(천국에) 있습니다. "내 아버지 집에 거할 곳이 많도다. 그렇지 않으면 너희에게 일렀으리라. 내가 너희를 위하여 거처를 예비하러 가노니"(요한복음 14장 2절)

셋째, 다른 사람들은 감히 가질 수 없는 평안을 나는 가지고 있습니다. "평안을 너희에게 끼치노니 곧 나의 평안을 너희에게 주노라.(요한복음 14장 27절)

넷째, 내게는 말로 다 할 수 없는 즐거움의 노래가 있습니다. "내가 나그네 된 집에서 주의 율례들이 나의 노래가 되었나이다"(시편 119편 54절)

다섯째, 내게는 영원히 변치 않는 사랑이 있습니다. "누가 우리를 그리스도의 사랑에서 끊으리요 환난이나 곤고나 박해나 기근이나 적신이나 위험이나 칼이랴"(로마서 8장 35절)

여섯째, 내게는 현숙하고 신실한 아내가 있습니다. '누가 현

숙한 여인을 찾아 얻겠느냐. 그의 값은 진주 보다 더 하니라.'
(잠언 31장 10절)

일곱째, 내게는 건강하고 부모에게 순종하는 자녀들이 있습니다. "보라 자식들은 여호와의 기업이요 태의 열매는 그의 상급이로다" (시편 127편 3절)

여덟째, 내게는 진실하고 변함이 없는 친구가 있습니다 "너희는 내가 명하는 대로 행하면 곧 나의 친구라" (요한복음 15장 14절)

아홉째, 나는 캄캄한 밤중에도 부를 수 있는 노래를 가지고 있습니다. "낮에는 여호와께서 그의 인자하심을 베푸시고 밤에는 그의 찬송이 내게 있어 생명의 하나님께 기도 하리로다" (시편 42편 8절)

열째, 내게 필요한 모든 것을 충족하게 채워 주시는 나의 구세주 예수 그리스도를 모시고 살아갑니다. "나의 하나님이 그리스도 예수 안에서 영광 가운데 그 풍성한 너희 모든 쓸 것을 채우시리라" (빌립보서 4장 19절)

이런 말씀을 듣게 된 회계사는 장부를 덮으면서 이런 말을 했다. '당신은 이 세상에서 가장 많은 것을 소유하고 있습니다. 그러나 아무도 당신의 많은 재산에 세금을 부과할 수 없습니다.'

당신은 창조주 하나님과 구세주 예수님을 믿고 있습니까? 그러면 당신은 부자입니다. 재산이 많다고 해서 부자 되는 것은 아닙니다. 내가 가진 것에 감사하며 만족하게 사는 사람이 진짜 부자입니다.

이렇게 부자가 된 사람은 더 많이 가지려고 하기 보다 더 많이 베풀면서 살아야 합니다. 우리는 이 천지 만물의 주인 되시는 부자 하나님의 자녀이기 때문입니다.

 # 삶에 지혜를 더 해주는 글

사람들은 '그때' 라고 하면서 지나가버린 일을 생각하며 후회하는 말을 자주한다. 그때 참았더라면, 그때 잘 했더라면, 그때 알았더라면, 그때 조심 했더라면, 훗날에 지금이 바로 그때가 될 텐데 지금은 아무렇게나 보내면서, 어리석게도 오늘도 자꾸 그때만을 찾고 있다.

게으른 사람에게는 돈이 따르지 않고, 변명하는 사람에게는 발전이 따르지 않는다. 거짓말 하는 사람에게는 희망이 따르지 않고, 비교하는 사람에게는 만족이 따르지 않는다.

빈 깡통은 흔들어도 소리가 나지 않고, 속이 가득차도 소리가 나지 않는다. 소리가 나는 깡통은 속에 무엇이 조금 들어 있을 때다. 사람도 아무것도 모르는 사람이나, 많이 아는 사람은 아무 말을 하지 않지만, 무엇을 조금 아는 사람이 항상 시끄럽게 말을 많이 한다.

세상을 아름답게 살려면 꽃처럼 살면 되고, 세상을 편안하게 살려면 바람처럼 살아라. 꽃은 자신을 자랑하지도, 남을 미워하지도 않는다. 바람은 어떤 그물에도 걸리지 않고 험한 산도 아무 생각 없이 쉽게 오른다.

고민이란 놈은 가만히 보면 파리를 닮았다. 게으른 사람 콧등에는 올라앉아도, 부지런 사람 옆에는 얼씬도 못한다. 파리채를 들고 한 놈을 때려잡으니, 게으른 사람 콧등에는 또 다른 놈이 날아오네. 고집이란 놈은 제 멋대로 하려고 하는 버릇없는 놈이고 힘이 무척 센 놈이다. 그놈을 내가 데리고 사는 것이 아니고 저 놈이 날 붙들고 놓아주지 않는다.

무지개는 잡을 수 없기에 더 신비롭고, 꽃은 피었다 시들기에 더 아름다운 것이다. 젊음은 붙들 수 없기에 더 소중하고 우정은 깨지기 쉬운 것이기에 더 귀한 것이다.

내 손에 손톱 자라는 것은 보면서, 내 마음에 욕심 자라는 것은 보지 못하고, 내 머리에 머리카락 엉킨 것은 보면서, 내 머리속 비뚤어진 생각은 보지 못한다.

모든 것을 베푸고만 사는 나무 같은 친구 있었으면 좋겠다. 아니, 내가 먼저 누군가의 나무가 되었으면 좋겠다. 잘 자라지 않는 나무는 뿌리가 약하기 때문이다. 잘 날지 못하는 새는 날개가 약하기 때문이다. 행동이 거친 사람은 마음이 비뚤어졌기 때문이고. 불평이 많은 사람은 마음이 좁기 때문이다.

하나에 하나를 더하면 둘이 된다는 건 누구나 다 알아도, 좋은 생각에 좋은 생각을 더하면 복이 된다는 걸 몇 사람이나 알까? 둘에서 하나를 빼면 하나가 된다는 건 누구나 다 알아도, 사랑에서 희생을 빼면 리기(이기)가 된다는 걸 몇 사람이 알까?

세월이 더하기를 할수록 삶은 자꾸 빼기를 한다. 욕심이 더하기를 할수록 행복은 자꾸 빼기를 한다. 똑똑한 사람은 더하기만 잘하는 사람이 아니라 빼기도 잘하는 사람이고, 훌륭한 사람은 벌기만 잘하는 사람이 아니고 나누어 주기도 잘하는 사람이다.(좋은 생각 중에서)

"여호와를 경외하는 것이 지혜의 근본이요 거룩하신 자를 아는 것이 명철이니라" (잠언 9장 10절)

 # 인간관계의 법칙

인간은 사회적인 동물이다. 그렇기 때문에 혼자서 살 수 없고 서로 모여서 상부상조하여 서로 도와주며 살아야 한다. 그러기 위해서는 서로의 관계가 좋아야 된다. 그래서 인간관계의 5가지 법칙을 적어 본다.

1. 노크의 법칙.

마음의 문을 열려면 먼저 노크를 하라.

그리고 나에 대하여 알려 주라.

내가 먼저 솔직한 모습, 인간적인 모습, 망가진 모습을 보여주면 상대방도 편안하게 마음의 문을 열게 된다.

2. 거울의 법칙.

거울은 먼저 웃지 않는다.

내가 먼저 웃어야 거울 속의 내가 웃듯이 인간관계도 내가 먼저 웃어야 한다.

내가 먼저 관심을 가지고 공감하고 배려하는 것이 가장 중요한 인간관계의 법칙이다.

3. 상호성의 법칙.

다른 사람에게 호감을 얻고 싶으면 먼저 호감을 가져야 한다.

자기를 좋아하는 사람을 싫어하는 사람은 없다.

인간관계에 있어서는 항상 좋은 감정을 가지고 대하도록 노력해야 한다.

4. 로맨스의 법칙.

내가 하면 로맨스요. 남이 하면 불륜이라는 말이 있듯이 사람은 모두 자기중심적으로 판단하고 평가한다.

인간관계에서 좋은 관계를 만들고 싶으면 이런 이중 잣대를 버리고 상대방을 그대로 인정하라.

5. 배려의 법칙.

모든 일을 내 중심보다 상대방의 입장에서 생각해 보라.

역지사지(易地思之)라는 말이 있듯이 상대방의 처지를 먼저 생각하는 것이다. 상대방의 입장을 생각해 보면, 그의 말과 주장이 틀린 것이 아니고, 나와 다를 뿐이다.

"아무 일에든지 다툼이나 허영으로 하지 말고 오직 겸손한 마음으로 각각 자기보다 남을 낫게 여기고 각각 자기 일을 돌볼뿐더러 또한 각각 다른 사람들의 일을 돌보아 나의 기쁨을 충만케 하라. 너희 안에 이 마음을 품으라 곧 그리스도 예수의 마음이니"(빌립보서 2장 3절-5절)

철학이 있는 직업

　좋은 글은 읽을수록 유익하다. "겸손은 사람을 머물게 하고, 칭찬은 사람을 가깝게 하고, 너그러움은 사람을 따르게 하고, 깊음은 사람을 감동하게 하나니, 마음이 아름다운 자여 그대 향기에 세상이 아름다워라"

　직업에 귀천이 없다는 말은 지혜를 추구하는 지성인들에게는 상식화 되어 있다. 직업에 귀천이 없기 때문에 직업이 행복을 좌우하지 않는 것이다. 이를테면, 연봉을 많이 받는 직장이 그렇지 못한 직장보다 반드시 더 행복한 것은 아니라는 말이다. 물론 연봉을 남보다 더 많이 받고 대우를 잘 해주는 직장이면 그것이 행복의 조건중의 하나가 될 수 있다. 그러나 때로는 그보다 낮은 대우를 받아도, 오히려 높은 연봉을 받는 사람 보다 더 행복을 누리는 사람도 있다는 사실이다.

　예컨대, 영국의 제임스 왕이 한번은 민정 시찰을 하는 중에 어느 산골 마을을 지나가다가 주위에서 이상한 노래 소리가 들려서 가까이 가서 보니 어느 산골 농부가 물래 방아를 돌리면서 다음과 같은 노래를 부르고 있다. "세상이 나를 부러워하지 아니해도 나도 또한 세상을 부러워하지 아니하네." 이런 노래를 듣게 된 왕은 농부에게 그 노래의 가사를 "세상은 나를 부러워하지 아니해도 영국 왕 제임스는 나를 부러워 하네" 라고 고쳐 부르라고 한 일화가 있다.

　당시의 왕이면 세상의 부구영화를 다 가지고 있는 사람이다. 그야말로 부족한 것이 없는 슈퍼 인생이다. 그런 사람이 산골에서 물방아를 돌리면서 노래를 부르고 있는 시골농부가 부럽다고 한 것은 무엇을 말하는 것이냐? 그것은 "네가 나보다 더 행복하다" 라는 말이다.

지난번 KBS 아침마당에서 어느 개인택시 기사가 출연하여 자기의 직업을 소개하면서, 직업에 대한 철학을 설명하는 것을 들은 적이 있다. 그분은 택시운전 경력이 25년인데, 그는 택시 기사의 직업이 좋은 이유를 3가지로 말했다.

첫째로, 개인택시 기사는 출 퇴근 시간이 자유롭다는 것이다. 자유롭게 출근하여 운전석에 올라앉으면, 그렇게 기분이 상쾌하고 마음이 자유로워서 온 세상을 활보하는 내 세상 같아서 그렇게 좋다는 것이다.

두 번째는, 요금이 정직하다는 것이다. 장사하는 사람들은 물건을 팔 때에 때로는 손님들이 물건을 깎아달라고 하면 신경을 쓰게 되지만, 택시는 요금을 깎아 달라는 사람이 없고 계량기에 나오는 대로 받으니까 신경 쓸 일이 없어서 좋다는 것이다.

셋째로, 정보를 많이 듣게 된다는 것이다. 택시를 타는 손님들은 각계각층의 사람들인데, 그분들이 뒷좌석에 앉아서 사회에 돌아가는 오만 이야기를 다 하면, 운전석에 가만히 앉아서 정치 경제 사회 문제에 대한 정보를 다 듣게 된다는 것이다.

그 택시 기사는 자기 직업에 대한 철학을 가진 사람으로, 직업에 만족하고 보람을 가지고 사는 사람이다. 그것이 그 사람의 나름대로 누리는 행복이다.

"범사에 감사하라 이것이 그리스도 예수 안에서 너희를 향하신 하나님의 뜻이니라" (데살로니가전서 5장 18절)

# 토크쇼보다 듣기 쇼

　말을 잘 하는 사람이 있고, 남이 말하는 것을 듣기를 잘 하는 사람이 있다. 전자를 '토크쇼' 라고 하고 후자를 '듣기 쇼' 라고 한다. 우리 인간 사회생활에서, 이 둘은 다 필요하다. 말하고 듣는 것으로 대화가 이루어지는 것이다.

　이 말을 바꾸어서 말을 많이 하는 것과 듣기를 많이 하는 것을 비교한다면, 말 하는 것 보다 듣는 것이 더 필요하다. 내가 말을 하는 것 보다 상대방의 말을 잘 들어 주는 것이 더 중요하다는 것이다. 상대방의 말을 잘 들어 준다는 것은 그의 말을 바로 듣고 이해를 하고 공감을 한다는 것이다.

　한번은 초등학교에 다니는 손주 녀석의 유머를 들은 적이 있다. 선생님이 학생에게 "네 이름이 뭐냐?" 라고 물으니까 학생은 "안득깁니다." 라고 대답을 했데요. 선생님은 더 큰 소리로 "이름이 뭐냐?" 라고 물으니, 학생은 "득깁니다" 라고 했데요. 학생의 이름이 '안득기' 라는 것을 선생님은 몰랐지요. 듣는 것이 중요하다는 유머가 아닌가 싶다. 선생님은 학생이 자기의 말을 듣지 못한 줄 알고 더 크게 소리를 지른 것이다.

　사람들은 남이 자기의 말을 잘 들어 주는 것을 원하고 있다. 그래서 그 사람과 가까워지려면 그 사람이 말을 할 때에 잘 들어주면 된다는 것이다. 상담학을 공부할 때에 제일 먼저 강조하는 것은 '내담자의 말을 잘 들어주라' 는 것이다. 아무데 가서도 쉽게 말할 수 없는 어려운 사정을 가지고 와서 말 할 때에 정신을 집중하여 그 말을 잘 들어주기만 해도 그는 큰 위로가 되어 용기를 얻어서 스스로 문제를 해결하는 경우가 많다는 것이다.

나는 40 여년 목회를 하면서 여러 가지 경험으로 목회에 대한 노하우도 알게 되었는데, 그 중의 하나는 심방에 대한 것이다. 어려운 사정이 있는 교인 가정에 심방을 가서, 먼저 그 가정의 사정을 잘 들어 주는 것이다.

우리 북성교회에 임송출 권사님이 있다. 지금은 은퇴권사이지만, 이 분은 북성교회를 시작할 때에 개척멤버로서 충성봉사를 많이 한 분이다. 그런데 지금은 연세가 많고 질병으로 몸이 쇠약하여 활동을 못하게 되니 교회출석도 못하고 방안에서 성경을 보고 기도하고 있다.

병중에 혼자 외롭게 있다가 목사가 심방을 가면 자신의 어려운 사정을 말 하는데, 보통 한 시간이 넘는다. 귀를 귀울이고 들어주게 되면, 그 얼굴 표정이 밝아지고 시원해 보인다. 자신의 사정을 하나님과 목사 앞에 털어 놓으니 무거운 짐을 벗은 것 같이 마음이 가볍고 평안해 지는 모습을 여러 번 보았다.

"내 사랑하는 형제들아 너희가 알지니 사람마다 듣기는 속히 하고 말하기는 더디 하며 성내기도 더디 하라" (야고보서 1장 19절)

삶의 덕목

　인격의 세 가지 요소를 지정의(知情意)라고 한다. 혹은 지덕체(智德體)라고도 한다. 이것을 구체적으로 구분을 하면, 지식은 머리에 있고 감정과 덕은 가슴에 있고 의지는 팔다리에 있다고 할 수 있다.

　이 3가지 요소 중에 정(情)과 덕(德)을 우선으로 들게 된다. 학교 교육도 지식보다 덕을 쌓는 인성교육을 강조한다. 그것은 요사이 학교폭력의 문제가 심각한데, 그 원인은 감정지수(EQ)가 낮아서 조그마한 일에도 화를 잘 내고 폭력으로 이어진다는 것이다. 기업체에서도 신입사원을 채용할 때에 인간성을 먼저 본다는 것이다.

　옛말에도 지장(智將)보다 덕장(德璋)이 더 우수하다는 말이 있지만, 현대는 더욱 그러하다. 모든 지도자가 제일 먼저 갖추어야 할 리더십은 덕이 있어야 된다는 것이다. 이 덕은 지도자뿐만아니라 사회생활을 하고 있는 모든 인간들에게 필요한 것이다. 그런 차원에서 삶에 덕이되는 말을 적어 본다.

1. 말(言)

　말을 많이 하게 되면 필요 없는 말이 나온다. 입은 하나요, 귀는 둘이다. 두 번 들으면 말은 한번 하라는 의미로 생각된다. 두 귀로 많이 들으며 입은 두번 생각하고 한번 열어라.

2. 웃음(笑)

　웃는 연습을 생활화하라. 웃음은 만병의 예방약이며 치료하는 약이다. 웃음은 노인을 젊게 하고 젊은이를 동자(童子)가 되게 한다. 웃는 얼굴에 침을 뱉지 못한다.

3. 노점상(露店商)

길가에 앉아서 물건을 파는 할머니들의 물건을 살 때에 깍지말라. 돈을 그냥 주면 나태함을 키우지만 부르는 대로 주면, 희망과 건강을 선물하는 것이다.

4. TV(바보상자)

텔레비전과 많은 시간 동거하지 말라. 술에 취하면 정신을 잃게 되고, 마약에 취하게 되면 이성을 잃지만, 텔레비전에 취하게 되면 모든 게 마비된 바보가 된다.

5. 성냄(禍)

화내는 사람이 언제나 손해를 본다. 화내는 사람은 자기를 죽이고 남을 죽이며, 아무도 가깝게 오지 않아서 늘 외롭고 쓸쓸하다.

6. 이웃(隣)

이웃과 절대로 등지지 말라. 이웃은 나의 모습을 비추어보는 큰 거울이다. 이웃이 나를 마주할 때 외면하거나 미소를 보내지 않으면, 내 자신을 곰곰이 되돌아 봐야 한다.

7. 기도(祈禱)

기도는 녹슨 쇠 덩이도 녹이며, 천년암흑 동굴의 어둠을 없애는 한 줄기의 빛이다. 주먹을 불끈 쥐기보다 두 손을 모으고 기도하는 자가 더 강하다. 기도는 자신을 찾게 하며 인생을 요약하게 하는 묘약이다.

 # 나를 배신한 내 인생

러시아의 서정시인 푸시킨의 대표적인 시를 우리는 잘 알고 있다. "삶이 그대를 속일지라도 슬퍼하거나 노여워하지 말아라. 슬픈 날을 참고 견디면 즐거운 날이 오고 말지니…" 인생을 살아가다가 안 좋은 일이나, 내가 원치 않는 일을 만날 때가 한두 번이 아니다. 그럴 때마다 슬퍼하거나 노여워하지 말라는 말이다.

애플사의 최고경영자(CEO)인 스티브 잡스는 "미혼모의 이들로 태어나서 노동자 가정에 입양되어 외적으로는 불행한 환경의 소유자였다. 그는 애플사를 창업 했으나 자신이 만든 회사에서 자신이 영입한 인물에 의해 쫓겨났다. 다시 애플사에 들어가서 회사를 화려하게 부활 시켰지만 췌장암으로 시한부 선고를 받았다. 의사는 그에게 6개월 밖에 살수 없으니 집에 돌아가서 신변정리를 하라고 했다. 그러나 그는 수술을 받고 완치가 되었다."

그후 잡스는 스탠퍼드대학교 졸업식에서 "인생이 배신하더라도 결코 믿음을 버리지 마십시오" 라는 감동적인 연설을 했다. 애플사에서 해고를 당하는 괴로움과 췌장암이라는 절망이 잡스를 엄습하여 그의 인생이 자신을 배반했지만 결코 그것으로 끝이 아니라는 사실을 그는 경험으로 알게 되어 훗날을 위한 값진 경험이 되었다고 토로했다.

우리는 성경에서 푸시킨 보다 더 유명하고 위대한 또 한 사람의 시인을 잘 알고 있다. 그는 다윗이요 그의 대표적인 시는 시편 23편이다. 다윗의 생애를 보면 누구보다 역경의 피란생활을 많이 했다. 한때 사울왕의 사위가 되어서 권력의 2인자 자리에 까지 올랐지만, 사울왕의 시기로 하루아침에 역적으로 돌변하여 피란길을 가는 풍전등화의 인생이 되었다.

다윗의 인생길의 역경은 그것으로 끝나지 아니한다. 그의 아들 압살롬의 반역으로 궁궐에서 쫓겨나 빈 들판에서 피란생활을 할 때, 다윗의 처지는 외롭고 처량한 인생이었다. 반역군의 두목이 다른 사람이 아닌 자신의 아들이라는 사실을 알았을 때에 얼마나 분하고 괴심 했겠는가? 그러나 당장 목숨이 위태한 위급한 상황에서 어찌할 수 없었다.

그러한 위기에서 "내가 사망의 음침한 골짜기로 다닐지라도 해를 두려워하지 않을 것은 주께서 나와 함께 하심이라 주의 지팡이와 막대기가 나를 안위 하시나이다" (시편 23편 4절) 라는 신앙고백을 했다. 다윗은 그 어려운 역경을 참고 견디며 극복하고 마침내 이스라엘 나라의 왕이 되어서 40년간 태평왕국을 다스렸다.

"생각하건대 현재의 고난은 장차 우리에게 나타날 영광과 족히 비교할 수 없도다" (로마서 8장 18절)

 # 철새의 순애보(殉愛譜)

철새는 철을 따라 이동하는 새를 말 한다. 북쪽 시베리아에 살던 철새가 추운 겨울을 지나기 위해 지난해 늦가을에 왔다가 봄이 되니 다시 시베리아로 돌아갔다. 우리나라에는 이러한 철새들이 월동하는 철새 도래지들이 여러곳이 있다. 우리 부산의 을숙도도 그 중의 한곳이다.

우리나라에 날아온 철새들은 월동을 마치고 마지막 무리가 지난 3월25일 떠났는데, 전남 순천만 습지 옆 농경지에 흑두루미(천연기념물 제 228호) 한 쌍이 떠나지 않고 외롭게 남아 있다는 것이다(국민일보 보도)

다른 새들은 다 떠나버렸는데, 이 흑두루미 한 쌍이 떠나지 못하고 있는 이유는 암놈의 오른쪽 다리에 지름 15cm 가량의 큰 혹이 나서 날아가지를 못한다는 것이다. 이 흑두루미가 짧은 도약 뒤에 날아올라 힘껏 날개짓을 해보지만 50여 미터를 날다가 결국 힘이 없어 내려앉았다는 것이다.

다리가 아파서 고통을 당하고 있는 자신의 짝을 버려두고 혼자 떠날 수 없는 수놈이다. 만약에 버려두고 떠난다면, 암놈은 고통을 당하면서 먹이를 구하지 못해서 죽고 말 것이다. 이국 땅 외로운 들판에서 고통을 당하고 있는 자신의 짝을 지키고 있는 철새 부부의 '순애보적 사랑' 이 주위에서 보는 사람들의 마음을 안타깝게 하고 있다.

한갓 미물에 불과한 흑두루미 한 쌍의 애달픈 사랑이 최근 자식과 가족을 학대하고 숨지게 하는 인면수심(人面獸心)의 인간 사회에 말 없는 교훈을 행동으로 보여 주고 있다.

아픔의 괴로움과 외로움을 함께 같이 한다는 것은 부부의 일신을 말한다. 부부는 일신이기 때문에 평소에도 희로애락(喜怒哀樂)을 공유해야 되지만, 질병이나 몸의 상처로 아플 때에 더욱 그렇게 하여 고통을 나누어 함께하는 삶이 부부의 도리이며 가치이다.

불행하게도 현재 우리나라는 OECD 국가 중에서 이혼율 1위라는 오명을 가지고 있다. 그들은 모두가 서로 사랑해서 괴로우나 즐거우나 일평생 고락을 같이 하며 살겠다는 서약을 했으나 지키지 못한 인생들이다.

순애보(殉愛譜)라는 말은 따라죽을 순(殉), 사랑 애(愛), 계보 보(譜)인데, 죽어도 사랑한다는 희생적인 사랑을 의미한다. 그것은 죽음보다 더 강하고 큰 사랑을 말한다. 말 못하는 철새 한 쌍의 사랑에 '순애보' 라는 말을 하게 된 것은 고통을 당하고 있는 자신의 짝을 지키고 있는 애처로운 사랑이기 때문이다. '사랑' 이라는 말의 뜻을 한 마디로 표현한다면, 그것은 "희생하여 주는 것이다" 라고 말 한다. 우리 위해 죽어주신 주님의 아가페 사랑이 바로 그런 사랑이다.

 # 루소와 밀레의 우정(友情)

　인간은 사회적인 동물이라고 한다. 혼자 살 수 없는 인간이라는 말이다. 부모와 같이 살고, 친구를 사귀고, 이웃과 더불어 사는 공동체이다.

　자살률이 OECD 국가 중에 1위라는 오명을 가지고 있는 우리 한국은 노인들이 자살을 많이 하고 있지만, 요사이는 젊은이들도 많이 포함되고 있다. 정부나 지방자치 단체에서 자살을 예방하기 위한 대책을 세우고 있지만, 그 효과는 잘 나타나 보이지 않는 실정이다.

　이런 현실에서 자살방지를 위한 가장 좋은 예방책은 친구를 사귀는 것이다. 자살하는 사람들의 원인 중 하나가 외로워서 못 살겠다는 것이다. 어렵고 답답해서 죽고 싶을 때, 평소에 가깝게 지내던 좋은 친구를 만나서 사정을 털어놓고 대화를 하게 되면 위로가 되고 힘을 얻게 된다. 부모에게 하지 못할 말도 친구에게는 할 수 있고, 심지어 부부간에도 못할 말을 친구에게는 할 수 있기 때문이다.

　이런 의미에서 오늘은 젊은이들이 잘 알고 있는 유명한 인물, '루소와 그의 친구 밀레의 우정'을 소개한다. 해질녘 농부가 수확을 마치고 하나님께 감사의 기도를 올리는 장면, 바로 프랑스의 화가 '밀레의 만종'에 그려진 유명한 이미지이다.

　밀레가 지금은 세계적으로 알려진 화가이지만, 처음부터 그의 그림이 인정받은 것은 아니다. 그의 그림을 눈여겨 봐 왔던

것은 평론가들이 아니라 '자연으로 돌아가라'의 사상가 루소
였다.

작품이 팔리지 않아서 가난에 허덕이던 밀레에게 어느 날 루
소가 찾아왔다.

"여보게, 좋은 소식이 있네, 내가 화랑에 자네의 그림을 소개
했더니 적극적으로 구입의사를 밝히더군, 이것 봐 나더러 그림
을 골라 달라고 선금을 맡기더라니까" 루소는 이렇게 말하며
밀레에게 300프랑을 건네주었다. 입에 풀칠할 길이 없어 막막
하던 밀레에게 그 돈은 생명줄이었다. 또 자신의 그림이 인정
받고 있다는 희망을 안겨주었다.

그리하여 밀레는 생활에 안정을 찾게 되었고 그림에 몰두할
수 있게 되었다.

몇 년 후, 밀레의 작품은 진짜로 화단의 호평을 받아 비싼 값
에 팔리기 시작했다. 경제적 여유를 찾게 된 밀레는 친구 루소
를 찾아갔다. 그런데 몇 년 전에 루소가 남의 부탁이라면서 사
가지고 간 그 그림이 그의 거실 벽에 걸려있는 것이 아닌가?
밀레는 그제야 친구 루소의 깊은 배려의 마음을 알고 그 고마
움에 눈물을 글썽였다. 가난에 찌들려 있는 친구의 자존심을
지켜주기 위해 사려 깊은 루소는 남의 이름을 빌려 자신의 그
림을 사주었던 것이다.

인간관계를 열어주는 젊은 날의 이런 소중한 우정은 인생을
아름답게 사는 밑거름이 되게 하여 준 것이다.

 # 바람직한 인성교육

교육은 교사와 학생간의 관계로 이루어진다. 양자의 바람직한 관계에서 올바른 교육이 가능하게 된다. 먼저 교사는 진실하고 성실한 마음 자세로 꿈나무를 키우겠다는 사명 의식을 가지고 교육을 해야 한다. 따라서 학생은 그 교사를 신뢰하며 존경하는 마음 자세를 가지고 배워야 한다.

교사가 학생으로부터 존경을 받으려면 신뢰하고 존경을 받을 만한 권위가 있어야 된다. 그것은 교사 자신의 몫이다. 사명 의식의 바탕 위에 평소에 갈고 쌓은 실력으로 열정을 다해 교육을 할 때에 학생들은 존경하며 그 교사를 따르고 본받게 될 것이다.

이처럼 교육은 교사와 학생간의 관계에서 이루어지는데, 여기에 부모의 역할도 필요하고 중요하다는 것이다. 자녀교육에서 부모의 역할은 자녀의 인성교육이다. 자녀들이 어릴 때부터 올바른 인간성을 가지고 자라게 하는 것은 가정교육을 맡은 부모들의 몫이다. 어릴 때부터 어른을 공경하고 이웃을 사랑하는 마음을 가지게 하는 것이다. 그리고 선생님을 존경하고 신뢰하는 마음을 가지게 해야 한다. 그것이 바람직한 인성교육이다.

이러한 인성교육을 위하여 아래와 같은 실 예를 들어 본다.

어느 초등학생 소녀가 학교에 가자마자, 담임선생님에게 길에서 주운 야생화를 내밀며 이 꽃 이름이 무엇이냐고 질문을 한다. 선생님은 그 꽃을 한참 보시더니, "미안해서 어떡하지, 선생님도 잘 모르겠는데, 집에 가서 알아보고 내일 알려줄게" 라고 하니 소녀는 깜짝 놀란다.

선생님은 세상에서 모르는 것이 없을 거라고 믿고 있었기 때문이다. 집에 돌아온 소녀는 아빠에게 말했다. "아빠, 오늘 학교에 가는 길에 주운 꽃을 학교에 가지고 가서 선생님에게 이 꽃 이름이 무엇이냐고 물어 보았는데, 우리 담임 선생님도 모른다고 해서 놀랐어요"

그런데, 이 소녀가 더 놀란 것은 아버지도 이 꽃 이름을 모른다고 한다는 것이다. 왜냐면 그 아버지는 식물학 교수이기 때문에 아버지는 잘 알 것이라고 믿었는데, 그런 아버지도 모른다니 놀란 것이다.

여기에서 중요한 것은 그 아버지는 식물학 전공 교수로서 그 꽃 이름은 잘 알고 있으면서 딸에게 왜 모른다고 말했느냐? 라는 것이다. 그것은 딸을 가르치고 있는 담임선생님의 권위를 세워주기 위함이라는 것이다. 딸에게 그 꽃 이름을 모른다고 말한 아빠는 그날 저녁에 담임선생님에게 전화하여 그 꽃에 대하여 상세히 설명해 주고 꽃 이름도 알려 주었다는 것이다.

그 이튿 날 선생님의 자세한 설명을 들은 소녀는 감탄하며 "이 세상에서 우리 선생님이 최고" 라고 했다는 것이다.

학교 교육과 가정교육은 백년의 약속이다. 백년의 미래를 위해 준비하는 긴 과정이 바로 교육이기 때문이다. 가정교육과 학교교육이 잘 연계되고 조화를 이루어 가정에서는 스승을 존경하도록 가르치고 학교에서는 부모님을 공경하도록 가르치는 것이 바람직한 인성교육이다.

# 자신의 달란트

달란트(Talent) 는 자신이 가지고 있는 재능을 말한다. 사람은 누구나 하나님께로부터 받은 재능을 가지고 있는데, 그 재능은 모두가 각각 다르다는 것이다. 그것은 마태복음 25장의 달란트 비유에서, 어떤 사람에게는 다섯 달란트, 어떤 이에게는 두 달란트, 또 어떤 이에게는 한 달란트를 맡겼다는 사실을 보아서 알 수 있다.

KBS 아침마당 특강에서 어느 강사(이상벽)가 "성공에 필요한 재능 여섯 가지"를 소개하고 설명하는 것을 들은 기억이 나서 적어 본다. 그것은 사람이 성공을 하려면 6가지 'ㄲ' 가 있어야 된다는 것이다.

첫째는, 특 끼가 있어야 된다는 것이다.

인간은 누구에게나 하나님이 주신 선천적인 특 끼가 있다. 그런데, 대부분의 사람들은 자신이 가지고 있는 그 특 끼를 알지 못하고 있다는 것이다. 그래서 그 특 끼를 활용하지 못하고 있기 때문에 성공을 못한다는 것이다. 예컨대, 부모들이 자녀들의 진학과 진로를 지도 할 때에 그 자녀들이 가지고 있는 특기를 살려주어야 그 자녀들이 성공할 수 있다는 것이다.

둘째는, 깡이 있어야 된다는 것이다.

그것은 강한 의지와 독한 개성을 말한다. 무슨 일을 해도 강한 마음으로 똑 부러지게 해야지 물에 물을 타 놓은 식으로 해서는 성공할 수 없다. 신앙생활도 사도바울처럼 목숨을 걸고 하고, 기도도 에스더처럼 '죽으면 죽으리라' 라는 각오를 가지고 하는 것이다.

셋째는, 끈기가 있어야 된다는 것이다. 살아가다가 문제가 생기고 어려운 일을 만나도 낙심하거나 포기하지 않고 끝까지 참고 견디며 밀고 나아가는 끈기를 말한다. 주님은 우리에게 "자기의 십자가를 지고 끝까지 나를 따라오라"고 하셨다 어떤 역경이나 시험이 닥쳐와도 믿음으로 극복해 나아가는 끈기를 가져야 한다.

넷째는, 꾀가 있어야 된다는 것이다.

꾀는 삶의 지혜를 말한다. 인생의 성공의 비결에는 지식보다 지혜가 더 필요하다. 지혜는 선천적인 것으로 하나님이 주신 것이다. "너희 중에 누구든지 지혜가 부족하거든 모든 사람에게 후히 주시고 꾸짖지 아니하시는 하나님께 구하라 그리하면 주시리라"(야고보서 1장 5절)

다섯째는, 꼴이 좋아야 된다는 것이다.

사람의 얼굴 모양은 제각기 다 다르다는 것이다. 두 사람도 똑 같은 얼굴 모양이 같은 사람이 없다는 것이다. 심지어 쌍둥이도 서로 다른 면이 있다는 것이다. 꼴이 좋다는 것은 얼굴의 인상이 좋다는 것이다. 좋은 인상은 항상 기뻐하는 마음에서 나타나는 것이다.

여섯째는, 꿈이 있어야 된다는 것이다.

꿈은 내일을 바라보는 희망이요 비전이요 믿음이다. 꿈이 있는 백성은 망하지 않는다. "믿음은 바라는 것들의 실상이라"(히브리서 11장 1절)고 했다.

# 스트레스와 건강

"어려움을 당하여 신체적, 심리적으로 긴장하게 되는 상태"를 스트레스라고 한다.(인터넷 사전) 근심, 걱정, 불안, 실망, 좌절, 낙심 등이 스트레스에 의해 나타나는 증상이다.

옛날 보릿고개 시대에는 먹을 것이 없어서 너무 배가 고프기 때문에 먹는 것이 제일 큰 문제요 첫째 문제였다. 그래서 그때는 사람들이 서로 만나게 되면 첫 인사로 하는 말이 "밥은 먹었나?, 식사 하셨어요?" 라는 인사말이었다.

그러나 요사이는 "안녕하세요?, 평안하십니까? 건강하십니까?" 라는 말로 인사를 한다. 그것은 현대인들은 그만큼 건강에 관심을 가지고 있다는 사실을 말해 주고 있다. 옛날에는 들어보지 못했던 '스트레스' 라는 외래 신조어는 현대인들에게는 너무나 일상적인 상식 용어로 사용되고 있다. 심지어 어린 꼬마들도 스트레스를 받았다는 말을 쉽게 하고 있다.

현대인들이 관심사인 건강과 자주 쉽게 사용하고 있는 스트레스는 어떤 관계를 가지고 있는지, 전문가들의 설명을 들어본다.

"질병의 발생과 치료에 있어서 가장 중요한 것은 환자의 마음이다. 많은 질병들은 환자의 마음에서 시작되었다고 할 수 있다. 정신적 육체적 스트레스가 어떻게 우리 몸에 영향을 미치는지를 알면 마음 관리가 곧 건강관리임을 누구도 부인할 수 없을 것이다.

예컨대, 운전을 하고 가다가 접촉사고가 났다고 가정해 보자.

같은 접촉사고라 해도 그 사고를 당한 사람의 마음은 서로 전혀 다르게 생각할 수 있다. 즉 한 사람은 "아유 재수가 없어, 왜 이렇게 되는 일이 없는 거야" 생각하는 반면, 다른 한 사람은 "아유, 다행이다. 더 큰 사고가 날수 있었는데, 이만하니 다행이다"라고 생각할 수 있다.

그런데, 이런 생각들은 절대 생각으로만 끝나지 않는다. 그생각은 반드시 뇌에서 단백질을 분해하여 호르몬을 생산하고 이 호르몬은 혈액을 타고 온 몸을 돌면서 여러 가지 현상을 일으킨다. 부정적인 마음과 생각은 스트레스 호르몬을 만든다. 이 스트레스 호르몬이 장기적으로 혈액 속에 높아지면 만성피로, 고혈압, 고지혈증, 당뇨병, 심장병 등 갖가지 만성질환을 일으키게 된다.

반면에 무슨 일에나 긍정적인 마음과 생각을 하게 되면 베타 엔돌핀이라는 호르몬을 만들어서 진통 효과를 나타내게 되고 암 세포를 파괴하는 역할을 하게 된다. 환자 치료에 음식, 약물, 영양제, 좋은 공기와 물 등 중요한 것이 있지만 그 모든 것의 효과를 좌우하는 것은 바로 마음이다, 환자의 마음 상태에 따라 치료의 결과는 다르게 나타난다.

"사람의 심령은 그의 병을 능히 이기려니와 심령이 상하면 그것을 누기 일으키겠느냐"(잠언 18장 14절). 모든 지킬만한 것 중에 더욱 네 마음을 지키라 생명의 근원이 이에서 남이니라(잠언 4장 23절)

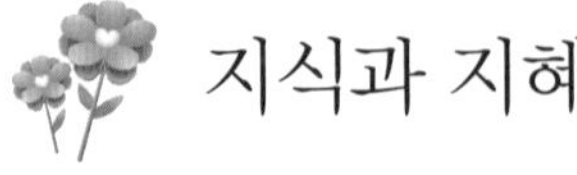# 지식과 지혜

우리 인생살이에서 지식과 지혜는 필요하고 중요한 것이다. 양자를 비교 한다면 지식은 공부하여 배워서 얻는 것이고 지혜는 경험하여 가지게 되는 것이다. 따라서 지식은 후천적인 것이고 지혜는 선천적인 것이라고 할 수 있다.

배워서 교육으로 얻는 지식 보다, 경험과 체험으로 얻는 지혜가 더 중요하다.

특히 삶을 살아가다가 뜻밖에 어려운 일을 당했을 때에 더욱 그러하다. 일상생활은 배운 지식으로 살아가지만 어려움을 당했을 때는 배운 지식의 한계를 느끼게 된다. 당면한 문제를 지식의 힘으로는 도저히 해결할 수 없다는 역부족을 경험하게 된다.

예컨대, 최근에 카이스트(KAIST)에서 공부하는 학생(수리과학과 박사과정 김모씨)이 연구실에서 목을 매여 스스로 목숨을 끊었다. 지난 2014년 이후 5년간 카이스트에서 모두 5명이 자살 했다는 사실은 그 증거를 보여주고 있는 것이다. 카이스트라면 우리나라의 최고급 과학기술 양성소로서 지식과 지성의 전당이다.

무식한 사람들 보다 지식인들의 자살이 더 많다는 통계는 무엇을 말 하는가? 그것은 지식의 한계를 보여주고 있는 것이다. 그들에게 삶에 대한 지혜가 있었더라면 그런 어리석음은 범하지 아니했을 것이다.

지금 우리에게 필요한 것은 풍부한 지식보다 깊은 체험적 지혜이다. 지식이 아무리 빠르게 양적으로 축적되고 공유되어도 체험적 깨달음이 가미되지 않으면 질적으로 성숙되지 않는다. 오늘 우리 사회에는 책상지식으로 무장한 인재들은 양산되고 있지만 체험적 지혜와 내공으로 무장한 진정한 전문가는 많지 못한 현실이다. 아인슈타인은 "지식은 학교교육의 결과이지만 지혜는 평생을 통해 분투노력해서 얻은 체험적 깨달음이다" 라고 말했다.

인류역사 이래 누구보다도 지혜를 소유해서 '지혜의 왕' 이라고 할 만큼 유명한 솔로몬은 정치학이나 법학을 전공하지 아니했고, 박사학위를 가진 사람도 아니었지만, 오직 하나님이 주신 지혜를 가지고 40년간 태평왕국을 다스렸다. 이스라엘 나라의 왕은 지혜를 가지고 나라를 잘 다스렸는데, 대한민국의 대통령은 지혜가 부족해서 지금 사면초가에 처해있다. 최대의 위기를 만난 박근혜 대통령에게 그런 지혜가 있었더라면 이런 일은 당하지 아니했을 것이다. 세상은 풍부한 지식으로 사는 사람 보다 체험적 지혜를 가진 사람이 이끌어 간다.

그렇기 때문에 성경은 세상을 살아가는 우리에게 지혜를 구하라고 한다. "너희 중에 누구든지 지혜가 부족하거든 모든 사람에게 후히 주시고 꾸짖지 아니하시는 하나님께 구하라 그리하면 주시리라" (야고보서 1장 5절)

 흙수저 인생의 감사

요사이 '금수저 흙수저'라는 말을 많이 하고 있다. 그것은 태어나서 자란 환경을 말한다. 부유한 가정에 태어나서 넉넉한 부자 집의 자식은 금수저이고, 반면에 가난한 가정에서 태어나서 어려운 환경에 처해 있는 자식은 흙수저라고 한다. 부모의 경제 수준과 가정의 환경을 따라 분류하고 있다.

위의 양자를 비교해 본다면, 금수저들은 부자 부모를 만나서 별로 고생을 모르고 자라기 때문에, 부모의 은혜도 모르고 감사할 줄도 모르기 쉽다. 의례히 부모는 자식에게 이렇게 해주게 되어 있다고 생각하기 때문에 감사한 생각을 하지 않게 된다. 대학 등록금은 물론, 졸업 후 취업, 결혼비용까지 부모가 책임져 주는 것이 마땅하다고 생각하는 금수저들이다.

반면에 흙수저들은 가난하여 어렵게 살고 있는 부모님께 등록금 같은 것은 아예 기대할 수가 없다. 그래서 자신이 아르바이트를 하고 용돈을 아껴 쓰고 모아서 등록금을 마련한다. 그들은 어렵게 살고 있는 부모의 사정을 잘 알고 있기 때문에 부모님의 짐을 덜어 드리고 위로해 드리기를 원하게 된다.

흙수저들은 가난과 어려운 환경에서 자라면서 의지가 강하게 연단이 되고 독립심이 강하게 되어 성공하게 된다. 그들은 성공하면 행복을 느끼며 감사한다. 하나님께 감사하고 부모님께 감사하는 인생이 된다. 그것이 흙수저 인생의 감사이다.

이렇게 감사하는 흙수저 인생을 소개한다. "그는 사생아로 태어나 9살에 성폭행을 당하고 14세에 출산하여 미혼모가 되었으나 아기는 출생 후 2주 만에 죽고 말았다. 그 충격으로 가출 후 마약 복용으로 지옥 같은 세월을 보냈다. 그러나 그런 바닥 인생을 떨치고 재기하여 최고의 인기 있는 여성으로 까지 성장하게 되었다. 그녀를 일컬어 American Dream을 이룬 대표적인 인물로 손꼽는다. 그는 미국의 흑인 여성 오프라 윈프리(Oprah Winfrey)이다. 그녀는 최악의 운명을 딛고 일어나 최선의 열매를 맺은 위대한 인물이다.”

최악의 흙수저 인생에서 최선의 삶으로 바꿀 수 있었던 비결은 감사하는 삶이었다. 그녀는 하루도 거르지 않고 감사의 일기를 썼다고 한다. 날마다 일어난 일 중에서 5가지 감사한 제목을 찾아서 적었다. 1).오늘도 잠자리에서 일어날 수 있게 해 주셔서 감사합니다. 2) 오늘도 푸른 하늘을 볼 수 있게 해 주셔서 감사 합니다. 3) 점심 때 맛있는 스파케티를 먹을 수 있어서 감사 합니다. 4) 얄미운 짓을 한 동료에게 참을성 있게 해 주심을 감사 합니다. 5) 좋은 책을 읽었는데 그 책의 작가에게 감사합니다.

오프라 윈프리는 이러한 감사의 생활을 통해 인생에서 소중한 것이 무엇임을 배웠고 삶의 초점을 어디에 맞추어야 할지를 배웠다고 고백했다. 그녀는 이러한 감사 생활에서 불행한 흙수저 인생에서 딛고 일어 설수 있는 에너지를 얻게 되었다.

 # 상속과 유전자(DNA)

"나는 고생을 해도 내 자식은 고생을 안 시켜야지."라는 생각이 우리 한국 부모들의 공통적인 사고방식이다. 그래서 피땀을 흘리며 열심히 노력하여 돈을 벌고 재산을 모아서 죽을 때 자식에게 상속으로 물려주려고 한다.

재산을 많이 물려주면 그만큼 잘 살줄 알고 있기 때문에 부모들은 되도록 자식들에게 재산을 많이 물려주려고 하고 자식들은 서로 많이 받으려고 한다. 그러다가 유산 때문에 형제간에 우애가 없어지게 되고 부모와 자식 간에도 불화가 생겨서 가정이 불행하여 지게 되는 경우를 우리 한국 사회에서는 쉽게 볼 수 있는 현실이다. 특히 재벌들의 가정이 더욱 그러하다.

그런데, 미국사회의 부모들은 우리와 사고방식이 다르다는 것이다. "빌 게이츠 마이크로소프트(MS) 창업주, 워런 버핏 버크셔 해서웨이 회장 등 세계적 거부(巨富)들이 자신의 막대한 재산을 자식에게 물려주기보다 기부하기를 원한다고 미국 전문매체 비즈니스인사이더가 보도했다. 특히 이들은 단순히 재산의 사회 환원을 위해서 만이 아니라 자녀의 미래를 위해서도 많은 돈을 물려주지 않는 편이 낫다는 인식을 공유하고 있다고 덧붙였다. 이들의 이런 자세는 온갖 편법과 탈세를 통해 최대한 자신의 재산을 2세에게 물려주려는 한국의 일부 재벌 오너들과 크게 대비 된다."(일간지 투데이) 그들은 "물려받은 재산은 득보다 실이 많다. 상속은 자녀의 장래를 망친다"고 한다.

영어로 유전적 체질과 상속은 같은 단어(inheritance)이다. 그래서 재산을 상속하기보다 유전자를 상속하라는 것이다. 부모로부터 많은 재산을 물려받게 되면 실패하여 망하기 쉽지만, 유전자를 물려받게 되면 무슨 일이나 어떤 사업을 해도 실패하지 않는다는 것이다.

유전자는 우리의 몸의 세포 속에 있는 인자를 말한다. 이것은 부모로부터 유전되어 물려받는 것이다. 여기서 중요한 것은 "부모가 자식에게 물려주는 유전인자가 어떤 것이냐?"라는 것이다. 즉, "부모가 자신의 몸에 어떤 유전자를 가지고 있느냐?"라는 질문이다.

예컨대, 술을 많이 마시는 사람은 알콜의 유전자를 가지고 있고, 도박꾼은 도박의 유전자를 가지고 있기 때문에 그것을 자식에게 그대로 유전시켜주게 된다는 것이다.

반면에, 하나님을 섬기며 이웃을 사랑하는 믿음으로 사는 부모의 몸에는 역시 그런 유전자가 있기 때문에 그것을 자녀들에게 그대로 상속하여 주게 되는 것이다. 5월 가정의 달에 우리 모든 가정의 부모들이 믿음의 유전인자를 자녀들에게 물려주는 복된 가문들이 되기를 소망하며 축복한다.

 # 사람을 보고 배우는 지혜

사람이 배운다는 것은 귀하고 아름다운 것이다. 그렇기 때문에 평생 배워야 하고 죽을 때 까지 배워야 한다. 학교에서 배우는 것은 지식이지만 사람을 보고 배우는 것은 지혜이다. 사람은 누구나 장단점이 있기 때문에 누구에게나 배울 점이 있다. 단점을 보지 말고 장점을 보고 배우는 것이다.

예컨대, 우리나라를 침략하여 36년간 강점을 했던 일본이지만, 그들에게도 우리가 배우고 본 받아야 할 장점이 있다는 것이다. 일본인들에게 배울 장점 14 가지를 받아 적어 본다.

1. 일본 사람들은 처음 만난 사람에게도 상냥하고 친절하다. 우리 한국 사람들은 말을 해도 퉁명스럽게 하고 무뚝뚝한 인상을 보이는 경우가 많다.

2. 일본인은 약속을 생명처럼 잘 지킨다. 한국인은 약속을 해 놓고도 "바쁜 일 이 생겨서"라고 변명을 하고 잘 지키지 않는다.

3. 일본인은 자신의 잘못을 인정하고 책임을 진다. 한국인은 잘못하고도 무조건 오리발부터 내밀고 발뺌을 한다.

4. 일본인은 근검절약이 부자의 비결이라고 생각한다. 한국인은 어디 한탕해 떼 부자 될 것이 없나 만 생각한다. 그래서 사기꾼이 많고 로또가 성행이다.

5. 일본인은 가정이나 식당에서 음식을 할 때 먹을 만큼 적당하게 한다. 한국인은 무조건 많이 해서 버리는 것이 너무 많다.

6. 일본인은 준법정신이 강하다. 사람 위에 사람 없고 사람 아래 사람 없다. 한국인은 돈 버는 일이라면 목숨을 건다. 그래서 못할 짓도 서슴없이 한다.

7. 일본인은 노숙자도 독서에 열을 올린다. 직장인의 한 달

독서량이 7.5권이다. 한국인은 한 달 독서량이 0.7권이다. 전철을 타면 스마트폰만 본다,

8. 일본인은 남이 보지 않는대서도 교통신호를 잘 지킨다. 한국인은 신호등을 무시하고 뛰기가 일쑤다. 그래서 교통사고 1위라는 오명을 가지고 있다.

9. 일본인은 공금을 무서워한다. 공금을 먹다가 걸리면 집안이 망한다고 생각한다. 한국인은 공금을 눈먼 돈, 떡 고물로 알고 먼저 먹는 놈이 임자라고 한다.

10. 일본인은 웬만한 일이면 대화로 해결하고 법정에 소송을 잘 하지 않는다.

한국인은 별것도 아닌 일을 가지고도 툭 하면 소송을 한다. 일본의 13배 가 넘는다는 통계가 있다.

11. 일본의 여성들은 비싼 명품 백을 사지 않고 대부분 집에서 만든 수제품을 가지고 다닌다. 한국의 여성들은 명품 백을 자랑으로 들고 다닌다. 그것은 허영이다. 하지만 루이비통의 97%는 가짜라고 한다.

12. 일본의 노조는 흑자가 나도 회사의 앞날을 생각하여 임금 동결을 받아들인 다. 한국의 노조는 회사가 2천억의 손실이 나도 성과금을 달라고 파업을 한다.

13. 일본인은 자립심이 강하다. 부모의 유산을 바라지 않는다. 부모 돈은 부모의 돈, 내 돈은 내 돈이라는 사고방식이다. 한국인은 부모를 봉으로 안다. 가르치고 키워 놓았더니 더 안 준다고 원망을 한다.

14.일본인은 공권력이 절대적이다. 국민들은 경찰에게 힘을 실어준다. 한국인은 경찰을 우습게 안다. 데모대에 얻어맞고 병원으로 실려 가는 경찰은 아마 한국 밖에 없을 것이다.

제 3장

인생은 어디로 가느냐?

"흙은 여전히 땅으로 돌아가고 영은 그 주신
하나님께로 돌아가기 전에 기억하라"
전도서 12장 7절

 # 어디로 가는 배냐?

크루즈 선박을 타고 해외여행을 해 보았다. 2003년 11월에 구라파 5개국을 다녀왔다.(독일 프랑스 영국 네델란드 벨기에) 말로만 듣던 크루즈 선박을 생전 처음 탔는데, 그 선박의 규모가 얼마나 큰지 일행과 함께 놀라움을 금치 못했다.

선박 안에서 근무하는 승무원이 1천명, 선박 안에 있는 객실이 2천5백개, 승객이 4천명 이라고 한다. 그 선박의 크기는 대형빌딩(63빌딩)만큼이나 높고 크게 보이는데, 1조원을 들어서 건조했다는 것이다.

나는 그 선박을 우리가 살고있는 이 지구에 비유해서 생각을 해 본다. 지구는 한 척의 선박이요 이 지구 안에서 살고있는 70억의 인간은 승객이다. 70억의 승객을 태운 이 지구호는 지금도 쉬지 않고 항해를 계속하고 있다.

크루즈 선을 타고 객실에서 밤에 잠을 자고 있는데, 배는 밤에도 계속 움직이며 항해를 하여 이튿날 아침에 일어나면, 배는 독일에 도착을 했고, 다음날 아침이 되면 프랑스에 도착, 그 다음날 아침에는 영국에 도착, 그 다음날 아침이 되면 네델란드, 그 다음날 아침이 되면 벨기에 도착을 했다.

우리는 배가 가고 있는 것을 느끼지 못하고 잠을 자고 있는데, 배는 쉬지 않고 밤에도 계속 가고 있었다. 마찬가지로 우리가 이 지구라는 배를 타고 밤에 잠을 자고 있는데, 지구의 배는 지금도 쉬지 않고 밤낮으로 계속 가고 있다는 사실이다.

그러면 지금도 계속 가고 있는 이 지구호는 "어디로 가는 배

냐? 어디로 가고 있는 것이냐? 그 종착점이 어디냐?” 라는 질
문을 하게 된다.

　옛날 사도바울이 탄 배는 276명을 태우고 로마로 갔는데, 70
억을 태운 이 지구호는 어디로 가고 있는 것이냐? 항해도중 유
라굴로 라는 광풍을 만나서 14일간 죽을 고생을 했지만 하나님
의 보호하심으로 배는 종착지인 로마까지 갔다.(사도행전 27
장)

　우리가 탄 배는 어디로 가고 있느냐? 찬송(373장)으로 대답
을 한다

　“고요한 바다로 저 천국 향할 때 주 내게 순풍 주시니 참 감
사합니다. 이 세상 고락간 주 뜻을 본받고 내 몸이 의지 없을
때 큰 믿음 주소서.” 아멘

 # 돌아가는 인생

　"산다는 것은 본향으로 돌아가는 것이다" "오늘의 문제는 싸우는 것이고, 내일의 문제는 이기는 것이고, 모든 날의 문제는 죽는 것이다" 빅토르 위고의 말이다.

　그렇다면 죽음이라는 것은 무엇이냐? 인생에서 죽음이라는 것은 일회성이요 유일성(唯一性)이다. 그리고 모든 사람이 가야만 하는 인생의 공도(共道)이다. "내 인생이 두 평생이라면, 첫 번째 생은 내 마음대로 아무렇게나 되는 데로 살아보고, 두 번째의 생은 정말 값지고 멋지게 살아 보겠다. 그러나 내게는 한 평생 뿐이기 때문에 그렇게 살 수는 없다" 라는 말이 있다.

　죽음이라는 것은 인생의 철학적인 문제이다. 철학자들은 죽음을 "존재가 비존재로 변하는 것이요 유(有)에서 무(無)로 변하는 것이라고 어렵게 설명을 한다. 죽음은 존재의 부정이요, 삶에 대한 종지부를 찍는 것이요, 생명의 단절이요, 종말이요, 끝나는 것이라고 한다.

　우리 보통 사람들은 죽으면 돌아가셨다고 한다. 돌아간다는 것은 전에 있었던 고향으로 돌아간다는 말이다. 고향이라면, 현재 나이 60대 이상이 되는 사람들은 거의가 농촌출신으로 어릴 때 자라난 고향을 그리워하고 있다. "나의 살던 고향은 꽃피는 산골 복숭아꽃 살구 꽃 아기 진달래" 라는 노래를 부르며 향수를 달래고 있다.

　평소에도 고향을 생각하지만, 특히 명절이 되면 더욱 그리워지는 것이 우리네 고향이다. 그런데, 그렇게 그리운 고향인데,

막상 가 보게 되면 기대한 만큼 만족감을 실감하지 못한다는 것이다. 낯선 사람들이 살고 있고 동내에는 빈집도 있어서 허전하고 쓸쓸한 마음이 들기도 한다.

나는 혼자서 좀 깊은 생각을 해 본다. 그토록 그리운 고향인데, 왜 허전하고 만족이 없을까? 생각을 하다가 성경에서 그 이유와 답을 얻게 되었다. "그들이 이제는 더 나은 본향을 사모하니 곧 하늘에 있는 것이라 이러므로 하나님이 그들의 하나님이라 일컬음을 받으심을 부끄러워하지 아니하시고 그들을 위하여 한 성을 예비 하셨느니라"(히브리서 11장 16절)

이 말씀을 보면, 우리는 고향이라고 하는데. 성경은 본향이라고 한다. 그러면 고향과 본향은 어떻게 다르냐? 고향은 우리의 육신이 태어나서 자란 곳을 말한다. 그러나 본향은 우리의 영혼이 태어난 곳을 말한다. 하나님이 우리의 생명(영혼)을 창조하여 이 세상에 태어나게 하신 것이다.

육신의 고향은 진정한 고향이 아니기 때문에 만족이 없다.참 고향(본향)은 하늘에 있다. 그곳은 우리가 이 다음에 가서 영원히 행복하게 살 곳이다. 할렐루야

 # 파도와 물결의 인생

자연의 4계절이 있듯이 인생에도 사계절이 있다. 희망과 꿈을 가진 청소년의 시기는 봄이요, 땀을 흘리며 열심히 일하며 활동하는 청년의 시기는 여름이요, 오곡이 결실을 하고 낙엽이 떨어지는 가을은 장년의 시기를 말한다. 그리고 찬바람이 불어오고 눈보라가 날리는 겨울은 인생의 황혼기를 말한다.

이렇듯 우리 인생은 계절처럼 변화무쌍한 것이다. 그래서 생로병사(生老病死)요, 희로애락(喜怒哀樂)의 인생이라고 한다. 기쁠 때가 있고, 노여워할 때가 있으며, 슬플 때가 있고 즐거울 때가 있다는 것이다.

이렇게 변하는 인생을 성경은 다음과 같이 말하고 있다. "범사에 기한이 있고 천하만사가 때가 있나니 날 때가 있고 죽을 때가 있으며 심을 때가 있고 심은 것을 뽑을 때가 있으며 죽일 때가 있고 치료할 때가 있으며 헐 때가 있고 세울 때가 있으며 울 때가 있고 웃을 때가 있으며 슬퍼할 때가 있고 춤출 때가 있으며… 잠잠할 때가 있고 말할 때가 있으며 사랑 할 때가 있고 미워할 때가 있으며 전쟁할 때가 있고 평화할 때가 있느니라"(전도서 3장 1절-8절)

바다의 파도와 강의 물결은 흐르는 물이 올랐다 내렸다를 반복하는 현상을 말한다. 그와 같이 우리 인생살이에도 오르막이 있고 내리막이 있다. 인생의 굴곡을 말한다. 오르막이 성공으로 올라가는 길이라면, 내리막은 실패로 내려가는 길을 말한다.

인생은 이렇게 굴곡으로 변하는 것이기 때문에 오르막으로 올라갈 때 교만하지 말아야 하며, 내리막으로 내려갈 때에 낙심하지 말아야 한다. 참고 견디면 다시 오르막이 온다는 사실을 기억해야 한다.

이러한 인생의 굴곡을 우리는 이사야서에서 히스기야 왕의 생애를 통하여 그 좋은 예를 볼 수 있다. 그는 남쪽 유다의 13대 왕으로서 역대 어느 왕보다 선한 왕으로서 하나님의 사랑과 복을 받았다.

그렇게 선한 히스기야 왕에게 큰 문제가 생겼다. 그것은 이웃나라 앗수르의 군사가 침략해 온 것이다. 이때 히스기야 왕은 기도했더니 하나님이 앗수르 군사를 하룻밤 사이에 십팔만 오천 명을 죽이심으로 히스기야 왕은 승리를 했다.(이사야 37장 36절) 내리막에서 오르막으로 올라가게 된 것이다. 그런데 또 문제의 내리막을 만나게 된다. 그것은 히스기야의 몸에 죽을 병이 든 것이다. 이때 히스기야는 하나님께 눈물로 기도했더니 하나님이 히스기야의 눈물의 기도를 보시고 병을 고쳐 주시고 15년 동안 더 살게 해주셨다.(이사야 38장 5절) 죽을 병이라는 내리막은 끝나고 다시 오르막으로 올라가게 된 것이다.

우리 인생은 파도와 같이 올라갈 때가 있고 내려갈 때가 있다. 누구에게나 굴곡은 다 있다. 일평생 어려운 내리막은 없고, 평안한 오르막만 있는 인생은 이 세상에서 아무도 없다. 내일 무슨 일을 만날는지 아무도 모른다.

그렇기 때문에 우리는 우리의 내일을 하나님께 맡기고 기도해야 한다. "야긴, 보아스, 에벤에셀, 주여아동행" 이라는 삶의 철학이 더욱 필요한 것이다.

 # 연습이 없는 인생

　귀한 물건이라도 여러 개가 있으면 별로 귀한 줄 모르는데, 한 개 뿐이라면 더 귀하게 여겨진다. 우리가 이 세상에서 살고 있는 인생도 그러하다. 우리의 생이 한 평생이 아니고 두 평생이나 세 평생이라면 별로 귀한 줄 모르고 살 것이다. 그러나 우리의 인생은 한 평생 뿐이기 때문에 귀하고 소중한 것이다.

　이렇게 한 평생 뿐인 인생을 어느 철인은 다음과 같이 말했다. "나의 인생이 두 평생이라면 처음의 생은 내 마음대로 하고 싶은 것을 다 해보고 살겠고, 두 번째 인생은 정신을 차리고 가장 올바르고 가치 있고 보람되게 살 것이다. 그러나 나의 인생은 한번 뿐이기 때문에 그렇게 살 수 없다" 라고 고백했다.

　일생일사(一生一死)는 생명의 철칙이다. 우리는 유일성(唯一性)의 생명을 가지고 일회성(一回性)의 생애를 살고 있다. 인생은 일회전으로 끝나는 엄숙한 경기이다. 인생은 녹화가 아니고 생중계이다.

　우리는 오직 하나뿐인 생명을 가지고 오직 한 번뿐인 인생을 살고 있다. 남이 나의 인생을 살아 줄 수 없고 내가 남의 인생을 살아 줄 수 없다. 나는 나의 인생을 살고 너는 너의 인생을 살고 있다. 아무도 대신 살아 줄 수 없는 것이 인생이다

　나는 나의 판단, 나의 계획, 나의 선택, 나의 결단, 나의 의지로 내가 내 인생을 살고, 그 결과에 대하여 내가 스스로 책임을 져야 한다. 인생은 자작자연(自作自演)의 연극이요 자업자득(自業自得)의 농사이다.

인생은 연습이 없다. 운동선수들은 운동시합에 나아갈 때에 여러 번 연습을 해야 우승을 할 수 있다. 그러나 인생에는 연습이 불가능하다. 매일 매일 본선 경기요 매일 매일이 결승전이다.

인생은 흥겨운 노래터가 아니다. 인생은 무책임한 도박장이 아니다. 인생은 실없는 장난이 아니다. 되는대로 사는 것이 결코 아니다. 인생은 진지한 것이요 성실한 것이다. 매일 매일 순간마다 정신을 차리고 살아야 할 엄중하고 귀한 것이다.

내가 이 세상에 태어난 것은 나의 뜻이 아니다. 하나님의 뜻으로 부모를 통해서 태어난 것이다. 내가 태어나고 싶어서 이 세상에 태어난 것이 아니다 오직 하나님의 뜻과 섭리에 의하여 태어난 것이다. 죽는 것도 마찬가지이다. 우리가 죽는 날짜를 모르고 있다. 오직 하나님만 알고 계시는 비밀이다.

연습이 없는 인생, 한번 뿐인 인생을 어디서 사느냐 보다 어떻게 사느냐가 중요하고, 무엇을 먹느냐 보다 무엇을 하느냐가 중요한 것이다.

 # 네 죽음을 기억하라

시대의 지성, 한국 지성계의 거성인 이어령 박사는 89세의 일기로 하늘나라로 갔다. 고인은 한국 지성의 대표로서 많은 저서를 남기고 활동을 했지만, 그는 철저한 무신론자였다.

그의 최고의 지성과 학문은 신의 존재를 부정하고 자신의 능력과 존재를 과시하는 교만으로 나타났던 것이다. 그는 자신의 능력을 과신하기 때문에 신의 도움 같은 것은 관심에도 없었을 것이다. 일종의 지식의 교만을 가지고 있었다.

그렇게 평생을 학문과 지성을 자랑하며 살아온, 그 이어령 교수가 73세이던 2007년에 그의 딸 이민아 목사의 피눈물 서린 전도로 예수를 믿게 되어 세례를 받았다. 그의 180도의 인생전환은 다메섹 도상에서 사울이 바울로 변한 역사를 연상하게 한다.

그는 기독교인이 된 후에 주옥같은 저서를 남겼다. "어느 무신론자의 기도. 의문은 지성을 낳고 믿음은 영성을 낳는다. 지성에서 영성으로" 등의 영성에 관한 저술을 남겼다.

안타깝게도 그의 인생에도 질병이라는 불청객이 찾아왔다. 그는 2017년에 암 진단을 받고 투병생활을 시작했다. 암 진단을 받았지만, 항암 치료를 받지 않고 자택에서 죽음을 준비해 왔다. 그는 투병 중에도 글쓰기와 강연을 멈추지 않고 계속해 왔다. 이에 정부는 지난해 10월 한국문학발전에 기여한 공로로 금관문화훈장을 수여했다.

그는 하루에도 몇 번씩 가쁜 호흡을 몰아쉬는 말기 암 투병 상황에서도 총 20권 규모의 '이어령 대화록' 발간 계획을 세웠다. 인간 이어령의 신앙 여정은 15년 남짓이지만 영성의 깊이는 남달았다. "눈이 있어도 보지 못하고 귀가 있어도 듣지 못할 뿐, 우리가 깨닫지 못하는 부활이 지금도 일어나고 있음을 죽음 직전까지 온 몸으로 체험하고 있다"라고 그는 자신의 신앙을 고백했다.

"메멘토 모리"라는 말은 "네가 죽을 것을 기억하라"를 의미하는 라틴어 경구인데. 이어령은 이 경구를 자신의 좌우명으로 삼았다.

한 인간 이어령은 하늘나라로 갔지만, 고인이 좌우명으로 남긴 "네가 죽을 것을 기억하라"라는 말은 세상에 남아서 살고 있는 우리에게 "죽음을 준비하라"라는 너무나 귀한 교훈이 된다.

"한번 죽는 것은 사람에게 정해진 것이요 그 후에는 심판이 있으리니"(히브리서 9장 27절) 인생을 찾아오는 죽음이라는 불청객은 남녀노소 빈부귀천을 막론하고 누구에게나 예고 없이 찾아온다. 죽음을 기억하고 준비하는 사람은, 더 진실하고 더 가치 있고, 더 보람되게 살게 된다.

 죽음 학(學)

죽음은 인생의 종말이요 끝이요 마지막이기 때문에 최대의 문제요 최후의 문제이다. 그렇기 때문에 사람들은 죽음 자체를 무서워하며 죽음에 대하여 말하기도 두려워하며, 기피해 왔다.

공자의 제자들이 한번은 공자선생에게 "사람이 죽은 뒤에 어떻게 됩니까"라고 질문을 했다. 이때 공자선생은 "이 사람들아 내가 이 세상일도 다 모르고 있는데 죽은 뒤의 일을 어떻게 알 수 있겠는가?" 라고 대답을 했다는 것이다.

인간의 의학과 과학이 최고로 발달한 21세기 이지만, 죽음 이후의 상태를 알지 못하며, 사후(死後)의 세계를 자신 있게 설명하지 못하고 있다. 죽음은 역시 불가사의(不可思議)한 괴물이요 공포의 대상이 되어 있다.

죽음이라는 것은 이렇게 무서운 것이요 공포의 대상이 되어 왔기 때문에 죽음에 대하여 말하기조차 싫어하고 기피하여 왔다.

이렇게 금기시(禁忌視) 되어온 죽음이었는데, 현대에 와서는 죽음을 연구하는 죽음의 학(學)까지 나와 있다. 최준식 교수(이화여대 명예교수)가 KBStv에서 '죽음 학' 이라는 주제로 특강을 한 적이 있다.

사람이 살다가 죽게 되면 어디로 가느냐? 죽음 후에 사는 내세(來世)가 있느냐? 라는 질문을 제시한 최 교수는 다음과 같은 논리로 내세의 존재를 설명했다. "내세가 없다면 이 세상에서의 삶의 의미가 없다. 선하고 착하게 살 필요가 없다. 사람들이 이 악한 세상에서도 선하고 착하게 살아야 한다는 생각은 사후(死後)의 세상이 있다고 증거하는 것이라고 했다. 내세가 있기 때문에 선하게 살려고 노력을 한다는 것이다. 그리고 원인과 결과의 원리로 내세를 증명했다. 무엇이나 원인이 있으면 반드시 결과도 있다는 것이다. 시작이 있으면 끝이 있다는 것이다. 그리고 상대성 원리로 낮이 있으면 밤이 있고, 이 세상이 있으면 저 세상도 있다는 것이다"

최 교수는 학문적으로 내세를 증명했지만, 우리는 성경을 통해 내세를 확신하고 있다. "또 내가 새 하늘과 새 땅을 보니 처음 하늘과 처음 땅이 없어졌고 바다도 다시 있지 않더라"(요한계시록 21장 1절)

지난 주간 북성교회에서 J장로가 소천하여 장례식을 거행했다. 고인은 60대로서 아직 할 일이 많이 있는데, 남편과 아버지를 잃고 슬피 우는 유가족을 우리는 슬픔을 나누며 위로했다.

죽음 앞에서 슬퍼하며 우는 것은 신자나 불신자나 마찬가지다. 그러나 불신자들에게는 죽음이 끝이라는 절망의 통곡이지만, 우리 성도들은 천국의 소망을 가지고 있기 때문에 차원이 다른 죽음이다.

 # 한 해가 저물어 간다.

한 해의 마지막 달인 12월이다. 다사다난 했던 2022년도 역사의 뒤안길로 사라져 가고 있다. 이맘때가 되면 사람들은 짐승과 달리 지나온 자신을 돌아보게 된다. 지난 한 해를 어떻게 살아 왔느냐? 라고 자문을 하기도 한다.

추억, 회상, 기억 같은 단어는 지나온 날을 생각하며 되돌아보게 한다. 기억에 대한 의미를 어느 일간지 종교부 기자의 논설을 읽고 도움이 될 것 같아서 적어 본다.

"한 사람의 기억은 곧 그 사람 자체라고 할 만큼 인생에 미치는 영향이 크다. 좋았던 기억들은 기억하면 할수록 과거가 의미 있고 내가 좀 더 소중하게 느껴진다. 반면에 실패의 기억이나 상처받은 기억은 비관주의와 패배감을 심어 주기도 한다.

기억 중에 무의식 기억과 관계가 깊은 암묵기억(Implicit Memory)이 있다. 암묵기억이란 과거의 경험이나 학습으로 뇌에 저장되어 있다가 무의식적으로 나타나는 기억을 말한다. 기억은 상처가 되기도 하고 위로가 되기도 한다 기억이 상처가 아닌 위로가 될 수 있다는 것을 이야기 하고 싶다."

어린 시절에 경험한 아버지의 자살이 평생 트라우마(심한 상처)가 된 어느 작가는 보이지 않고 들리지 않던 하나님의 음성을 기억을 통해 보고 들을 수 있었다고 한다. 그것을 '거룩한 은혜' 라고 했다.

지난날의 슬픔을 의도적으로 기억한다는 것은 또 한 번 상처를 입게 되는 위험한 일이지만, 그러나 하나님이 지켜주시고 치료해 주신다는 믿음으로 기억한다면 치유를 경험하게 되고 용기와 힘을 얻게 될 것이다.

우리는 지난 한 해도 코로나로 인하여 비대면 예배를 드리면서 불편한 신앙생활로 견디어 왔다. 사업장인 가게의 문을 닫게 되고 직장을 잃고 생계가 어려운 생활고를 인내하며 살아왔다.

그러나 이러한 어려움 가운데서도 한 해를 넘기게 된 것은 하나님의 은혜라고 우리는 믿고 있다. 오늘 여기까지 우리를 도와주시고 지켜주신 하나님의 은혜를 "에벤에셀"이라고 말한 사무엘 선지자의 고백이 우리의 신앙고백이 되어야 할 것이다.(사무엘상 7장 12절)

인정사정이 없이, 미련도 없이 빨리 달려가는 세월은 우리에게 여유와 기회를 주지 않고 가 버린다. "세월을 아끼라 때가 악하니라"(에배소서 5장 16절) 빨리 가는 세월은 우리의 발걸음을 재촉하고 있다. "어둔 밤 쉬 되리니 네 직분 지켜서 찬 이슬 맺힐 때에 일찍 일어나 해 돋는 아침부터 힘써서 일하라 일할 수 없는 밤이 속히 오리라"

 # 노년의 멋

　21세기는 문제가 많은 시대이다. 예컨대, 청소년 문제, 실업자 문제, 성인병 문제, 저출산 문제, 자살 문제 등을 들 수 가 있는데, 그 중의 하나가 노인 문제이다.

　65세 이상의 노인 인구가 7% 이상이 되면 고령사회(Aged Society)라고 한다. 우리 한국은 의학의 발달로 국민의 평균수명이 길어지는 사회로 65세 이상의 노인인구가 총 인구의 7%를 상회하는 고령사회로 접어 들었다.

　옛날부터 사람이 오래 사는 것은 장수의 복이라고 했는데, 거기에는 조건이 따른다. 건강으로 생활걱정이 없어야 복이 된다. 생활이 어렵고 몸이 질병으로 병실에 여생을 보낸다면, 그것은 복이라고 할 수 없는 것이다, 삶의 질이 문제이다.

　어느 원로 목사가 "곱게 늙어야지" 라는 책을 쓰기도 했는데, "어떻게 사는 것이 곱게 늙는 것이냐" 라는 문제는 노인들 자신의 몫이다. 차제에 같이 늙어가는 친구가 문자로 보내온 메시지가 공감이 되어서 받아 적어 본다.

　"노년은 생각보다 멋지고 아름다운 인생길입니다. 삶의 여정에서 마음을 비우며 살아가기에 가장 좋은 때이기 때문입니다. 욕심을 좀 더 멀리서 남의 것처럼 바라볼 수 있어서 좋습니다.

　담담한 마음으로 삶의 여백을 마음에 담을 수 있어서 좋습니다. 시기와 질투가 떠난 자리에 사랑과 너그러움이 차지하고 있습니다.

　남의 잘못은 보이지 않고 잘한 것만 보여서 좋습니다. 세상의 모든 것이 점점 아름답게 보여 집니다. 가지고 싶은 마음보다 주고 싶은 마음이 앞서서 좋습니다.

미워하는 마음은 떠나고 축복하고 싶은 마음이 앞서서 좋습니다. 원망은 사라지고 감사한 마음이 절로 생겨나서 기쁩니다.

시간에 쪼들리지 않고 산 넘어 흘러가는 흰 구름을 볼 수 있어서 좋습니다. 행복은 마음으로 만들고 천국은 내 가슴에 있다는 것을 아는 나이가 되어서 좋습니다. 빈 마음으로 더 많은 정을 담을 수 있어서 좋습니다.

모든 것을 버리고도 가슴 아파하지 않아서 좋습니다. 빈 마음으로 여백을 채우고 담담하게 살아 갈 수 있어서 좋습니다. 주어진 오늘에 감사할 수 있어서 좋습니다. 아름답게 늙어가는 사람이 벗이 되고 존경스럽습니다.

우리의 삶은 아름답고 고귀합니다. 세상에 와서 세상이 필요로 하는 일을 열심히 했습니다. 그것만으로도 우리의 삶은 아름답습니다.

"백발은 영화의 면류관이라 공의로운 길에서 얻으리라" (잠언 16장 31절)

 # 고독이라는 병

　오늘 우리 인간들에게는 여러 가지 질병이 있다. 이 질병은 여러 가지가 있지만 이것을 크게 구분한다면 육체적 질병과 정신적 질병으로 구분할 수 있다. 이러한 질병은 인간의 과학이 발달할수록 더 많이 발견되고 있다.

　요사이 성인병이라고 하는 고혈압, 당뇨, 비만 등은 옛날 사람들이 듣지도 보지도 못했던 병명들이다. 문화의 발달로 인간 사회가 복잡하여 질수록 머리가 복잡하여 지고 신경을 더 많이 쓰고 민감해지고 있다.

　신경을 지나치게 쓰게 되면 신경쇠약이라는 질병이 생기기도 한다. 그것은 일종의 정신질환이다. 이러한 정신질환 중의 하나가 고독이라는 병이다. 이 병은 청진기로 감지되고 육체적으로 드러나는 병은 아니지만 심리적으로 정신적인 병임에는 틀림이 없다.

　이 고독이라는 병은 인간이라는 존재성 깊숙이 숨겨져 있는 병이라고 한다.

　키에르케고르(Kierkegaard)가 절망을 "죽음에 이르는 병"이라고 말한 것도 이 범주에 속한 질병으로 생각된다. 고독과 절망은 유사한 정신병에 속한다.

　고독에는 육체적인 고독과 정신적인 고독이 있다. 전자는 친구를 만나거나 그리운 사람을 만남으로 해소 할 수 있고, 후자의 경우는 독서나 사색으로 극복할 수 있다.

　그런데 여기에 또 하나의 고독이 있다. 이것을 제 3의 고독이라고 해본다.

이것을 인간적인 고독, 혹은 실존적인 고독이라고 한다. 그 대표적인 예를 든다면 인도의 황태자였던 석가에게서 그 좋은 예를 볼 수 있다. 그의 고독은 결코 군중이나 사회로부터 해결받을 수 있는 문제가 아니었다. 그 고독은 깊은 정신적 공허에서 오는 고독이다.

그것은 인간의 무상함과 허무감에서 영원을 바라보는 고독이다. 자아를 영원이나 무(無) 앞에 세워놓고 시간이나 유한으로 자각 할 때 뼈저리게 스며드는 고독이다. 나는 이런 고독을 철학적인 고독이라고 한다.

허무한 인생, 삶의 의미를 모르고 사는 인생, 허무할 뿐이다. 내가 왜 살고, 무엇 때문에, 무엇을 위해 살고 있는지 모르는 인생을 고민하는 것이다. 이러한 고독을 견디다 못해 염세주의에 사로잡혀서 스스로 생명을 포기한 철학자들도 있다.

김형석 교수(연세대학 철학과 명예교수)는 "고독의 반대는 사랑"인데 하나님의 사랑을 받는 사람은 고독의 병을 이길 수 있다고 한다. 무상하고 허무한 인생이 영원한 하나님을 바라보고 의지하는 것이다. "일의 결국을 다 들었으니 하나님을 경외하고 그의 명령을 지킬지어다 이것이 모든 사람의 본분이니라"(전도서 12장 13절)

그래도 나는 믿습니다.

1945년 독일의 유대인 수용소 지하실 벽에서 아래와 같은 낙서가 발견되었다. 이 글은 어느 유대인이 죽음을 앞두고 썼다는 것이다.

"나는 태양이 비치지 않을 때에도 태양이 있다는 것을 믿습니다.

나는 사랑을 느낄 수 없을 때에도 사랑이 있는 것을 믿습니다.

나는 하나님이 침묵하실 때에도 하나님이 계심을 믿습니다.

고통 중에 부르짖는 욥의 기도도 침묵하시는 하나님께 부르짖는 내용입니다. 하박국의 기도도 불의한 일들에 대하여 침묵하고 계시는 하나님께 부르짖는 절규입니다.

우리는 너무 호들갑을 떱니다. 하나님의 침묵에 못 견뎌 합니다.

그러나 하나님은 침묵이십니다. 하나님은 침묵하고 계시지만 역사는 도도히 흘러갑니다. 하나님이 돌리시는 역사의 맷돌은 비록 천천히 돌아가지만 정확하게 돌아갑니다.

하나님이 하시는 일이 지금은 보이지 않고 들을 수도 없지만 지나고 돌아보면 세심하게 이루어지심을 보게 됩니다.

오늘도 세상은 부조리하고 혼란합니다. 정직하고 의로운 사람들이 고난을 받고 불의한 자들이 활개치는 오늘이지만 침묵 중에 계시는 하나님은 여전히 섭리하고 계심을 나는 믿습니다.

밤이 어두울수록 하나님은 별을 더 빛나게 하십니다. I

believe in God"

죽음을 눈앞에 둔 한 인간의 신앙고백이다. 이런 믿음을 가진 인간이라면 죽음도 겁나지 않고 세상에서 두려울 것이 없을 것이다.

그는 세상에서 제일 귀한 보배를 가진 사람이다. 금보다 더 귀한 보배를 가진 사람으로서 그 누구보다도 행복한 사람이요 세상에서 근심 걱정이나 겁날 것이 없는 사람이다. 우리도 이렇게 귀한 믿음을 가지게 된 것은 우리의 것이 아니고 하나님이 우리에게 선물로 주신 것이다.

우리가 믿은 것이 아니고 하나님이 우리에게 믿음을 선물로 주시어서 우리로 하여금 믿게 하신 것이다. 은혜로, 선물로 주신 것이기 때문에 더욱 귀한 것이다.

태초에 천지 만물을 창조하시고 오늘도 우리를 돌보시는 하나님을 우리는 믿는다. 그리고 우리를 구원하시기 위해서 십자가에 못박혀 죽으시고 3일 만에 부활하신 예수 그리스도가 우리의 구주이심을 우리는 믿는다. 이러한 믿음을 나 같은 죄인에게 주심을 우리는 평생 감사해야 할 것이다. 금보다 귀한 믿음, 아무가 가질 수 없는 믿음, 죽음 앞에서도 담대한 믿음을 우리는 가지고 있다.

# 운명과 숙명

운명(運命)이라는 것은 인간의 모든 것은 미리 정해져 있기 때문에 인간의 힘으로 바꾸거나 고칠 수 없다는 것이다. 그 운명은 날 때부터 타고난 것이라는 뜻으로 숙명(宿命)이라고 한다. 이러한 운명과 숙명은 초인간적 위력에 의하여 지배 되는 것이기 때문에 인간의 힘으로 어찌할 수 없다는 것이다.

운명과 숙명이 이러한 것이기 때문에 인간은 선택의 여지가 없다는 것이다. 운명이 좋은 것이든. 나쁜 것이든. 그대로 받아들일 수밖에 없다는 것이다. 우리 생각 같으면. 나쁜 것은 다 버리고 좋은 것만 택하여 받아들이고 싶지만 우리 마음대로 그렇게 할 수 없다는 것이다.

그래서 운명론과 숙명론이 대두되는 것이다. 인간의 능력으로 운명을 좌우 할 수 없고 극복 할 수 없기 때문에 닥치는 그대로 받아 들여야 한다는 것이다. 그렇게 인정하고 받아 들여야 된다고 하는 이들은 운명론자 들이라고 할 수 있다.

예컨대. 지난 대선에서 윤석열은 운이 좋아서 대통령에 당선이 되었고, 이재명은 운이 나빠서 낙선됐다는 말을 한 사람들이 바로 운명론자들이다.

오늘 우리는 운명론자도 숙명론자도 아니다. 우리에게는 운명도 숙명도 존재하지 않는다. 오직 창조주 하나님의 예정과 뜻과 섭리만 있을 뿐이다. 인간의 생사화복은 오직 하나님의 섭리에 의하여 이루어지고 진행이 된다는 사실을 우리는 믿는 것이다. 그렇기 때문에 우리는 운이 좋다는 말을 하지 않는다.

오늘은 부활주일이다. 주님이 십자가에 못 박혀 죽으시고 부활하신 것은 운명도 숙명도 아니다. 철저한 하나님의 계획이요 뜻이었다. 주님이 겟세마네 동산에서 기도하실 때 "조금 나아가사 얼굴을 땅에 대시고 엎드려 기도하여 이르시되 아버지여 만일 할 만하시거든 이 잔을 내게서 지나가게 하옵소서 그러나 나의 원대로 마옵시고 아버지의 원대로 하옵소서"(마태복음 26장 39절) 라고 하신 말씀을 보면, 주님이 십자가에 못 박혀 죽으심은 철저한 하나님의 뜻이었음을 알 수 있다.

주님의 죽음과 부활과 마찬가지로 우리의 죽음과 부활도 하나님의 예정과 섭리와 뜻에 달려 있다는 사실을 우리는 믿는다. 오늘 우리가 이 세상에서 살고 있지만. 우리의 생명이 언제 끝날지는 아무도 모르고 있다. 오직 하나님의 뜻에 달려 있을 뿐이다. 죽은 후의 부활도 마찬가지이다.

"내일 일은 난 몰라요 하루하루 살아요 불행이나 요행함도 내 뜻대로 못해요" 오직 하나님의 뜻에 달려 있다. "내 주여 뜻대로 행하시옵소서 내 모든 일들을 다 주께 맡기고 저 천성 향하여 고요히 가리니 살든지 죽든지 뜻대로 하소서"

오만의 실패

　요사이 뉴스의 쟁점은 두 가지로 보인다. 그 하나는 코로나 바이러스 확산문제이고 다른 하나는 우크라이나 전쟁 문제이다. 우크라이나 전쟁은 지난 2월 24일 러시아의 군이 우크라이나를 침공으로 시작되었다.

　러시아가 우크라이나를 침공한 이유는 푸틴 대통령의 오만에서 비롯되었다. 구소련이 해체된 이후 러시아는 미약한 국가로 전락 되었는데, 푸틴이 대통령이 되어 22년간 다스리게 되니 권좌에 자신이 생긴 것이다. 그래서 영토를 확장하려는 야욕을 품게 되었다.

　이러한 야욕을 품고 전쟁을 시작한 푸틴의 작전계획은 강한 러시아 군이 약한 우크라이나를 침공하면 3~4일 내에 끝낸다는 것이었다. 양국의 군사력을 비교하면 러시아의 군사는 85만 명이고 우크라이나는 20만 명이다. 국방력은 우크라이나는 러시아의 십분의 일 밖에 되지 않는다. 비교가 안 될 정도로 러시아가 우세하다. 그렇기 때문에 푸틴대통령은 자신을 가지고 전쟁을 시작했다.

　그런데, 그렇게 시작한 전쟁의 결과는 정 반대로 빗나간 것이다. 4일 만에 끝낸다는 그 전쟁은 거의 한 달이 다 되어도 아직 끝나지 않고 계속 되고 있다.

　승리를 자신했던 러시아의 군사는 이미 수천 명이 전사했고 상대적으로 나약하게 보았던 우크라이나 군사는 강한 군사력으로 항전을 하고 있다.

당장 겁을 먹고 도망갈 줄 알았던 우크라이나의 젤렌스키 대통령은 오히려 앞장서서 목숨을 걸고 결사적으로 대항을 하니 군사들은 용기를 얻고 국민들은 단합하여 싸우게 된 것이다.

이러한 우크라이나 전쟁의 결과는 아직 모르지만 현재의 상황은 러시아 군의 실패라는 분석이 나오고 있다. 승리를 장담하고 시작한 전쟁이 실패로 끝난다는 사실이다.

그러면, 군사 강대국인 러시아가 왜 실패하고 있느냐? 라는 질문에 군사 전문가들은 러시아의 푸틴 대통령의 오만 때문이라고 분석을 하고 있다.(신인균 국방 TV)

오만한 푸틴은 우크라이나를 과소평가하고 무시 했다는 것이다. 그래서 우크라이나 대통령과 군사들이 그렇게 강할 줄 몰랐다는 것이다. 그것은 그의 오만으로 적군의 군사력을 알지 못하고 오판을 했기 때문이다. 그리고 미국과 서방 국가들이 (나토군) 단합하여 우크라이나를 지원할 줄 몰랐다는 것이다.

"교만은 패망의 선봉이요 거만한 마음은 넘어짐의 앞잡이니라. 겸손한 자와 함께 하여 마음을 낮추는 것이 교만한 자와 함께 하여 탈취물을 나누는 것보다 나으니라" (잠언16장 18절-19절)

 # 가을의 정서

　무더위는 지나가고 어느덧 가을의 문턱을 넘었다. 우리나라에서 가을이라면, 오곡백과가 무르익은 황금물결의 계절이라고 한다. 그러나 무르익은 곡식을 추수하고 서리가 오면 낙엽이 떨어지고 철새들이 떠나게 된다. 어딘가 모르게 쓸쓸하고 외로움을 느끼게 되는 것이 가을의 정서가 아닌가 하는 생각을 한다.

　그래서 가을은 외로움의 계절, 고독의 계절이라고 말하기도 한다. 인간은 사회적인 동물이기 때문에 본능적으로 외로움과 고독을 싫어한다. 가정을 이루어서 부모와 자식이 행복하게 살고 너와 내가 만나서 흉허물을 털어놓고 대화할 수 있는 사회를 이루어서 살기를 원하고 있다.

　이러한 외로움과 고독을 생각해 보면, 옛날 사람들과 현대인들의 개념이 다른 것 같다. 옛날 사람들은 두메 산골에 혼자살고 있으니 외롭다고 했는데, 현대인들은 오히려 많은 사람이 모여서 살고 있는 가운데서 외로움과 고독을 느끼고 있다는 것이다. 소위 말하는 군중 속의 고독을 느낀다는 말이다. 직장에서나 학교에서나 단체 생활에서 왕따를 당한다는 신조어가 그 좋은 예가 되고 있다.

　현대인들에게 이러한 고독, 외로움, 왕따 같은 것이 마음을 상하게 하여 심하면 우울증 까지 일으키게도 한다. 그러나 전적으로 그런 것 만은 아닌 것 같다. 오히려 그런 고독을 통해 귀한 교훈을 얻게 되고 깨닫게 되어 유익하게 되기도 한다.

예컨대, 옛날 야곱의 인생을 보게 되면, 그는 형을 속이고 아버지를 속인 죄로 집에서 쫓겨나서 멀리 외삼촌의 집으로 가다가 날이 저물어서 벧엘이라는 들판에서 혼자 밤을 지나게 되었다. 야곱은 지금까지 부모의 슬하에서 행복하게 자랐는데, 평생 처음으로 가장 외롭고 고독한 처지가 되었다. 이것은 그의 생애에서 처음 당한 외로움과 고독이다.

이날 밤에 야곱은 놀라운 관경을 보게 되고 큰 복을 받았다. "꿈에 보니 사닥다리가 서 있는데 그 꼭대기가 하늘에 닿았고 또 본즉 하나님의 사자들이 그 위에서 오르락내리락 하고 또 본즉 여호와께서 그 위에 서서 이르되 나는 여호와니 너의 조부 아브라함의 하나님이요 이삭의 하나님이라 네가 누워있는 땅을 내가 너와 네 자손에게 주리라니 네 자손이 땅의 티끌같이 되어 네가 서쪽과 동쪽과 북쪽과 남쪽으로 퍼져 나갈지며 땅의 모든 족속이 너와 네 자손으로 말미암아 복을 받으리라(창세기28장12절-14절)

이 말씀을 보면, 인간 야곱은 일생 중에서 가장 어렵고 외롭고 고독할 때에 하나님을 만나게 되고 가장 큰 복을 받게 되었다는 사실이다. 부모 슬하에서는 이런 경험을 해 본적이 없었다. 가장 고독할 때에 하나님을 만나고 복을 받은 것이다. 가장 고독하고 외롭고 아무도 의지할 사람이 없을 때 만난 하나님이요 받은 복이다.

그렇기 때문에 철학자들은 고독을 즐기라고 한다. 그 시간에 묵상하고 명상을 하며 기도할 수 있다. 성경은 시험을 당하거든 온전히 기쁘게 여기라고 했다(야고보서 1장 2절)

 # 삶이 귀찮아 질 때!

　인간의 건강과 힘과 능력은 한계가 있다. 인생을 살아가다가 그 한계를 만나게 되면, 탈진을 하여 기진맥진을 하게 되고 매사에 의욕을 잃게 되어 무기력에 빠지게 된다.

　이런 상태에서 무슨 일을 하려고 하면, "아이구 귀찮다" 라는 말이 입에서 저절로 나오게 된다. "귀찮다" 라는 말은 귀하지 않다는 뜻으로 그 일에 흥미도 재미도 없어서 하기 싫다는 말이다. 의욕이 없으니 아무것도 할 수 없다는 것이다. 무기력에 빠진 사람들은 "의욕이 없는데, 어떻게 무슨 일을 할 수 있느냐?" 라고 한다.

　사람에게서 의욕이라는 것은 아무 노력도 없이 그냥 기다린다고 저절로 생기는 것이 아니다. 심리치료 중에 행동활성화 치료(behavioral activation) 라는 것이 있다. 이 치료법의 핵심은 내적 의욕이 아니라 외적 가치에 따라 활동하도록 도와주는 것이다. 의욕이 생길 때 까지 마냥 기다리는 것이 아니고 움직이고 조금씩 활동을 할 때에 의욕이 생긴다는 원리이다.

　내면의 의욕이 외부의 행동을 일으키는 것이 아니고, 외부의 행동으로 내부의 의욕을 일으키게 한다는 것이다. 이런 원리를 두고 인사이드 아웃(inside out)이 아니라 아웃사이드 인 (outside in)으로 행동한다고 말한다.

　의욕은 새로운 경험을 반복해야 유지된다. 새로운 자극을 받게 되면 뇌에서 '도피린' 이라는 신경전달물질이 분비된다. 도피린은 동기를 불러일으킨다.

　귀찮다고 그냥 앉아 있으면 몸은 점점 더 약해지고 맥이 빠지게 된다. 중요한 것은 앉아 있지 말고 일어서 움직어야 한다. 움직이지 아니하면 점점 더 귀찮아 진다. 몸이 움직일 때에 ‘귀찮아’를 물리치는 에너지가 발생하게 된다. “산다는 것은 행동하는 것이다”라고 ‘장 자크 루소’는 말했다. 김진홍 목사는 두레마을에서 교인들을 금식기도 훈련시킬 때 “걸으면 살고 누우면 죽는다”라는 구호를 외치고 실천을 하는데 매일 하루 7킬로식 걷게 한다고 한다. 금식기도 기간에 매일 걸음을 걸어야 산다는 구호는 30년 전에 40일 금식기도할 때에 내가 체험한 원리이다. 그 당시 이 원리를 알지 못하고 금식 중 누워만 있다가 15일을 하고 더 못 견디어 업혀서 내려온 목사도 있었다,

　움직이지 아니하면 몸이 점점 더 쇠약해 지는 것처럼, 교회도 움직이지 아니하면 점점 더 쇠약하고 줄어 들게 된다. 뛰어다니며 전도해야 되고 손발로 열심히 일을 해야 되고, 누워 있지 말고 새벽기도를 해야 되고 잠만 자지 말고 철야기도도 해야 되고 죽도록 충성을 해야 산다.(요한계시록 2장 10절) 죽어야 산다. 육이 죽어야 영이 살고 내가 죽어야 교회가 산다. 살고자 하면 죽고 죽고자 하면 산다는 말씀의 원리이다.

　“귀찮다”는 말은 게으른 자의 변명이요 어리석은 자의 넋두리다. 힘들고 귀찮다고 움직이지 아니하면 점점 더 쇠약해 진다. 우리의 몸이나 교회도 움직어야 산다. 움직이지 아니하면 점점 더 약해져서 살수가 없다.

　“게으른 자여 개미에게 가서 그가 하는 것을 보고 지혜를 얻으라”(잠언 6장 6절)

 # 그때 그 시절을 생각한다.

　은목교회는 은퇴한 목사들이 모이는 교회로서 연령이 모두가 80대 중 후반이다. 그중에서 나는 비교적 나이 적고 젊은 층에 속한다. 사람들의 심리를 보면 대체적으로 젊은 사람들은 미래와 장래에 대한 관심을 많이 가지고 대화를 하지만 나이 많아 늙은 사람들은 미래 보다 과거에 대하여 관심을 가지고 얘기들을 하게 된다.

　어느 목사가 카톡으로 보내온 옛날 얘기를 들어 본다. "우리는 자랑스러운 대한민국의 꼰대 세대들이다." (70대.80대 세대). 1950년대, 6.25 전쟁 후, 보릿고개 시대이다. 그때 우리가 살았던 얘기이다. 공감이 되어 적어 본다.

　그때는 '호롱불' 을 사용했다. 그때 우리나라에는 90%가 전기 없고 호롱불 켜고 살았다. 석유로 호롱불을 켜는데, 기름을 아끼느라고 초저녁에 불을 끄고 일직 잠을 자야 한다는 말을 들은 기억도 난다.

　그때는 뒷간을 사용했다. 요사이는 화장실이라고 하지만, 그때는 뒷간, 혹은 변소라고 했다. 그 뒷간이 냄새가 나기 때문에 집안에 있지 않고 마당 한 구석에 만들어 놓았다. 그래서 겨울철 추운 날씨에도 밤중에 마당을 걸어가서 변을 보러 가야 했다.

　그때는 우물을 사용했다. 상수도가 없어서 동네 가운데 공동 우물을 만들어 놓고 집집마다 아낙네들이 물동이를 머리에 이고 물을 길어 와서 항아리에 담아 놓고 사용했다.

　그때는 가마솥을 사용했다. 목욕탕이 없어서 소죽을 끓이는 가마솥에 물을 끓여서 목욕을 했다. 그러니 목욕을 자주 하지를 못했다. 그래서 그런지 몸에 이가 생겨서 밤이 되면 호롱불에 이를 태워 죽이게 되면, '토도독' 하는 소리가 나는데, 지금도 기억이 난다.

그때는 손빨래를 했다. 세탁기가 없어서 추운 겨울에도 개울에 가서 얼음을깨고 빨래를 했다.

그때는 고무신을 신고 다녔다. 구두도 운동화도 없었다. 고무신도 주로 검정고무신이었다. 검정고무신을 사주면 아이들은 밤에 잘 때도 그 고무신이 좋아서 머리맡에 놓고 자기도 했다.

그때는 보자기를 사용했다. 책가방이 없어서 보자기에 책을 싸가지고 허리에 차고 학교에 다녔다.

그때는 아이들의 장난감이나 놀이 기구가 없었다. 그래서 여자 아이들은 고무줄 넘기를 하고 남자 아이들은 새총을 만들었다.

그때는 '주경야독'을 했다. 학교에 갔다가 집에 오면 농사일을 돕고, 소를 먹이고, 꼴을 베며, 가사 일을 돌보고, 학교 숙제는 밤에 했다.

그 시절에 먹고 살기가 어려워서 돈을 벌기 위해서 광부와 간호사로 독일로 가고 생명이 위험한 월남으로 가기도 했다.

"우리는 일제 36년과 북한 공산당 김일성의 남침으로 세계에서 가장 가난 하게 된 이 나라를 일으키려고 '잘 살아 보세'를 외치며 죽기 살기로 일을 하여 세계 10위권의 경제대국으로 잘 먹고 잘 사는 나라를 만들었다."

"옛날을 기억하라 역대의 연대를 생각하라 네 아버지에게 물으라 그가 네게 설명할 것이요 네 어른들에게 물으라 그들이 네게 말하리로다" (신명기 32장7절)

세월을 아끼라

　어느 시계 장인이 성인이 된 그의 아들에게 자신이 직접 만든 시계를 선물했다. 그 시계는 특이하게도 시침은 동(銅)으로 만들고, 분침은 은(銀)으로 만들고, 초침은 금(金)으로 되어 있다.

　이런 시계를 받은 아들은 아버지에게 다음과 같이 물었다. "아버지, 시침이 가장 굵으니까 보기 좋은 금으로 하고 가장 가는 초침을 동으로 만들어야 하지 않나요?" 아들의 이러한 질문을 받은 아버지는 다음과 같이 대답을 했다

　"아들아, 초침이야 말로 금으로 만들어야 한다. 초를 잃는 거야 말로 세상의 모든 시간을 잃는 것과 마찬가지지" 라고 한 다음 아들의 손목에 그 시계를 채워 주면서 이런 말을 덧붙였다.

　"초를 아끼지 않는 사람이 어떻게 시간과 분을 아낄 수 있겠느냐? 세상의 흐름은 초에 의해 결정되는 것을 명심하고 너는 성인이 되는 만큼 1초 시간에도 책임을 질 수 있는 사람이 되도록 해라"

　위의 이 내용은 시간의 중요성을 말해 주고 있다. 그것도 긴 시간보다 짧은 시간의 가치를 강조하면서 그 짧은 시간을 아껴야 한다는 뜻이다. 짧은 시간을 아끼지 않고 놓친 다면 긴 시간도 놓치고 잃어버리게 된다는 교훈이다.

　2022년이라는 또 한해가 시작 되었다. 인생의 무상과 세월의 빠름을 실감하게 된다. 잡을 수 없을 만큼 빨리 지나가는 세월이요 시간이다. 빨리 어른이 되었으면 했던 10대는 순식간에

지나간다. 영원할 것 같았던 젊음과 열정의 20대도 순식간에 지나간다. 그런 때가 있었나 싶을 정도의 30대도 순식간에 지나간다. 인생을 돌아볼 틈도 없이 40대도 순식간에 지나간다. 예순을 바라보기 무섭게 50대도 순식간에 지나간다. 이제 좀 나만의 시간을 돌아보려니 60대도 순식간에 지나간다.

1초를 소홀히 하는 사람은 하루를 잃고 일생을 잃게 된다. 세월을 아끼는 지혜는 매 순간을 아끼는 것이다. 지금 주어진 시간에 감사하고 지금의 이 시간은 과거에 쌓여온 것이며, 나의 미래는 지금 내가 쌓고 있는 것들로 만들어진다는 사실을 기억하는 것이다. 86400초라는 하루는 1초부터 시작이 되며, 24시간이라는 하루도 1초로부터 시작이 된다는 사실을 기억해야 할 것이다.

"고장 난 벽시계는 멈추었는데, 저 세월은 고장도 없네" 라는 노랫말은 우리 인생의 무상함을 말해 주고 있다. 나는 이 글을 쓰면서도 벽에 걸린 시계를 보고 있다. 시계의 초침은 계속 가고 있다. 그러나 저 시계가 고장이 나거나 건전지가 떨어지면 멈추게 된다. 그러나 시간은 시계와 관계없이 계속 가고 있다는 사실이다. 지금 이 시간도 쉬지 않고 계속 가고 있는 세월은 아무도 막을 수 없다. 그것은 천지만물을 창조하시고 섭리하시는 하나님의 손에 있다

 # 12월의 의미

오늘은 12월의 첫 주일이다. 12월은 한 해의 마지막 달로서 지난 한 해를 돌아보며 다사다난했던 삶을 회상하게 된다. 더구나 작년에 이어 금년에도 코로나로 몸살을 하며 마스크를 쓰고 답답한 삶으로 한 해를 살아왔다.

12월은 한 해의 끝인 동시에 새해로 가는 과정이요 길목이다. 그렇기 때문에 12월은 다가오는 새해를 맞이할 준비를 하며 계획하는 달로서 그 의미를 3가지로 생각해 본다.

첫째, 12월은 세월이 빠르다는 의미를 말해준다. 씨를 뿌리는 봄날은 일 년이 길게 보이고, 연말이 멀리 보이고, 땀을 흘리며 일하는 여름은 시간이 지루하게 여겨지기도 했지만, 추수하는 가을이 지나고 겨울이 오고 마지막 12월을 맞이하게 되니 세월이 무척 빠르다는 생각을 하게 된다.

그래서 시편 기자는 "우리의 연수가 칠십이요 강건하면 팔십이라도 그 연수의 자랑은 수고와 슬픔뿐이요 신속히 가니 우리가 날아가나이다"(시편 90편 10절)라고 했다.

둘째, 12월은 인생의 무상(無常)을 깨닫게 해 준다. 변화무쌍한 인생, 덧없는 인생, 지나가는 인생이다. "이 또한 지나가리라" 라는 노래가 있다.(This too shall Pass away) 솔로몬은 인류역사 이래 그 누구보다도 최고의 부귀영화를 누리며 살았다. 천명의 궁녀를 거느리고 40년간 전쟁 없이 평화의 왕으로

천하의 부귀영화를 다 누렸지만 무상한 인생으로 다 지나가고
말았다.

　오는 세월 막을 수 없고, 가는 세월 잡을 수 없는 무상한 인
생이다. 인생의 무상은 남녀노소, 빈부귀천의 차별이 없다. 너
도 가고 나도 가는 인생이다. 가는 인생 잡을 수 없고 피할 수
없는 것이 인생의 철칙이요 공도이다.

　셋째, 인생이 허무하다는 것을 보여 준다. "전도자가 이르되
헛되고 헛되며 헛되고 헛되니 모든 것이 헛되도다 해 아래서
수고하는 모든 수고가 사람에게 무엇이 유익한가"(전도서 1
장 2절–3절) 이 말씀은 솔로몬의 인생고백이다.

　"은 금과 왕들이 소유한 보배와 여러 지방의 보배를 나를 위
하여 쌓고 또 노래하는 남녀들과 인생들이 기뻐하는 처첩들을
많이 두었노라. 그 후에 내가 생각해 본즉 내 손으로 하는 모든
일과 내가 수고한 모든 것이 다 헛되어 바람을 잡는 것이며 해
아래에서 무익한 것이로다"(전도서 2장 8절, 11절)

　12월은 빠른 인생을 재촉하고 있다. "세월을 아끼라 때가 악
하니라"(에베소서 5장 16절) 변화무쌍한 인생, 허무한 인생을
깨닫게 해준다. 모든 것이 헛되지만 오직 한가지 참된 것을 알
려 준다. "일의 결국을 다 들었으니 하나님을 경외하고 그의
명령을 지킬지어다. 이것이 사람의 본분이니라"(전도서 12장
13절)

 # 스트레스와 수명

지난해 우리나라 보건복지부에서 매우 흥미로운 데이터를 국민에게 보고 한 바 있다. 그것은 지난 몇십 년동안 사망한 사람들의 직업별 수명을 발표한 것이다. 이 발표에 의하면 가장 긴 수명을 가진 직종이 성직자들이었다는 것이다. 수많은 성직자들의 평균 수명이 84세 였다는 것이다.

반대로 가장 짧은 수명을 가진 직종이 언론인들이었는데, 그들의 평균 수명은 65세였다는 것이다. 84세와 65세는 적은 차이가 아니며 의미가 있는 차이라고 보아야 할 것이다.

그러면 왜 성직자들은 오래 살고 언론인들은 짧은 수명을 살았느냐? 이 질문에 대한 학술적인 답은 쉽지 않지만, 다만 한 가지 분명하게 말 할 수 있는 것은 언론인들은 스트레스의 상징이라고 할 만큼 많은 스트레스를 업무로부터 받고 있다는 것이다. 따라서 성직자들은 보다 적은 스트레스 가운데서 살아갈 뿐 아니라 그 스트레스를 극복하고 처리 할 수 있는 배경을 가지고 있다는 연구 분석이다.

스트레스가 당장 사람을 죽이는 것은 아니지만, 그것이 암 발생을 촉진시킨다는 것이 문제이다. 암이라면 사망률이 가장 높은 질병이다 지금도 수많은 사람들이 암으로 죽어가고 있다는 현실이다.

암 연구의 전문가인 원종수는 우리 인체의 암 발생의 원인을 다음과 같이 말 했다. 암 발생을 가장 많이 일으키는 것은 담배요 그 다음은 술, 그 다음은 공해(자동차 매연, 농약 등)이며 그 다음은 스트레스를 받는 것이라고 했다.

현대인들은 복잡다단하게 얽혀있는 일로 인하여 많은 스트레스 속에서 살 수 밖에 없다. 그래서 스트레스는 현대인의 숙명이라고도 한다. 옛날 보릿고개 시대에는 스트레스라는 말도 없었다. 스트레스를 순수한 우리말로 하면, 열 받는다, 속이 탄다 등으로 마음의 상처를 말한다.

우리 몸에는 자율신경계가 있는데, 그 자율신경계에는 서로 반대 기능을 하는 교감신경계와 부교감신경계가 있다. 그런데 우리의 몸이 스트레스를 받아서 불안해지면, 교감신경의 자극에 의해 심장은 저절로 빨라지게 된다.

오늘 우리 현대인들은 어딘가 모르게 불안 속에서 살아가고 있다. 그래서 심장박동의 증가를 일으켜서 고혈압이 야기되는 상황 속에 살 수 밖에 없다. 이처럼 스트레스는 질병 발생의 원인이 되고 있다.

이러한 스트레스를 대처하는 방법은 우선 조급한 마음을 버리고 삶의 여유와 편안한 마음을 가져야 한다. 우리 성도들에게는 좋은 방법과 무기가 있다. 그것은 말씀과 기도와 찬송이요 범사에 감사하는 것이다.

 # 가을의 문턱에서!

은퇴 후 자주 만나지 못하는 친구가 이런 메시지를 보내 왔다.

"여보게 친구 ! 어차피 한 세상 살다가 한 줌의 흙으로 돌아갈 낀데, 화를 낸들 뭐하고, 싸운들 뭐하노…

여보게 친구 ! 어느덧 우리 인생도 이제 가을이 되었네 그려… 꽃피는 봄 꽃다운 청춘 그 좋았던 젊은 날들, 이젠 석양이 기울고… 돌아보면 험난했던 세월, 자네는 어떻게 걸어 왔는가 ?

모진 세파에 밀려 육신은 여기저기 고장도 나고 주변의 벗들도 하나둘씩 단풍 들어 낙엽처럼 떨어져 갈 가을 같은 인생의 문턱이지만 그래도 우리는 힘든 세월 잘 견디고 무거운 발길을 이끌며 여기 까지 살아 왔으니 이제는 얽매인 삶 다 풀어 놓고 잃어버렸던 내 인생 다시 찾아 남은 세월 후회 없이 살아 가세나… 부담 없는 좋은 친구 하나 만나 말벗 만들고 즐기다 가세나"

입추가 지나고 벌써 가을의 문턱에 들어섰다. 동시에 인생의 가을도 맞이하고 있다. 가을은 결실의 계절이다. 곡식이 결실을 맺듯이 인생도 결실이 있어야 한다. 그 결실이라는 것은 무언가 유익하고 덕이 되는 일을 남기는 것이다.

긴 여름 장마가 지나가고 가을을 맞이했는데, 지난 주간에 때 늦은 가을장마가 와서 심한 홍수로 인하여 경남과 우리 부산은 많은 피해를 입었다.

나는 이곳 화명동으로 이사 와서 조그마한 텃밭을 권리금을 주고 구입하여 지난 10년간 해마다 각종 채소를 심어서 그 채소를 가꾸는데 흥미를 느끼며 재미를 보았다. 봄에 씨를 뿌리고 여름에는 풀을 뽑는데 땅을 파고 땀을 흘리니 건강에도 많은 도움이 된 것 같다. 더구나 씨를 뿌린 후에 싹이 나서 채소가 하루가 다르게 무럭무럭 자랄 때는 매일 채소밭에 가보고 싶었다.

그런데 지난 주간에 폭우로 인하여 대천천 계곡에 물이 넘쳐서 그 채소밭이 떠내려가 버리고 그 자리는 물이 흐르는 도랑으로 변해 버렸다. 그 땅은 내 것도 아니고 권리금으로 사서 취미생활로 채소를 심어 왔는데, 하루아침에 몽땅 사라져 버렸으니 이상한 기분이 든다. 무언가 허전하고 서운한 마음이다.

나는 이번 홍수로 인하여 사라져 버린 채소밭을 통하여 귀한 교훈 하나를 얻었다. 올해는 그 밭에 고추와 가지를 심었는데, 고추가 잘 되어서 보기가 참 좋았다. 그래서 그 고추를 따서 이웃에 사는 몇몇 집에 나누어 주었더니 "목사님이 고추를 따서 우리 집에 손수 갖다 주셨다" 라고 하면서 그렇게 반가워 하고 좋아하는 모습을 보았다.

얻은 교훈은 그 고추를 이웃집에 따다 주고 난 다음 날 홍수가 나서 그 고추나무가 채소밭과 함께 날아가 버렸다는 것이다. 그렇게 되니 내가 먹겠다고 남겨둔 고추는 없어지고 이웃에 준 것만 남아 있다는 교훈이다.

우리가 지금은 이렇게 살고 있지만 언제 인생의 홍수가 나서 우리가 가진 것이 날아가 버릴지 아무도 모르고 살고 있다. '그렇게 된다면 그때 우리에게 남은 것이 무엇이겠느냐 하는 생각을 하게 된다'

인생은 보람을 추구하는 것이라고 한다. 떠날 때 남는 것은 하나님과 이웃을 섬기며 베풀어 주는 것 밖에 없다는 교훈이다.

 ## 오늘의 의미

　우리 인생살이에서 오늘은 귀하고 중요한 의미를 지니고 있다. 어제는 이미 지나간 과거의 날이요, 내일은 다가올 미래의 날이다. 그렇기 때문에 어제와 내일은 실제적으로 나의 날이 아니다. 다만 오늘 만이 내 날이다.

　내가 실제로 살고 있는 날이 오늘이기 때문에 오늘 만 내 날이 되는 것이다. 이 엄연한 사실을 돈으로 비유한다면, 어제는 이미 다 써버린 돈이요 내일은 약속어음으로서 아직 내 손에 현찰로 들어오지 아니한 돈이다. 오늘은 내 손에 들어온 현찰로서 나의 임의로 사용할 수 있는 돈이다.

　오늘이 우리에게 이렇게 귀하고 소중한 의미를 가지고 있기 때문에 최선을 다해 오늘을 살아야 한다. 지나간 어제는 영원히 다시 돌아오지 않는다, 그리고 내일까지 내가 산다는 확실한 보증이나 보장이 없기 때문에 장담을 할 수 없다는 사실을 성경은 아래와 같이 경고 하고 있다.

　"하나님은 이르시되 어리석은 자여 오늘 밤에 네 영혼을 도로 찾으리니 그러면 네 준비한 것이 누구의 것이 되겠느냐 하셨으니" (누가복음 12장 20절) 내일까지 산다는 보장이 없고 오늘 밤에 떠날지 모르기 때문에 오늘을 소중한 줄 알고 최선을 다해야 한다.

　이처럼 우리의 삶은 오늘이 중요하고 현재가 귀하다, 과거에 의롭고 선하게 살았다 할지라도 오늘 현재 악하게 산다면, 그 과거의 선행은 없어지고 현재의 악행만 남게 된다. 동시에 과거에 악하게 살았다고 해도 현재 선하게 산다면 역시 과거는 묻지 않고 현재의 선행만 본다는 것이다.

"인자야 너는 네 민족에게 이르기를 의인이 범죄 하는 날에는 그 공의가 구원하지 못할 것이요 악인이 돌이켜 그 악에서 떠나는 날에는 그 악이 그를 엎드러뜨리지 못할 것인즉 의인이 범죄 하는 날에는 그 의로 말미암아 살지 못하리라, 가령 내가 의인에게 말하기를 너는 살리라 하였다 하자 그가 그 공의를 스스로 믿고 죄악을 행하면 그 모든 의로운 행위가 하나도 기억되지 아니 하리니 그가 그 지은 죄악으로 말미암아 곧 그 안에서 죽으리라"(에스겔 33장 12절-13절).

위의 이 말씀을 보면 우리 하나님도 현재를 중요하게 보신다는 것이다. 지난 과거의 악행이나 선행을 묻지 않고 오늘 현재의 행위를 보시고 판단하신다는 말씀이다.

현재라는 말을 영어에서 Present라고 하는 말은 선물이라는 뜻도 있다. 그렇다면 하나님은 오늘 우리에게 현재라는 귀한 선물을 주신 것이다. 우리는 하나님이 귀한 선물로 주신 오늘을 아끼며 소중하게 사용해야 할 것이다.

 # 사명자는 죽지 않는다.

　1311년 프랑스의 필립왕은 프랑스 안에 살고 있는 모든 유대인들에게 아래와 같은 포고령을 내렸다. "2일 내로 모든 유대인들은 프랑스를 떠나라 만약 떠나지 않으면 사형이다"

　그러나 유대인들은 2일 안에 자기 집과 가구와 논밭 등의 재산을 도저히 팔거나 처분 할 수 없었다. 그것은 현실적으로 불가능한 일이었다. 그래서 결국 유대인들은 재산을 그대로 두고 프랑스를 떠날 수밖에 없었다. 그들은 죽지 않기 위해서 프랑스를 급히 떠나게 되었다. 만약 돈이나 귀금속을 가지고 떠나다가 들키게 되면 그것을 다 빼앗기는 것은 물론, 사형까지 당하게 된다. 그래서 모두가 빈손으로 프랑스를 떠나게 되었다.

　그때 프랑스 파리에서 보석상을 하는 유대인이 있었다. 그는 떠나면서 생각 하기를 "우리 옆집에 살고 있는 기독교인은 하나님을 믿고 있는 사람이기 때문에 정직하고 양심적이고 좋은 사람이니 그 분에게 내 보물을 맡기자" 그렇게 생각을 하고 자기의 보물을 다 맡기고 프랑스를 떠났다.

　한편 그 보물을 맡은 기독교인은 "다시 돌아오시면 반드시 돌려 드리겠습니다" 라고 약속을 했다. 유대인은 그 약속을 받고 프랑스를 떠났다.

　세월이 많이 지나서 필립왕도 세상을 떠나고 유대인들에 대한 박해도 많이 완화 되었다. 그래서 떠났던 유대인들이 하나하나 프랑스로 돌아오기 시작했다. 따라서 그 보석상 주인도 그 대열과 함께 프랑스로 돌아왔다.

돌아온 그는 제일먼저 자기의 보물을 맡긴 그 사람의 집을 찾아갔다. 그러나 슬프게도 그는 이미 다 늙은 노인이 되어 어디론가 떠나 버리고 그 집에는 없었다. 그러나 백방으로 노력을 하고 수소문하여 겨우 그 노인을 찾아서 만났는데, 그 노인은 재산을 다 날려 버리고 거지가 되어서 굶주리고 있었다. 굶주려서 몸은 쇠약하여 죽음 직전으로 연명하고 있었다.

그런데 그는 나무 상자 위에 앉아 있었는데 유대인이 돌아오자 반갑게 맞이 하면서 이렇게 말했다. "여기 당신의 보물이 있소 소중히 간직하여 왔지요" 그 말을 들은 유대인이 "굶주려 죽게 되었는데도 어떻게 나의 보물을 간직할 수 있습니까?" 라고 물으니 그 노인은 "내것도 아닌데 어떻게 손을 댈 수 있겠소? 그 동안 나는 너무 고생이 되어 여러 번 자살하고 싶었지만 당신에게 이 보물을 돌려 드려야 하는 책임(사명)때문에 죽지 못하였소. 자 ! 받으세요" 그리고는 깔고 앉아있던 보물 상자를 주인에게 내 밀었다. 이에 유대인은 감동을 받고 그 보물의 절반을 그 노인에게 드렸다는 것이다. 그는 이 보석을 주인에게 돌려드려야 한다는 사명 때문에 죽지 아니했다.

"사명자는 그 사명을 완수 할 때 까지는 죽지 않는다" 는 고귀한 교훈을 남긴 숨은 역사이다. 2차 대전 당시 유대인 수용소에서 수많은 유대인들이 죽어 나갔지만 빅터 프랭클(Viktor Frankl) 이라는 사람은 끝내 죽지 않고 살아서 고국으로 돌아갔다. 그가 죽지 않고 고국으로 돌아감으로 역시 "사명자는 죽지 않는다" 라는 교훈을 남겼다.

 # 셋째 하늘에 이끌려 갔다가 온 사람

　천주교의 어느 신부가 "만약에 천국이 없다면 우리 신부들은 이 세상에서 제일 불쌍한 사람이다" 라는 말을 했다. 우리 신부들은 결혼도 하지 않고 인간의 본능인 정욕을 억제하며 일평생을 살고 있는데 천국이라는 보상이 없다면 우리는 너무 억울하다고 했다.

　천국이 있느냐? 없느냐? 라는 문제는 믿음의 문제이다. 그것은 천국이 있다고 믿느냐? 믿지 않느냐? 의 문제이다. 물론 우리는 성경말씀을 믿기 때문에 성경에서 말한 천국이 있다고 믿고 있다.

　그러나 천국이 있다고 믿으면서도 어떤 때는 의심이 생길 때도 있다. 그것은 그 천국을 육신의 눈으로 보지 못했고, 직접 가보지도 못했기 때문이다. 천국이 있다고 확신할 수 있는 객관적인 증거가 없기 때문이다.

　오늘날 천국에 갔다 왔다고 간증을 하는 사람들이 많이 있지만, 그것은 그들의 주관적인 체험일 뿐이다. 우리가 성경을 보면 죽지 않고 승천한 두 사람을볼 수 있는데, 그는 에녹(창세기 5장 24절)과 엘리야(열왕기하 2장 11절)이다. 그러나 그들이 천국에 올라 갔으나 돌아오지는 못했다. 만약 그들이 돌아 왔다면 확실한 객관적인 증거가 될 것이다.

　이러한 가운데서 우리는 천국에 직접 갔다가 돌아온 한 사람을 볼 수 있는데, 그는 사도 바울이다. "내가 그리스도 안에 있는 한 사람을 아노니 그는 14년 전에 셋째 하늘에 이끌려 간 자라”(고린도후서 12장 2절) 여기서 말한 한 사람은 사도바울 자신을 가리킨다. 자기 자신이 직접 셋째 하늘에 올라갔다가 왔지만, 자신을 나타내지 않으려는 겸손한 태도로 3인칭으로 표현 한 것이다.

그러면 바울이 직접 갔다가 온 셋째 하늘은 무엇을 말하느냐? 첫째 하늘은 보이는 공중이요 둘째 하늘은 보이지 않는 하늘이요 셋째 하늘은 최고의 하늘이요 하나님이 보좌에 앉아 계시는 곳으로서 천국을 말한다.

사도 바울은 자신이 직접 이러한 셋째 하늘인 천국에 이끌려 올라갔다가 돌아온 사람이다. 우리는 이러한 사도 바울의 체험이 기록된 성경을 보고 천국을 확인하고 확신하게 된다.

만약에 천국이 없다면 우리는 이 세상에서 가장 어리석고 불쌍한 사람이 되지만, 천국이 있기 때문에 우리는 세상에서 가장 행복하고 복이 있는 사람이다.

이 다음에 우리 모두가 가게 되는 그 천국은 어떤 곳이냐?

"모든 눈물을 그 눈에서 닦아 주시니 다시는 사망이 없고 애통하는 것이나 곡하는 것이나 아픈 것이 다시 있지 아니하리니 처음 것들이 다 지나갔음이리라(요한계시록 21장 4절)

# 재벌 인생이 남긴 교훈

한국 경제를 '글로벌 초일류' 시대로 이끈 이건희 삼성그룹 회장이 향년78세의 일기로 세상을 떠났다. 2014년5월 심근경색으로 쓰러져 투병한지 6년 만에 떠난 것이다.

삼성의 창업주인 고 이병철 회장은 기업을 맏아들에게 물러주지 않고 셋째 아들인 이건희를 후계자로 삼고 기업을 물러주었다. 여러 아들 중에 셋째 아들을 후계자로 택한 것은 그만한 이유가 있었을 것이다.

1987년 삼성그룹의 총수에 오른 이건희 회장은 미래지향적이고 도전적인 경영으로 삼성을 세계적인 초일류 기업으로 성장 시키겠다는 야심찬 꿈을 다졌다 그 결과 1992년 세계 최초 64MD램 개발을 시작으로 삼성은 반도체, 스마트폰, TV 등의 분야에서 글로벌 1위에 올랐다.

2006년에는 글로벌 TV 시장에서 일본 소니를 제치고 세계 1위를 차지했고, 애플을 따라 잡고 스마트폰 시장 1위를 달성했다. 그는 소득 2만달러 시대를 가장 먼저 주창한 선구적인 경제인 이었다.

한국의 재벌, 이건희는 세상을 떠났다. 한국에서 돈을 제일 많이 가진(18조원) 이건희는 이미 세상을 떠난 고인이 되었다. 인생은 그가 떠난 뒤에 평가를 하게 된다. 그것은 그가 한 평생의 "인생을 어떻게 살았으며 무엇을 남겼느냐" 에 대하여 말하게 되는 것이다.

본 칼럼은 한국의 재벌 고 이건희 회장이 남긴 교훈 두가지를 생각해 본다.

먼저는 돈이 인생의 전부가 아니라는 것이다. 돈으로 생명을 지키지 못하고 죽을 사람을 살리지 못한다는 교훈이다.

이건희는 그렇게 많은 돈을 가지고 있었지만 그 돈을 가지고 자신의 생명을 지키지 못했다. 6년간 투병생활을 하면서 그 많은 돈을 가지고 최고의 치료를 받으며 최고가의 약을 복용했지만 아무런 유익이 없고 소용도 없었다.

또 하나의 교훈은 고 이건희는 그렇게 많은 돈을 가지고 있었지만 세상을 떠날 때는 하나도 가지고 가지 못하고 그대로 두고 떠났다는 교훈이다. 그는 돈을 벌기 위해서 그렇게 분투 노력하며 일생을 다 바쳐서 그렇게 많은 돈을 모았지만, 떠날 때는 빈손으로 가고 말았다

그는 그렇게 많은 돈을 가지고 있었지만 한 때는 그의 친형 인 고 이맹희(전 제일 비료회장)과 상속 소송을 벌이며 돈 때문 에 형제간 싸우기도 했다. 돈이라는 것은 형제간의 우애도 무 시해 버리는 욕심을 내게 하는 괴물이 아닌가 하는 생각이 나 기도 한다

"하나님은 이르시되 어리석은 자여 오늘 밤에 네 영혼을 도 로 찾으리니 그러면 네 준비한 것이 누구의 것이 되겠느냐 하 셨으니 자기를 위하여 재물을 쌓아두고 하나님께 대하여 부요 하지 못한 자가 이와 같으니라" (누가복음 12장 20절-21절)

 # 인생은 나그네

  며칠 전 고향 친구로 부터 카톡으로 보내온 아래와 같은 내용을 문자로 받았다. "이탈리아 밀라노성당에는 아치형으로 된 세 개의 문이 있습니다.

  첫째의 문에는 장미꽃과 함께 "모든 즐거움은 잠깐이다" 라는 글귀가 새겨져 있습니다. 두 번째 문에는 십자가 와 함께 "모든 고통도 잠깐이다" 라는 글귀가 새겨져 있고, 세 번째 문에는 "오직 중요한 것은 영원한 것이다" 라고 쓰여 저 있다고 합니다.

  터키 사람들은 고난과 슬픔을 당한 사람에게 "빨리 지나가 버리기를 바란다" 라는 말로 위로 한다고 합니다.

  성경에는 인생은 나그네와 행인이라고 하였습니다. 인생은 나그네와 같아서 괴로움과 즐거움도 금방 지나가 버립니다. 아브라함도 야곱도 그러한 나그네라고 했습니다.

  인생이 나그네와 같다는 것은 이 세상에서 얼마동안 살다가 떠나간다는 말이 겠지요 인생은 안개와 같이 잠깐이라는 뜻입니다. 어린 시절은 아침과 같고 젊은 시절은 낮과 같고 늙은 시절은 저녁과 같이 잠깐 지나가는 것이 인생입니다.

  나그네 인생이란 것은 떠날 때 모든 것을 두고 떠나야 한다는 말이겠지요. 우리가 호텔에 투숙을 하게 되면 그 호텔의 모든 시설을 사용하고 각종 서비스를 누리지만 그 호텔을 떠날 때는 모든 것을 그대로 두고 가야 하는 것과 같습니다. 그 호텔에서 사용하던 모든 물건은 하나도 가지고 가지 못합니다.

그런데, 천년만년 살 것처럼 자신의 욕심만 채우고 이웃에 나누어 줄줄 모르고 사는 것은 어리석은 인생이 아닐까요? "

이런 문자를 보내 준 그 친구는 어릴 때 유년주일 학교에 같이 다녔는데 객지에 나와서 직장(중학교 영어 교사)생활을 하면서 신앙생활을 하지 않고 살다가 퇴직을 하고나서 교회를 다시 찾아 나온 것 같다. 그런 친구에게서 인생철학과 함께 한편의 설교를 들은 것이다.

작년에 우리 자녀들과 함께 싱가폴을 다녀왔는데, 그 때 자녀들의 배려로 싱가폴에서 고급(하루에 50만원) 호텔에서 투숙을 하면서 최고의 시설과 서비스를 받았다. 그러나 그렇게 좋은 호텔에서 지냈지만 올 때는 사용하던 그 귀한 물건들을 하나도 가지고 오지 못하고 그대로 두고 나왔다. 나그네 인생을 체험한 것이다.

잠깐 살다가 금방 가는 인생, 떠날 때는 아무것도 가지고 갈 수 없는 인생, 때가 되면 모든 것을 두고 떠나야 하는 것이 나그네 인생이 아닌가?

 # 남기고 가는 인생

요사이 트위터에 "여보게 저승 갈 때 뭘 들고 갈 건가" 라는 문구가 자주 뜨고 있다. 이 말은 "세상을 떠날 때 무엇을 가지고 갈 것인가" 라는 뜻으로서 종교철학적인 질문이다

이 질문은 부정적인 대답을 전제한 질문이다. 왜냐하면, 사람은 누구나 빈손으로 왔다가 빈손으로 간다는 사실을 우리 모두가 너무나 잘 알고 있기 때문이다. 그럼에도 불구하고 이런 질문을 하는 것은 이 엄연한 사실을 잊고 사는 인간들을 깨우쳐 주기 위함이 아닌가 하는 생각을 하게 된다.

사람이 살다가 죽게 되면 입고 가는 옷을 수의(壽衣) 라고 하는데. 그 옷에는 주머니가 없다 그것은 옷을 만드는 사람이 처음부터 의도적으로 주머니 없이 만들었다. 그 이유는 죽으면 아무것도 가지고 갈 수 없기 때문이다.

공수래공수거(空手來空手去) 라는 말은 성경 말씀의 진리이다 "이르되 내가 모태에서 알몸으로 나왔사온즉 또한 알몸이 그리로 돌아 가올지라 주신자도 여호와시오 거두신자도 여호와시오니 여호와의 이름이 찬송을 받으실지이다" (욥기 2장 21절)

이처럼 인간은 떠날 때 아무것도 가지고 갈 수 없지만, 남기고 가는 것은 있어야 한다. "무엇을 남기고 떠나느냐" 라는 문제는 제 각자 자신의 몫이다. 재산을 남기고 떠난 사람, 명예를 남기고 떠난 사람, 남에게 덕을 끼치고 떠난 사람이 있는가 하면, 악을 끼치고 떠나는 사람도 있다,

"무엇을 남기고 갈 것인가?" 이 질문은 남에게 하는 것이 아

니고 바로 나 자신에게 하는 질문이요 남의 문제가 아니고 바로 내 자신의 문제이다. 우리 모두 자기 자신의 문제요 자신의 몫이다.

"권목사 ! 너는 무엇을 남기고 떠날 것이냐?" 라는 질문 앞에 왠지 고개가 숙여 진다. 팔순이 넘었지만 건강도 이상이 없고 자동차 운전도 별 탈 없이 하고 있는데, 자녀들과 아내가 사고라도 날까봐 불안해하기 때문에 40년 사용한 운전면허증을 반납하고 차를 팔고나니 아쉬움도 있지만 홀가분하기도 하다.

때가 되면 새 차를 사야한다고 그 동안 적금을 했는데, 차가 필요 없게 되니 차를 사기 위해 모아둔 돈을 어디에 쓸 것인가를 생각을 하고 있었다. 그런중 지난번 홍수 피해를 심하게 입은 농촌 교회와 개척교회 10개 교회를 선정하여 한 교회 백만원 씩 송금을 했는데, 한국기독신문 사장인 신이건 장로가 문자를 보내왔다.

"권 목사님, 원로 목사님으로서 후배 목사님들에게 귀한 뜻을 남기셨네요" 라는 문자를 받으니 과찬인 것 같기도 하지만, 떠나기 전에 그런 것이라도 남길 수 있는 물질과 기회를 주신 하나님께 감사를 드린다.

인간이 세상에 올 때는 순서대로 왔지만 갈 때는 그 순서가 바뀔 수도 있다. 그렇기 때문에 우리 중에 누가 먼저 갈지 아무도 모른다. 오직 하나님의 섭리 안에 있을 뿐이다. 언젠가는 그분 앞에 설 때에 "너는 세상에 무엇을 남기고 왔느냐?" 라고 물으실 때에 나는 무엇이라고 대답을 할 것이냐? 라는 생각을 하게 된다.

 # 자신을 돌아보라는 교훈

옛날 어느 두메산골에 사냥꾼이 살고 있었다. 사냥을 나간 어느 날 산속을 헤매다가 나무위에 앉아 있는 독수리를 발견했다.

사냥꾼은 독수리를 잡으려고 화살을 겨누었는데, 그 독수리는 자신이 잡혀 죽게 된줄도 모르고 어딘가를 계속 노려보고 있었다. 사냥꾼은 이상해서 자세히 봤더니 그 독수리는 뱀을 잡아 먹으려고 노려보느라 사냥꾼을 전혀 의식하지 못하고 있다는 것이다.

그런데, 그 뱀도 어딘가를 응시하고 있었는데, 그것은 개구리를 잡아먹으려고 하다가 독수리를 전혀 의식하지 못하고 있었다는 것이다. 개구리도 마찬가지로 무당벌레를 잡아먹으려 하다가 자기를 잡아 먹으려는 뱀을 의식하지 못했다.

이때 무당벌레도 진딧물에 정신이 팔려 자기를 잡아 먹으려는 개구리를 전혀 의식하지 못했다는 것이다.

사냥꾼은 이러한 먹이 사슬을 보다가 슬그머니 활을 내려놓고 갑자기 자신의 뒤를 돌아보았다. "혹시 누군가 나를 죽이려고 뒤에서 노려보고 있지 않을까?" 라는 불안으로 걱정을 했다는 것이다.

사냥꾼은 볼 수 없었지만, 그의 뒤에는 그를 죽이려는 그 무엇이 있었다는 사실이다. 그것은 질병이라는 불청객이요 죽음이라는 살인마가 아닌가? 그렇다면 사냥꾼은 독수리를 잡기 전에 죽게 된 자신을 먼저 돌아보아야 한다는 교훈이다.

우리 인간은 두 개의 눈을 가지고 있다. 그 하나는 자신을 보는 눈이고, 다른 하나는 남을 보는 눈이다. 그런데, 우리는 남을 보는 눈은 밝아서 잘 보는데 자기 자신을 보는 눈은 어두워서 잘 보지 못하고 있다

남의 약점, 남의 흉은 잘 보이기 때문에 서로 모여 앉으면 남의 말을 많이 하게 된다. 그러나 자신의 잘못이나 약점은 잘 보이지 않기 때문에 말을 잘 하지 않는다. 보인다 해도 숨기기에 바쁘다.

우리는 예수님의 "어찌하여 형제의 눈 속에 있는 티는 보고 네 눈 속에 있는 들보는 깨닫지 못하느냐. 보라 네 눈 속에 들보가 있는데 어찌하여 형제에게 말하기를 나로 네 눈 속에 있는 들보를, 티를 빼게 하라 하겠느냐. 외식하는 자여 네 눈 속에 있는 들보를 빼어라 그 후에야 밝히 보고 형제의 눈 속에서 티를 빼리라" (마태복음 7장 3절-5절) 라고 교훈하신 말씀을 잘 알고 있다.

오늘은 남을 보기 전에 자신의 처지를 먼저 돌아보라는 말씀이다. 우리는 아는 것 보다 모르고 있는 것이 더 많은 인간이다. 내일 일은 물론 모르지만, 오늘 현재의 일도 모르고 있다. 그 보다도 자신과 자신의 처지를 의식하지 못하고 살 때가 많다. "내 코가 석자" 라는 말이 있다. 주여, 내 눈을 밝히사 나 자신을 잘 보게 하소서"

이것, 또한 지나가리라!

유대인의 탈무드(유대인의 지혜서)에는 "재산을 팔아서 지혜를 사라" 는 말이 있다. 유대인들은 그만큼 지혜를 소중히 여긴다는 말이다. 그렇기 때문에 그들은 어릴 때부터 지혜를 배우고 지혜서를 공부한다.

우리가 성경을 통해서 너무나 잘 알고 있는 솔로몬은 지혜의 왕이다. 유대민족 중에서도 누구보다 지혜가 많아서 지혜의 왕이라고 한다. 그 실 예를 들면, 두 여인이 애기를 놓고 서로 자기의 아이라고 하여 싸울 때 솔로몬 왕은 그의 비범한 지혜를 가지고 진짜와 가짜 엄마를 구별한 판결은 오늘날에도 모든 법관들이 감탄하는 명 판결이다.

솔로몬의 아버지인 다윗 왕이 한번은 반지 하나를 갖고 싶었다. 그래서 반지를 만드는 세공사를 불러서 다음과 같이 말했다. "나를 위한 반지 하나를 만들되, 내가 승리하고 너무 기쁠 때에는 교만하지 않게 하고, 내가 절망에 빠져 시련에 처했을 때에는 용기를 얻을 수 있는 글귀를 그 반지에 새겨 넣어라"

"네, 알겠습니다, 폐하" 세공사는 그 명령을 받고 멋진 반지를 하나 만들었다. 반지를 만든 뒤 글귀를 새겨 넣으려고 하니 어떤 글귀를 써 넣어야 할지 생각이 나지 않는다. 다윗 왕이 말한 두 가지 의미를 지닌 그런 글귀가 좀처럼 떠오르지 않는다.

그래서 고민을 하다가 마침내 지혜가 많은 솔로몬을 찾아갔다. "왕자시여, 다윗 왕께서 기쁠 때 교만하지 않고, 절망에 빠져서 답답하고 슬플 때 용기를 얻을 수 있는 글귀를 반지에 새겨 넣으라고 하시는데, 어떤 글귀를 넣으면 좋겠습니까?"라고 물었더니 솔로몬이 잠시 생각한 후에 이 글귀를 넣으라고 했다.

"이것, 또한 지나가리라"(This, too, shall pass away). 이 문구는 지금도 유대인들이 즐겨 읽고 있다. 그들이 2차 대전 당시 나치 수용소에서 그렇게 고통을 당하면서도 이 글귀를 읽으면서 인내하며 이겨 낼 수 있었다.

오늘 우리가 이 글귀를 보면 지금 현재 모든 것이 잘 되고 성공했다고 우쭐 대거나 교만할 수 없다. 왜냐하면 이것도 역시 지나가는 것이기 때문이다. 반면에 지금 현재 일이 잘 안되고 실패했다고 해도 낙심하거나 절망할 수 없는 것이다. 왜냐하면 이것도 역시 지나가는 것이기 때문이다.

"인생은 지나가는 것이다" 부귀영화도 지나가는 것이고, 눈물과 한숨도 지나가는 것이다. 아직도 그치지 않고 있는 우한 폐렴(코로나19)의 전염병 때문에 지금 우리는 암담한 환경에서 하루하루를 살아가고 있다. 이런 때에 옛날 솔로몬 왕이 반지에 쓴 글귀를 우리는 읽을 필요가 있다.

"이것, 또한, 지나가리라!"

 # 역사의 중심 예수 그리스도

역사는 주전(BC)과 주후(AD)로 구분하고 있다. 주전(Before Crist)은 예수님이 탄생 이전을 말하고, 주후(Anno Domimi)는 예수님의 탄생 이후를 말한다. 그래서 예수 그리스도가 역사의 중심이 되고, 그의 탄생을 역사의 기원으로 삼고 있다.

금년이 2020년이라면 이것은 예수님이 2020년 전에 세상에 오셨다는 의미이다. 즉 2020년은 예수님이 세상에 오신 나이를 말 하는 것이다. 그래서 주후 2020년이라고 한다.

불교의 석가모니가 탄생한 날이 있고, 유교의 공자가 탄생한 날이 있고, 이슬람교의 마호메트가 탄생한 날이 있지만, 그들의 탄생일을 역사의 기원으로 삼지 않고 있다.

예수 그리스도가 탄생한 날을 역사의 기원으로 삼고 있는 '서기' 는 오늘날 까지 전 세계국가 민족이 공통으로 사용하고 있다. 심지어 무신론 국가요 기독교를 반대하고 박해하고 있는 공산국가에서도 이 '서기' 를 사용하고 있다. 우리나라가 옛날(우리가 초등학교 시절)에는 '단기' (단군의 역사)와 '서기' 를 병행하여 사용했었는데, 언제부터 인지, 그 단기는 없어지고 지금은 '서기' 만 사용하고 있다

오늘날 전 인류와 지구촌의 모든 나라와 민족의 역사는 예수 그리스도로 통일이 되어있다. 이것은 역사적인 사실로서 조물주 하나님이 이 우주만물을 창조 하시고 우리 인간의 역사를 지배하시고 섭리하시고 계신다는 증거이다.

역사를 "History" 라고 하는데, 이 단어를 분석해 보면

His(그의)와 Story(이야기)이라는 뜻이다. 여기 그는 예수 그리스도를 가리킨다. 그래서 역사는 예수 그리스도의 이야기라는 말이다.

예수 그리스도에 관한 이야기는 성경에 기록되어 있다. 성경을 구약과 신약으로 구분하는데, 구약은 예수님이 세상에 오실 것을 약속한 말씀이고, 신약은 그 약속한 대로 이루어 져서 오셨다는 의미이고 세상 끝날 재림으로 다시 오신다는 새 약속이다.

성경에 기록된 역사는 예수 그리스도의 구속의 역사이다. 창세기에서 천지 창조로 시작 된 역사는 인간의 범죄와 타락으로 이어지고, 예수님의 십자가의 죽음과 부활 승천으로 우리의 구원을 완수하시고 다시 오신다는 요한계시록으로 역사의 종말을 고하게 된다.

"보라 내가 속히 오리니 내가 줄 상이 내게 있어 각 사람에게 그가 행한 대로 갚아 주리라. 나는 알파와 오메가요 처음과 마지막이요 시작과 마침이라" (요한계시록 22장 12절-13절)

 # 지상 낙원

　예수님이 십자가에 달려서 한편 강도에게 하신 말씀이 기억
난다. "예수께서 이르시되 내가 진실로 네게 이르노니 오늘 네
가 나와 함께 낙원에 있으리라" (누가복음 23장 43절) 주님이
여기서 말씀하신 낙원은 헬라어로 '파라데이소스' 라는 말인
데, 그 뜻은 '즐거운 동산' 이라는 뜻이다.

　초대교회 교부들은 이 낙원을 모든 고난의 요소가 없는 평화
로운 곳이라고 했다. 고린도후서 12장에는 의인들이 죽어서 주
님과 함께 거하는 곳이라고 했다. 누가복음 16장 22절에는 나
사로가 죽어서 아브라함의 품에 들어갔다고 했는데, 그 곳을
낙원이라고 했다. 의인들이 죽으면 들어가서 찬미를 부르며 살
게 되는 행복한 곳이라고 했다.

　이렇게 낙원은 근심, 걱정, 한숨, 질병 같은 인생고가 없는
곳이요 죽음도 없는 곳이라고 한다. 그곳은 아담하와가 범죄하
기 전의 에덴동산과 같은 곳으로 천상의 낙원이라고 소개했다.

　그렇다면, 지상낙원은 어떤 곳이며 어디에 있느냐 라는 질문
을 하게 된다.이 질문에 대하여 긍정적인 답변을 기대하기는
어렵다. 오히려 불가능하다는 말이 정답일 수밖에 없는 현실
인간 세상이다.

　그럼에도 불구하고, 인간들은 지상낙원이라는 말을 하고 있
다. 예컨대, 칼 마르크스는 사회주의 공산주의를 제창하고, 그
것으로 이상국가, 유토피아, 지상낙원을 건설한다고 주장하며
선전을 했지만, 결과는 지상낙원이 아니라 지상 거지의 나라가

되어 버렸다.

　지금도 백성들이 굶어서 죽고 있는 공산국가 북한은 말할 것도 없고, 러시아와 중공이 그러 했고, 과거의 동구라파의 국가들이 그런 경험을 했다는 사실은 역사가 증명하고 있다.

　범죄하여 타락한 인간들이 살고 있는 이 지상에는 참 행복한 국가는 없지만, 그 중에서도 비교적 정치 경제 사회 적으로 안정되고 여유가 있고 살만한 나라라고 한다면, 스위스 같은 나라를 들 수 있다. 그 나라는 전쟁의 불안이 없는 나라요 경제적으로 부요한 선진국이요 진보 보수가 싸우는 정쟁이 없는 나라요 평화로운 나라로서 지상낙원이라 말을 듣는 나라이다.

　지난 주간에 우리 가족이 아이들까지 다 데리고 싱가폴을 다녀왔다. 처음 가 보는 나라인지라 다소 생소하고 우리와는 다른 면을 볼수 있었다. 우선 그 나라는 인구가 5백만명이고 면적은 우리 부산과 비슷하다. 그래서 그 나라는 도시국가라고 한다.

　그렇게 작은 나라이지만 경제는 GNP가 4만 달라가 넘어서 우리 한국보다 더 부유한 선진국이다. 그 나라는 전쟁의 위험이 없고 국가의 안보나 국방의 불안이 없는 평화의 나라로 보였다. 물론 그 곳에도 나름대로 인생고는 있겠지만, 우리 한국과 비교해 보면 너무나 평화로운 지상 낙원으로 보였다.

　경제가 파탄되고, 국민이 분열되어 치열하게 싸우고 있고, 북한의 핵무기의 위협은 날로 더해 안보가 극히 불안한 우리나라 대한민국은 지상낙원의 국가가 될 수 없느냐? 라는 과제를 두고 우리는 더욱 기도해야 할 것이다.

 # 인생의 무상(無常)

　'십년이면 강산도 변 한다' 라는 옛 말이 있다. 이 말은 하나의 풍자로 한 말이지, 실지로 강산이 변한다는 말은 아니다. 예컨대, 내가 고향을 떠나온 지 수십 년이 지났지만, 어릴 때 자랐던 고향에 가보면 지금도 마을의 앞산과 뒷산의 고향산천은 그대로 남아 있다.

　강산이 변하는 것이 아니고 사람이 변하고 인생이 변하고 역사가 변한다는 말이다. 한 번씩 고향에 가보면 어릴 때 같이 자랐던 친구들은 거의 볼 수 없다. 그 친구들이 지금은 어디서 무엇을 하며 어떻게 살고 있는지! 몹시 쓸쓸하고 허전하며 허무한 생각이 들기도 한다.

　나는 20년 전, 2004년도에 직장암 수술을 받은 적이 있다. 그때 수술을 담당한 의사는 손창목 박사였다. 그분은 대장암 수술의 권위자로서 4백여 명의 암환자를 수술한 경력을 가진 분이다. 그분은 천주교 신자로서 목사인 나에게 암 수술에 대하여 아주 세밀하고 자세하게 설명해 주었다. 나의 암의 상태는 1기와 2기 중간인 1.5기라고 설명하며 환자인 나의 마음을 안심시켜 주었다. 그리고 수술 후에 방사선 치료를 하지 아니하고 1년간 약만 먹으면 된다고 하며 아주 친절하게 설명을 해 주었다.

　참 고마운 분으로 생각하며 지금까지 15년이나 지나왔다. 그 후에 한 번도 만나지는 못했지 마는 평생 잊지 못할 고마운 분으로 기억하고 있다. 그런데, 지난 주간에 아내가 약을 타기 위

해 덕천동에 있는 부민병원에 가는데 같이 갔다. 나는 어느 병
원에든지 가게 되면, 진료실 문 입구에 적혀있는 담당 의사의
약력에 관심을 가지고 보는 습관을 가지고 있다.

　마침 제1외과 입구에 보니 과장이 손창목 이라고 적혀있는
것을 보고 너무 놀라고 반가워서 노크도 없이 문을 열고 그냥
들어갔다. 진료실에 앉아있는 의사가 15년 전에 나의 암을 수
술한 손창목 박사가 맞는데, 얼굴 모습이 너무 많이 변하여서
쉽게 알아 볼 수 없었다.

　나보다 나이는 적은 분인데, 안색이 좋지 않고 몸이 많이 쇠
약해 보인다. 그 동안 지나온 사정을 들어 보니 외과 전문의로
계속 일을 잘 해 왔는데, 최근에 와서 몸이 쇠약해져서 은퇴를
하고 있는데 부민병원의 원장인 친구가 와서 도와 달라고 해서
불편한 몸으로 이 자리에 앉아 있다는 것이다.

　나는 손창목 박사를 보고 인생의 무상함을 실감했다. "그렇
게 젊고 건강하고 의기양양하던 의사가 이렇게 변할 수가 있느
냐?" 라는 질문 앞에 할 말을 잃게 된다. "한 세대는 가고 한
세대는 오되 땅은 영원히 있도다"(전도서 1장 4절)

　"일의 결국을 다 들었으니 하나님을 경외하고 그의 명령을
지킬 지어다 이것이 모든 사람의 본분이니라"(전도서 12장 13
절)

 # 지나가는 인생

또 한해가 저물어 간다. 역사의 한 페이지를 남기면서 지나가고 있다. 가면 다시 돌아 올 수 없는 역사이기에 아쉬움을 더해주고 있다. 아쉬움과 함께 인생의 무상함을 절감하는 송년이다

"삶이 그대를 속일지라도 슬퍼하거나 노하지 말라. 우울한 날이 지나면 기쁨의 날이 오리니 마음은 미래에 살고, 현재는 슬픈 것, 모든 것은 순간으로 다 지나가는 것이며 지난 것은 소중한 것이라네" 러시아의 문호 푸시킨의 대표 작으로 읽혀지고 있는 시의 한 구절이다.

푸시킨의 이 시는 철학적이기 때문에 흥미가 있고 의미를 생각하게 된다. '삶이 그대를 속일지라도 슬퍼하거나 노하지 말라' 삶이 나를 속인다는 것은, 삶을 살아가다가 어떤 때는 전혀 애기치 않았던 일을 당할 때가 있다. 뜻밖에 당한 일을 말한다. 예컨대. 교통사고나, 질병이나, 사업의 실패나, 어려운 일로 심한 상처를 만났을 때에 실망하고 좌절하게 된다.

그럴 때 너무 슬퍼하거나 노하지 말라는 말이다. 왜냐하면 그런 일은 계속 머물러 있는 것이 아니고 때가 되면 지나가고 다시 기쁨의 날이 오기 때문이라는 것이다. 현재의 슬픔은 지나가고 다시 기쁨의 날이 온다는 희망을 가지고 살아야 한다는 삶의 교훈이다.

역사는 지나가는 것이다. 인생도 지나가는 것이다. 이것은 창조주 하나님이 정해 놓으신 역사의 법칙이다. 슬픈 일도 지

나가고 기쁜 일도 지나가는 것이다. 옛날 이스라엘 백성들이 애굽에서 430년간의 무수한 고난을 당했지만 때가 되니 다 지나 가버렸다. 우리 민족이 36년간 일제의 압박으로 죽을 고생을 했지만 때가 되니 다 지나가버렸다. 피를 흘린 6.25전쟁도 지나가버렸다.

돌이켜 보면, 우리에게는 지난 한해 동안 어려운 일들이 많았다. 걱정을 한 일, 근심이 되는 일, 한숨과 눈물을 흘리는 일도 있었다. 그러나 그 모든 일들은 다 지나갔다. 그래서 망년(忘年)이요 송년(送年)이다.

시편기자는 우리의 송년을 이렇게 노래하고 있다. "우리의 연수가 칠십이요 강건하면 팔십이라도 그 연수의 자랑은 수고와 슬픔뿐이요 신속히 가니 우리가 날아 가나이다"(시편 90편 10절). 지나가는 인생을 노래하면서 다음과 같이 기도하고 있다. "우리에게 우리 날 계수함을 가르치사 지혜로운 마음을 얻게 하소서"(시편 90편 12절).

하나님이 정해 놓으신 역사의 법칙을 따라 또 한 해가 저물어 가고 있다.

"고장난 벽시계는 멈추었는데 저 세월은 고장도 없네"라는 노래 말은 지나가는 과객, 나그네 인생을 말해 주고 있다.

인생의 철학

"인생이 무엇이냐?"라고 묻는 다면, 여러 가지의 대답이 있다. 성경은 알몸으로 왔다가 알몸으로 가는 것이라고 한다. "이르되 내가 모태에서 알몸으로 나왔사온즉 또한 알몸이 그리로 돌아 가올지라 주신이도 여호와시오 거두신 이도 여호와시오니 여호와의 이름이 찬송을 받으실 지니이다"(욥기 1장 21절).전도서 1장 2절에는 "모든 것이 헛된 것이라"고 했고, 이사야 42장 3절에는 "상한갈대"라고 했다. 불교 용어에는 "빈손으로 왔다가 빈손으로 가는 것"이라고도 한다(空手來空手去)

여기서 나는 "인생은 울고 왔다가 울고 가는 것"이라고 말해 본다. 사람은 누구나 태어날 때에 울었다. 만약에 태어난 아이가 울지 않는다면 그 아이는 정상이 아니라는 것이다. 그래서 산부인과의 간호사들이 아기의 몸에 충격을 주어서라도 울게 해야 한다는 것이다.

울고 왔다가 울며 가는 것이 인생이다. 그러나 내가 태어날 때 나는 울었지만, 내 주위에 있는 사람들은 울지 않고 득남을 하고 순산을 했다고 모두가 웃으며 축하를 했다. 울고 웃는 인생의 묘한 장면이다.

그런가 하면, 내가 세상을 떠날 때는 모두가 울게 된다. 태어날 때는 웃더니 떠날 때는 반대로 모두가 울게 된다. 그래서 울고 웃는 인생인가 하는 생각을 하게 된다. 이처럼 울고 왔다가 울고 간다는 것이 모든 사람의 인생관이다 모든 사람들이 죽음을 무서워하고 싫어하기 때문에 울면서 가게 된다. 사람의 임종을 제일 많이 지켜보는 사람은 대학병원 중환자실의 의사이고, 그 다음으로 목사가 아닌가 싶다. 나는 40여 년간 목회를 하면서 교인들의 임종을 많이 보았다. 그 중에 어떤 분은 "목사님 내가 왜 죽어야 됩니까? 더 살고 싶습니다. 기도해 주세요" 라고 하며 우는 사람이 있는가 하면, "목사님 저는 먼저 갑니다. 이 다음에 천당에서 만나 뵙겠습니다" 라며 찬송을 부르며 떠나는 이도 있었다.

세상의 모든 사람들은 울면서 가게 되지만, 우리 그리스도들은 다른 점이 있다. 그것은 우리가 이 세상에 올 때는 울면서 왔지만, 갈 때는 웃으며 가는 이유를 성경은 아래와 같이 말 하고 있기 때문이다. "또 내가 들으니 하늘에서 음성이 나서 이르되 기록하라 지금 이후로 주안에서 죽은 자들은 복이 있도다. 하시매 성령이 이르시되 그러하다 그들이 수고를 그치고 쉬리니 이는 그들의 행한 일이 따름이라 하시더라" (요한계시록 14장 13절). "모든 눈물을 그 눈에서 닦아 주시니 다시는 사망이 없고 애통하는 것이나 곡하는 것이나 아픈 것이 다시 있지 아니하리니 처음 것들이 다 지나 갔음이러라" (요한계시록 21장 4절)

 # 생활 철학

"이 두 기둥을 성전의 주랑 앞에 세우되 오른쪽 기둥을 세우고 그 이름을 야긴이라 하고 왼쪽 기둥을 세우고 그 이름을 보아스라 하였으며 그 두 기둥 꼭대기에는 백합화 형상이 있더라 두 기둥의 공사가 끝나니라"(열왕기상 7장 21절-22절) 이 말씀은 우리가 한 달에 한 번씩 복습하는 생활 철학이요 삶의 지침이다. 우리가 이 말씀을 읽을 때 본문 하단에 있는 '주'를 보면 그 뜻이 나와 있다.

'야긴'이라는 말은 "여호와께서 세우셨다"라는 뜻으로 성전을 하나님이 친히 건축하여 세우셨음을 상징하는 것이다. 그리고 '보아스'라는 말은 그 안에 능력이 있다는 뜻으로서, 여호와의 능력이 성전을 영원토록 지켜주심을 상장하고 있다. 예루살렘 성전 입구에 세워진 이 두 기둥은 단순한 기둥이 아니라 하나님의 임재와 능력을 상징하는 것이다,

우리 북성교회도 성전을 건축할 때에 이러한 예루살렘성전을 본 받아서 성전 앞에 두 기둥을 세워 놓았다. 그리고 그 옆에는 돌비를 세워서 "에벤에셀"이라는 비문을 새겨 놓았다. 그것은 그 능력의 하나님이 오늘 여기까지 우리를 도와 주셨다는 뜻이다. "사무엘이 돌을 취하여 미스바와 센 사이에 세워 이르되 여호와께서 여기까지 우리를 도우셨다 하고 그 이름을 에벤에셀이라 하니라"(사무엘상 7장 12절)

이 말씀은 사무엘 선지의 신앙고백이요 인생 고백이다. 그의 생애를 돌이켜 보면, 전쟁도 많이 하고 많은 환란과 역경이

있었지만, 오늘 여기까지 무사히 살아 온 것은 오직 하나님의 보호와 도움임을 믿고 고백한 말씀이다. 사무엘의 이 고백을 어려운 인생을 살아가는 오늘 우리의 고백으로 삼는 것이다.

오늘 우리의 신앙고백은 지금까지 받은 것에 대한 것만 아니고, 앞으로 계속, 세상 끝날 까지, 그 능력의 하나님이 우리를 보호하시고, 도와주시고, 인도하여 주실 것을 확신한다는 신앙고백으로, "주여아동행"(主與我同行)이라고 한다. 그래서 "야긴, 보아스, 에벤에셀, 주여아동행"이라는 이 네 단어는 우리 평생에 필요한 말씀으로 간직하고 살아야 할 말씀이다.

"내일 일은 난 몰라요 하루하루 살아요 불행이나 요행함도 내 뜻대로 못해요 험한 이 길 가고가도 끝은 없고 곤해요 주님 예수 팔 내미사 내 손 잡아주소서 내일 일은 난 몰라요 장래일도 몰라요 아버지여 날 붙드사 평탄하길 주옵소서" 우리는 정말 내일 일을 모르고 하루하루를 살아가고 있다. 지난 주간에 총신 동창회에 갔더니 보이지 않는 친구들이 있었다. 전번에 모일 때는 있었는데, 그때가 세상에서는 마지막이었다는 사실이다. "주여아동행!"

# 알파와 오메가

"주 하나님이 이르시되 나는 알파와 오메가라 이제도 있고 전에도 있었고 장차 올 자요 전능한 자라 하시더라"(요한계시록 1장 8절) 여기 알파와 오메가라는 말씀은 신약성경을 기록할 때 사용한 헬라원어의 알파벳으로서 처음과 나중이라는 말이요 시작과 끝이라는 뜻이다.

우리 인간 세상에는 만사가 시작이 있고 끝이 있다. 이것은 하나님이 정하신 섭리요 자연의 법칙이다. 입학이 있으면 졸업이 있고, 출생이 있으면 죽음이 있다. 시작하는 1월이 있으면 끝나는 12월이 있다.

그러나 하나님은 알파와 오메가이기 때문에 그렇지 않다는 말씀이다. 그분은 시작과 끝을 주장하시는 분이기 때문에 끝이 없이 영원히 계시는 분이다. 영존하시는 하나님이시다. 그 분은 누가 만들어 보낸 분도 아니고 스스로 존재하는 자존자이시다(출애굽기 3장 14절)

헬라어에 시간을 말하는 두 단어가 있다. 그것은 '크로노스' 와 '카이로스' 라는 말이다. 전자는 시작과 끝이 있는 제한된 시간으로 인간의 시간, 육의 시간을 말하고, 후자는 끝이 없는 영원한 시간으로 하나님의 시간을 말한다.

우리는 제한된 크로노스의 시간 안에서 살면서, 끝이 없는 영원한 카이로스의 시간을 주관하시는 하나님을 의지하며 그분의 뜻을 따라 살고 있다. 그렇기 때문에 우리의 삶은 이 세상에서 끝나는 것이 아니고, 저 영원한 하나님이 계시는 하늘나라에까지 연결되어서 영생을 누리는 것이다. 그러므로 우리는 죽음도 끝나는 것이 아니기 때문에 겁나지 않는다.

독일의 신학자 ‘본회퍼’가 감옥에서 사형을 당하던 날, 같은 감방에 있던 영국의 한 군인 장교가 “목사님, 오늘이 마지막입니다. 안녕히 가십시요”라고 인사를 하니, ‘본회퍼’는 다음과 같은 말을 남겼다. “형제여, 오늘이 마지막이라니요? 나는 새로운 시작을 하는 날입니다”라고 했다.

죽음이 인생의 끝이 아니라는 말이다. 죽음 후에 부활하여 하늘나라에서 영원히 산다는 믿음과 소망을 가지고 있다는 것이다. 졸업이라는 말을 영어로는 컴멘스멘트(Commencement)라고 하는데, 그 뜻은 시작이라는 말이다. 졸업은 끝난다는 뜻이 아니고 새로운 관문으로 들어간다는 뜻이다. 고등학교를 졸업하는 것은 끝나는 것이 아니고 대학으로 들어가서 새로운 공부를 시작 한다는 말이다.

우리는 제한된 크로노스의 세상에서 살면서, 한 해가 지나고 또 지나게 되어 죽음이 와도 인생이 끝나는 것이 아니고 저 영원한 하늘나라의 소망을 바라 보면서 한 해를 넘기는 것이다.

“모든 눈물을 그 눈에서 닦아 주시니 다시는 사망이 없고 애통하는 것이나 곡하는 것이나 아픈 것이 다시 있지 아니하리니 처음 것들이 다 지나갔음 이러라”(요한계시록 21장 4절)

 # 현재의 선물

영어로 프리센트(Present) 라는 말은 '선물' 이라는 뜻도 있고 '현재' 라는 뜻도 있다. 그래서 오늘은 현재의 선물에 대해서 말하고자 한다.

우리 인간 생활에서 현재라는 시간은 참으로 중요하고 귀한 것이다. 이를테면, 과거는 이미 지나가 버린 것이고 미래는 아직 오지 아니한 것이 때문에 사실은 내 것이라고 말할 수 없다. 오직 내 것이라고 할 수 있는 것은 현재 뿐이다. 현재 라는 시간을 돈으로 말하면 현금과 같은 것이다. 과거라는 돈은 이미 내 수중에서 나가버린 것이고, 미래는 약속어음이기 때문에 지금 내가 쓸 수 없는 것이다. 오직 지금 내가 쓸 수 있는 것은 현금이다.

그렇기 때문에 현재 서 있는 자리가 중요하고, 현재에 하고 있는 일이 중요하다. 과거에 아무리 좋은 일을 많이 했다 할지라도 현재 하고 있는 일 보다는 못하다. 현재에 하는 일이 중요하기 때문에 현재에 잘 해야 하고, 현실에 충실해야 하고 현재에 최선을 다 해야 한다.

성경은 현재의 중요성을 다음과 같이 말하고 있다. "가령 내가 의인에게 말하기를 너는 살리라 하였다 하자 그가 그 공의를 스스로 믿고 죄악을 행하면 그 모든 의로운 행위가 하나도 기억되지 아니하리니 그가 그 지은 죄악으로 말미암아 곧 그 안에서 죽으리라" (에스겔 33장 13절)

오늘이라는 현재는 하나님이 우리에게 주신 귀한 선물이다.

지나가버리면 영원히 다시 오지 않는다. 다시 오지 않기 때문에 귀한 것이다. 지나가버리면 다시 오지 않는 오늘이요 현재이기 때문에 아무렇게나 되는 대로 살 수 없다. 귀하게 살고 가치 있게 살고 보람 있게 살아야 한다.

성경은 "오늘 밤에 네 영혼을 도로 찾으리니"(누가복음 12장 20절)라고 했다. 그리고 "내일 일을 염려하지 말고 오늘 하루를 족하게 여기라"(마태복음 6장 34절) 지나가버린 과거를 후회할 필요가 없고 다가올 미래를 장담 할 수 없다. 다만 오늘에 충실 할 뿐이다.

최초의 날이 중요하고 최후의 날이 의미 있는 날이다. 출생한 날, 학교에 입학하는 날, 회사에 입사하는 날, 인생을 새로 출발하는 결혼식을 하는 날들은 시작하는 첫 날로서 중요한 것이다. 따라서 오늘이 졸업이요 인생의 마지막 날이라고 생각을 하게 되면 정신을 차리게 되고 최선을 다 하게 되기 때문에 의미 있는 날이 되는 것이다

"내가 은혜 베풀 때에 너에게 듣고 구원의 날에 너를 도왔다. 하셨으니 보라 지금은 은혜 받을 만한 때요 보라 지금은 구원의 날이로다"(고린도후서 6장 2절) 오늘, 지금, 현재라는 귀한 선물을 우리에게 주신 하나님께 감사드리자.

 # 흘러가는 인생

　지난 주일에는 인생은 나그네요 하숙생이라고 했는데, 오늘은 그 연장으로 흘러가는 인생을 말한다. 바람은 지나가고 강물이 흘러가듯이 인생도 흘러간다. 그래서 유수(Running Water)같은 세월이라고 한다.

　전도자 솔로몬은 흘러가는 인생을 다음과 같이 노래했다. "바람은 남으로 불다가 북으로 돌아가며 이리 돌며 저리 돌아 바람은 그 불던 곳으로 돌아가고 모든 강물이 바다로 흐르되 바다를 채우지 못하며 강물은 어느 곳으로 흐르든지 그리로 연하여 흐르느니라"(전도서 1장 6절-7절)

　솔로몬이라면 인류역사 이래 그 누구보다도 행복하고 화려한 인생을 살았다. 그는 40년 동안 전쟁이나 분쟁이 없는 그야말로 태평왕국을 다스리며 부귀영화를 누리며 살았다. 그러나 그의 화려하고 행복한 인생도 때가 되니 다 흘러가버렸다. 그래서 그는 "헛되고 헛되며 헛되고 헛되니 모든 것이 헛되도다"(전도서 1장 2절) 라고 노래했다.

　우리가 성경역사에서 보면 솔로몬과 대조되는 인물이 있다. 그는 인류역사에서 누구보다도 고난과 역경을 제일 많이 겪은 '욥' 이다. 두 사람은 너무나 대조적인 인생을 살았다. 인류역사에서 솔로몬이 제일 행복한 인생을 살았다면, 욥은 제일 심한 고통의 인생을 살았다.

　그런데, 그 두 사람의 인생의 공통점은 흘러가버렸다는 사실이다. 그렇게 화려했던 솔로몬의 인생도 흘러가버렸고, 그렇게 고통이 심했던 욥의 인생도 흘러가버렸다는 것이다. 우리가 솔로몬의 입장에서 보게 되면 흘러간 인생이 아쉽겠지만, 욥의 입장에서 보게 되면, 너무나 다행이 아닐 수 없다. 그렇게 심한 고통도 지나가버리니 다행이요 감사한 것이다.

흘러가는 인생은 창조주 하나님의 섭리이다. 이 우주만물과 인간을 창조하신 하나님은 인생을 강물같이 흘러가도록 섭리하고 계신다. 오늘도 우리는 그 섭리 안에서 인생을 살고 있다.

이러한 하나님의 섭리를 알게 되면 인생을 보다 더 지혜롭게 살게 된다. 현재의 삶이 평안하고 행복 하다고 해도, 이것이 영원한 것이 아니고 때가 되면 흘러간다는 것을 알기 때문에 교만할 수 없다. 따라서 현재의 생활이 아무리 어렵고 고생이 된다고 해도, 때가 되면 지나가버린다는 것을 알기 때문에 절망하지 아니한다는 것이다.

행복도 지나가고 불행도 흘러간다. 태풍도 지나갔고 폭우도 강물로 흘러갔다. 근심 걱정도 지나가는 것이고, 한숨과 눈물도 흘러가는 것이다. "내일 일은 난 몰라요 하루하루 살아요. 주님 예수 팔 내미사 내 손 잡아주소서"

 하숙생

"인생은 나그네길 어디서 왔다가 어디로 가느냐". 이 노래는 대중가요 중의 하나이지만, 그 내용이 철학적이라서 관심을 가지고 듣기도 하고 따라 부르기도 했다. 철학도 여러 가지 분야가 있지만 이 노래는 그 중에서도 '인생철학' 이라서 더욱 관심과 흥미를 가지고 있었다.

'하숙생' 이라는 이 노래의 주인공은 최희준 이라는 원로 가수이었는데, 아깝게도 그는 82세의 일기로 세상을 떠난 고인이 되었다. 그는 당시로서는 드물었던 서울대 법대출신 가수로서 60년대에 대중음악의 신사로도 불렸다.

"고인은 전쟁 직후인 1960년대 국가 재건의 분위기를 북돋는 건강한 노래로 대중 가수의 품격을 높였으며, 당시 익숙치 않았던 중저음의 허스키한 목소리로 개성 있는 보컬리스트의 전성시대를 주도했다" (최규성 음악 평론가) 그리고 그는 대중 스타였지만 '찐빵' 이라는 별명이 붙을 정도로 대중에게 친숙했고, 어떤 장르를 해도 중심을 잃지 않았다" 고 애도 했다.

"하숙생은 당시 철학을 전공한 대학생들 사이에 존재의 근원을 표현한 노래로 통했다." 1991년 가수 이승환이 하숙생을 리메이크 했고, 가수가 아닌 정치가들도 이 노래를 좋아 했다.

"하숙생" 은 남의 집에서 돈을 주고 밥을 먹고 공부하는 학생이다. 나는 학창시절에 가난해서 하숙은 못하고 자취를 하면서 하숙생을 부러워하기도 했다. 그러나 그 하숙생은 그 집이 자기의 집이 아니기 때문에 그 집에서 오래 살수가 없다, 때가 되면 떠나야만 했다.

최희준의 노래처럼 우리는 모두가 언젠가는 떠나야 하는 나그네 인생이다. 잠시 머물다가 떠나야 하는 길손이요 지나가는 과객이요 기간이 지나면 방을 비워 주어야 하는 하숙생이다.

하숙생을 부르던 최희준은 인생의 하숙생활을 끝내고 떠났다. 그의 운명은 그의 노래대로 되었다. 하숙생은 고 최희준 만 부른 노래가 아니다. 모든 인생에게 해당되는 노래요 우리 모두가 부를 노래이다.

"인생은 어디로 가느냐?" 라는 노래로 질문을 한 고 최희준은 그 질문에 대한 정답을 알고 떠나갔는지는 모르지만, 우리는 우리의 본향인 하늘나라로 돌아 간다는 확실한 정답에 확신을 가지고 살고 있다.

"사랑하는 자들아 거류민과 나그네 같은 너희를 권하노니 영혼을 거슬러 싸우는 육체의 정욕을 제어하라"(베드로전서 2장 11절). 우리는 잠시 머물러 살고 있는 거류민이요 고향으로 돌아가야 하는 나그네요 하숙생이다.

 # 이별과 상봉(相逢)

　인생이 무엇이냐? 라고 묻는다면, 그것은 "만남과 이별이다" 라는 대답이 가능하다. 인생은 출생으로 시작하여 죽음으로 끝나는 것이기 때문이다. 인간의 출생은 만남이요 죽음은 이별이다.

　출생은 만나는 것이기 때문에 기쁘고 반가운 것이지만, 죽음은 이별이기 때문에 섭섭하고 괴롭고 슬픈 것이 된다. 인간 세상에는 여러 가지의 이별이 있다. 직장을 따라서 이사를 하게 되면 정든 이웃과 이별을 하게 된다. 농촌 고향을 떠나 도시로 이주하게 되면 고향 친구들과 이별을 하게 되고. 해외로 이민을 가게 되면 부모형제와도 이별을 하게 된다.

　해외에 이민을 가서 정착하여 살고 있는 사람들은 항상 고국과 고향과 부모형제를 그리워하는데, 특히 명절을 맞이하게 되면, 눈물을 흘리며 하염없이 운다는 것이다. 해외에까지 가지 아니하고 국내에서 살고 있어도, 명절이 되면 고향 부모와 형제와 이웃들이 그리워지게 된다. 어린 시절 같이 놀던 고향 친구들이 지금은 어디서 무엇을 하고 살고 있는지 몹시 그리워진다.

　우리 민족은 이별이라는 아픔을 한으로 품고 있다. 남북이 분단되어 한 민족이 생이별이 되어 70여 년 동안 만나지 못하고, 전쟁으로 일천만의 이산가족들이 이별의 눈물을 흘리고 있다. "한 많은 대동강아 변함없이 잘 있더냐?" 라는 노래는 이 민족의 이별의 한을 말해 준다.

　지난 주간에 남북 이산가족의 상봉이 있었다. 분단 이후에 소식이 없어 생사도 모르고 살고 있었는데. 몇십 년 만에 상봉하게 되니. 꿈인지 생신인지 분간을 못하고 서로 안고 울기만 했다. 꿈에도 그리던 그렇게 반가운 상봉이었지만 다시 이별이라는 슬픔과 아픔을 간직한 채 헤어져야 만 했다. '이제 가면 또 언제 만나겠느냐? 라는 작별인사의 말은 슬픔의 한을 더 해 주고 있다.

　이처럼 이별은 슬픈 것이고 상봉은 반가운 것이지만, 그 반가움도 잠시 뿐이고, 다시 이별의 슬픔이 찾아오는 것이 인생이 아닌가? 라는 생각이 든다. "바다가 육지라면 이별의 슬픔은 없을 터인데" 라는 노래는 우리 민족의 이별의 한을 달래 주는 말이다.

　인생은 이별과 상봉인데, 반가운 상봉은 잠시 뿐이고 슬픈 이별은 평생을 가니 실망이요 절망이다. 죽어도 끝이 나지 않는 이별이다. 오히려 죽음으로 영원한 이별이 된다. 그래서 인간들은 죽음 앞에 통곡하며 슬퍼하며 절망한다.

　그러나 우리에게는 부활의 소망이 있고 영원한 하늘나라가 있기 때문에 이별은 잠시 뿐이고 상봉은 영원한 것이다. 할렐루야! "며칠 후 요단강 건너가 만나리" 우리의 상봉은 변치 않는 것이요 영원한 것이다.

해가 저물어 가는데!

또 한해가 저물어 간다. "해는 저어서 어두운데 찾아오는 사람 없어 밝은 달만 쳐다보니 외롭기 한이 없다" 라는 노래 말이 실감난다. 나그네가 온 종일 길을 가다가 해가 저무니 거처할 처소가 없고 갈 곳도 없고 아무도 맞아주는 사람도 없는 처량한 인생이다.

성경은 "인생은 나그네요 지나가는 행인이라"고 말한다.(베드로전서 2장 11절)

2017년도라는 자연의 한 해가 저물어 가는 12월이다. 동시에 주님이 다시 오시는 역사의 종말이 가까이 오고 있고 인생과 세상의 해가 저물어 가고 있다.

지난주일 설교 시간에 소개했던 친구 박창규 목사는 백병원 중환자실에서 산소 호흡기로 연명을 하다가 10일 만에 나그네 인생길을 떠나 영원한 본향인 하늘나라로 갔다. 지난주 월요일 부산성지교회당에서 남부산 노회장으로 고 박창규 목사의 장례식이 거행 되었다.

장례식장에 참석한 교인들과 조객들은 죽음에 대한 슬픔보다 고인의 생애를 아쉬워하며 추모했다. 한 친구 목사(김경엽 목사)는 조사(弔辭)를 하면서 "고인은 우리보다 먼저 갔지만, 가는 목적지는 우리와 같은 곳이라"고 했다.

나그네의 세상에서 본향을 향해 가고 있는 우리는 고인이 간 그 길을 따라서 가면 언젠가는 그 목적지에 도착을 하게 되어 고인을 만나게 되고, 고인 뿐 만 아니고 앞서가신 선조들과 모든 성도들을 만나게 될 것이다.

　몸이 건강하다고 반드시 오래 사는 것이 아니고 돈이 많은 부자라고 장수 한다는 보장이 없는 인생이다. 인명은 재천이라는 말은 진리로서 우리의 생명은 오직 하나님이 주장하신다. 오늘이라도 부르시면 가야하는 우리의 운명이다. 그렇다면 우리는 다시 한번 자신의 인생과 삶을 돌아 봐야 한다.

　더 많이 가지고 더 오래 살겠다는 허망하고 어리석은 욕심을 버려야 한다. 사람이 이 세상에 올 때는 할아버지가 먼저 오고, 그 다음에 아들이 오고, 그 다음에 손자가 오는 순서가 있었지마는, 떠나갈 때는 그 순서가 뒤 바뀔 수 도 있다는 사실을 기억해야 한다. 질병으로 몸이 약한 사람 보다, 몸이 튼튼하고 건강한 사람이 먼저 가는 경우가 있고, 노인 보다 젊은 사람이 먼저 가는 경우도 있는데, 우리가 무슨 말을 하리요?

　서로 반목질시하며, 시기하며, 아웅다웅하며 다투며, 서로 미워하고 살 시간이 없는 우리네 인생이다. 정신을 차리고 내 자신이 가는 인생길을 돌아보며 준비해야 하는 시간을 가지기에도 바쁜 세상이다. 내 인생길 준비에도 바쁜데, 언제 남을 보고 남의 말을 할 시간이 없는 나그네 인생이다. 너도 가고 나도 가는 나그네 세상이다.

　"우리의 연수가 칠십이요 강건하면 팔십이라도 그 연수의 자랑은 수고와 슬픔 뿐이요 신속히 가니 우리가 날아 가나이다"(시편 90편 10절)

 # 존엄사(尊嚴死)

지금 이 시간에도 종합병원 중환자실에는 산소 호흡기를 달고 생명을 연장시키고 있는 환자들이 많이 있다. 그 환자들은 코에 숨만 쉬고 있지, 사실은 식물인간으로 몸은 죽은 상태에 있다.

병원의 진단으로는 이미 회생이 불가능하다는 판단이 나왔지만, 환자의 가족들은 산소 호흡기를 떼지 못하고 있다. 그것은 호흡기를 떼게 되면 숨이 끊어져서 완전히 죽게 되기 때문이다. 그렇게 되면 생명을 죽게 했다는 죄책감이 있기 때문이다. 자식으로서 부모의 생명을 끝나게 했다는 죄책감이 평생 한으로 남을 지도 모르기 때문이다.

지난번 영국에서는 희귀병에 걸린 어린 애기(찰리가드)를 두고 병원 측과 부모와의 생명윤리 논쟁이 벌어졌다. 이 논쟁이 법정까지 가서 3심에 걸친 법정 다툼 끝에 법원은 존엄한 죽음이 환자에게 최선의 이익이라는 의료진의 손을 들어줬다.

우리나라에서도 존엄사를 인정하는 첫 판결이 2008년 서울 신촌세브란스 병원에서 1년간 식물인간 상태에 있던 김 모 할머니의 가족이 기계 장치로 생명을 연장하지 않는 것이 평소 환자의 뜻이라면서 치료 중단에 대한 소송을 제기했는데, 법원은 같은 해 11월에 존엄사를 인정하는 첫 판결을 내렸다.

지난해 1월 국회는 존엄사 조건과 절차를 다룬 연명의료결정법, 웰다잉(Well dying)법을 통과 시켰는데, 내년부터 시행한다고 한다.

안락사(euthanasia)라는 말은 좋은 죽음, 편안한 죽음을 의미한다. 이 말은 그리스어 'euthanatos'라는 단어에서 유래된 말이다. 회생 가능성이 없는데도, 고통 속에 삶을 연장해야 하는 것은 말기 환자들에게는 죽음보다 못한 일이 될 수 있다.

일본에서는 몇 년 전부터 연명치료를 받을 것인지와 장례절차, 장례식 참석자 명단, 유언 등을 기록 할 수 있는 엔딩노트가 유행했다. 우리나라에서도 임종체험이나 유언장 사전 작성, 생애 소원을 담은 버킷 리스트 등이 유행하고 있다. 사전의료의향서를 작성하는 사람들이 늘고 있다.

세상 사람들이 '인명은 재천'이라는 말을 하고 있는데, 이 말은 성경에 있는 말이다. "하나님은 이르시되 어리석은 자여 오늘 밤에 네 영혼을 도로 찾으리니 그러면 네 준비한 것이 누구의 것이 되겠느냐 하셨으니"(누가복음 12장 20절)

우리 인간의 삶과 죽음은 하나님이 주관하시기 때문에, 우리의 마음대로 할 수 없다. 그렇기 때문에 전적으로 그 분에게 맡기고, 오늘 하루도 세월을 아끼며, 그 분이 부르시는 그날까지 최선을 다하여 살아야 할 것이다.

 # 영원한 보호자

지난주간 광안리에 있는 좋은 병원에 병문안을 갔는데, 1인실 병실에 환자 혼자 누워있고 보호자가 없다. 간호사에게 물어보니 보호자가 잠깐 밖에 나갔다고 한다. 환자는 말을 잘 못하는 상태이고 보호자는 없으니 대화를 할 수 없고 기도해주고 돌아 왔다.

우리 인생살이에서 보호자는 든든한 버팀목이요 울타리가 된다. 글자 그대로 지켜주고 보호해 주고 돌봐 주는 사람이다. 부모는 자녀의 보호자이다. 그 부모가 나이 많아 늙어지게 되면 지금까지 부모의 보호를 받던 자식이 이제부터는 보호자가 되어 부모를 보호하게 된다. 시간이 지나게 되면 부모와 자식 간의 역할과 임무가 바뀌게 된다.

따라서 아내가 몸에 병이 나서 병원에 입원을 하게 되면, 당연히 남편이 보호자가 된다. 반대로 그 남편이 입원을 하게 되면, 의례히 아내가 보호자가 된다. 이렇듯 보호해 주는 부모가 있고, 자식이 있고, 아내와 남편이 있다는 것은 행복하고 든든한 가정이다.

여기에서 우리가 기억해야 할 한 가지가 있다. 그것은 인간의 보호는 한계가 있다는 것이다. 부모가 자식을 보호한다고 하지만, 자신이 늙어 쇠약해지게 되면, 더 이상 할 수 없다. 자식도 부모를 보호한다고 하지만 그 부모가 세상을 떠나게 되면 할 수 없게 된다. 그리고 남편과 아내의 보호도 마찬가지이다. 자신의 몸에 병이 들거나 늙어서 쇠약해지게 되면 더이상 보호자가 될수 없다.

　이렇게 인간의 보호는 한계가 있고, 시한적이기 때문에 시공을 초월하는 영원한 보호자가 필요한 것이다. 그 영원한 보호자가 누구냐? 누가 나의 영원한 보호자가 되느냐? 성경은 오늘 우리에게 우리의 영원한 보호자를 소개 해 주고 있다. "볼지어다 내가 세상 끝날 때까지 너희와 항상 함께 있으리라 하시니라"(마태복음 28장 20절 하반절)

　"너를 지으신 이가 말씀하시니라. 너는 두려워하지 말라 내가 너를 구속하였고 내가 너를 지명하여 불렀나니 너는 내 것이라"(이시야 43장 1절 하반절)

　"너는 누구냐? 너의 정체성은 무엇이냐?" 나는 하나님의 것이다. 그분이 나를 지으셨고, 그분이 나를 구속 하셨고, 그 분이 나를 지명하여 부르셨기 때문에 나는 그분의 것이다. 나는 그분의 것이기 때문에 그 분은 세상 끝날 때까지 나를 보호하시고 나의 영원한 보호자가 되신다. 할렐루야!

　인생을 살아가다가 힘겨울 때, 어려운 일을 당할 때, 나는 그분의 것이요 그분은 나의 절대자요 나의 영원한 보호자이심을 믿고 나아가면 세상에 겁날 것이 없다. "내가 네게 명령한 것이 아니냐 강하고 담대 하라. 두려워 하지말며 놀라지 말라 네가 어디로 가든지 네 하나님 여호와가 너와 함께 하시느니라"(여호수아 1장 9절)

 # 나그네 인생

"사람의 나이는 숫자에 불과 하다" 라는 말을 많이 한다. 그러나 그 숫자는 의미 있는 숫자요 결코 무시할 수 없는 숫자이다. 예컨대, 링컨은 "사람은 나이 40세가 되면 자기 얼굴에 대한 책임을 져야한다" 라고 했는데, 그 말은 누구나 나이를 먹으면 나이 값을 해야 된다는 말이다.

UN에서 전 세계 인류의 체질과 평균 수명에 대한 측정 결과 연령분류의 표준을 새로 규정하여 사람의 평생 연령을 다섯 단계로 구분하여 다음과 같이 발표한바 있다. "0세부터-17세 까지는 미성년자. 18세부터-65세 까지는 청년. 66세부터-79세 까지는 중년. 80세부터-99세 까지는 노년. 100세 이후는 장수노인" 이라고 했다.

한 해가 저물어 가고 있다. 숫자에 불과하다는 나이는 또 한 살을 더 먹게 된다. 현대인들이 100세 인생을 노래 하지만, 그것은 무한정의 인생이 아니다. 한계가 있고 끝이 있다. 역사는 시작이 있고 종말이 있기 때문에 인생도 예외일 수 없이 그 법칙을 따를 수밖에 없다.

인생 열차는 지금도 쉬지 않고 종말을 향해 달려가고 있다. 세월은 우리의 생각보다 저 만치 앞서가고 있다. 오는 세월 막을 수 없고, 가는 세월 붙잡을 수 없다. "세월아 비켜라 내 나이가 어때서" 라고 노래 하지만 나보다 앞서가는 세월은 비켜주지 않는다. 뒤돌아 보지도 않고 달려가고 있다.

성경은 이렇게 말없이 빨리 가고 있는 세월을 날아간다고 했다. "우리의 연수가 칠십이요 강건하면 팔십이라도 그 연수의 자랑은 수고와 슬픔뿐이요 신속히 가니 우리가 날아 가나이다"(시편 90편 10절).

지나가는 인생, 떠나가는 인생, 돌아가는 인생이기 때문에 성경은 나그네라고 했다. "사랑하는 자들아 거류민과 나그네 같은 너희를 권하노니 영혼을 거슬려 싸우는 육체의 정욕을 제어하라"(베드로전서 2장 11절)

빨리 가는 세월, 저물어 가는 한해의 연말은 무의미하게 살고 있는 인간들에게 교훈하고 있다. "네 나이 몇 살이냐? 너는 무엇을 위해 살고 있느냐? 네 생명의 연한이 얼마 남아있는지 아느냐?" 라는 질문에 우리는 정신을 차리고 내 자신의 인생을 돌아보아야 할 것이다.

파란만장한 인생, 120년을 살았던 모세는 다음과 같이 기도했다. "우리에게 우리 날 계수함을 가르치사 지혜로운 마음을 얻게 하소서"(시편 90편 12절)

"내 나이를 계산할 수 있는 지혜를 주시 옵소서" 라는 기도는 의미 없이 세월을 따라 또 한해를 넘기는 우리의 기도가 되어야 한다. 나그네는 고향으로 돌아가기 전에 자신의 목적과 할 일을 다 하고 가야 한다.

 # 유언(遺言)

유언이 무엇이냐?

"죽음이 임박했을 때 가족들에게 부탁하여 남기는 말"이라고 한다.(국어사전) 일생에서 마지막으로 해서 남기는 말이다. 그것은 끝말이요, 마지막 말이 된다.

그렇기 때문에 유언은 일생에서 가장 최후의 말로서 가장 엄숙하고 무거운 말이 된다. 그런 유언에는 가식이나 거짓이 있을 수 없다. 일생에서 가장 진실한 말을 하게 되는 것이다.

기원전 399년 봄 70세의 철인(哲人) 소크라테스는 아테네 법정에서 사형선고를 받고, 아테네 시민들에게 다음과 같이 말했다. "자, 떠날 때는 왔다. 우리는 우리의 길을 간다. 나는 죽으러 가고 여러분은 살러 간다. 누가 더 행복할 것이냐, 오직 신(神)만이 안다."

소크라테스는 철인으로서 철인답게 마지막 말을 유언으로 남기고 철학자답게 죽었다. 그는 감옥에서 사랑하는 제자들과 죽음이 무엇이냐의 문제를 진지하게 논하면서 그의 생애를 마쳤다.

공자 선생은 임종을 당했을 때, 제자들이 "선생님 지금 떠나시면 어디로 가십니까?" 라고 물었을 때, 그는 "내가 이 세상 일도 다 모르고 살아왔는데, 죽은 후에 일을 어떻게 알겠는가" 라는 말을 남기고 떠났다. 공자는 유학자로서 살다가 유학자다운 말을 남기고 죽었다.

우리는 천지를 창조하신 하나님의 아들 예수 그리스도를 구주로 믿고 있다. 우리는 33년의 생애를 마치고 세상을 떠나신 예수 그리스도가 마지막으로 남긴 말씀을 기억하고 있다. "다 이루었다. 내 영혼을 아버지 손에 부탁 하나이다" (누가복음 23장 46절)

　예수님은 독생자로서 하나님의 아들답게 하나님의 뜻을 다 이루었다는 말을 남기고 하나님 아버지의 손에 영혼을 부탁하셨다.

　그렇다면 이제는 우리의 차례요, 나의 차례이다. 우리의 생애는 한정되어 있기 때문에 우리는 시한부 인생를 살고 있다. 그 때와 시간은 알 수 없지만 그 날이 언젠가는 분명히 올 것이다.

　그날이 막상 내 앞에 왔을 때 우리의 입에서 무슨 말이 나올 것인가? 라는 질문에 대답할 마지막 말을 우리는 생각하며 준비해야 할 것이다.

人生 노트

1판1쇄 : 2024년 11월 20일
지은이 : 권기호
펴낸이 : 박수정
제　작 : 도서출판 카리타스
주　소 : 부산광역시 동구 중앙대로298, YWCA 304호
전　화 : 051)462-5495
등록번호 : 제 3 -114호
ISBN : 978-89-97087-86-0
정가 : 20,000원